확신은 어떻게 삶을 움직이는가

Zuversicht:
Die Kraft der inneren Freiheit und warum sie heute wichtiger ist denn je
by Ulrich Schnabel

확신은 어떻게 삶을 움직이는가

불확실한 오늘을 사는 우리가 놓치고 있는
확신의 놀라운 힘

울리히 슈나벨 지음
이지윤 옮김

ⁱNFLUENTIAL
인 플 루 엔 셜

    분명 그동안 허전했다. 아니, 상당한 무기력감을 느끼면서 혼란스러웠다. 낙관과 비관 사이에서. 무언가 비어 있는 중간을 메우지 못하고 강연을 하고 글을 써왔기 때문이다.

  심리학자의 한 사람으로서 세상 사람들에게 비관적으로 살지 말라고 당부해왔다. 낙관적인 사람들이 비관적인 사람들보다 더 오래 살고, 더 건강하며, 더 성취도가 높고, 더 행복하다는 걸 밝혀왔기 때문이다.

  낙관은 낙천과는 다르다. 낙천은 성향이나 성격으로, 심리학적으로 보자면 타고나는 것이다. 반면 낙관은 사안을 보는 관점이며 후천적으로 획득되는 것이다. 같은 어려움과 역경을 만나도 타고난 기질적 측면에서 다른 사람들보다 고통을 될 느끼는, 이른바 축복

받은 낙천성보다 낙관성이 더 중요한 이유는 이 때문이다. 경험과 '잘될 것이란' 관점을 통해 긍정적 결과를 만들어내기 때문이다. 낙천적인 사람보다 낙관적인 사람이 훨씬 더 좋은 결과를 만들어낸다는 연구 결과도 많다.

그런데 이러한 멋진 말과 글에는 항상 누군가의 차가운 질문이 따른다. "그 낙관이 얼마나 수많은 간과와 함정을 만들어 우리 사회와 조직에 큰 사고와 비극을 만들어냈는지 아십니까?" 이 냉엄한 질문 앞에 낙관을 만병통치약처럼 팔았던 세간의 수많은 달변가들은 입을 닫고 글 쓰는 걸 멈출 수밖에 없다. 나 역시 예외가 아니다.

그렇다. 행동하지 않고 현실을 직시하지 않는 낙관은 비관과 다른 방식으로 인간과 세상을 망칠 뿐 결국 같은 것이다. 즉 제대로 보고 올바로 행동하는 치밀함이 뒤따르지 않으면 낙관은 그야말로 사상누각인 셈이다. 행동하는 것 그리고 그 행동을 만들어내기 위해 현실을 냉정하게 직시하는 방법을 알아야 한다.

하나하나씩 말을 할 때면 우리는 마치 다 알고 있는 것 같은 느낌이 든다. 하지만 이 모든 것은 연결이 되어 있다. 이렇게 연결해놓고 보기는 나도 처음이다. 그런데 모든 연결이 다 맞아 떨어진다. 이런 치밀한 작업을 통해 울리히 슈나벨이 우리에게 말하고자 하는 것은 무엇일까?

비교에 익숙한 우리에게 습관을 어떻게 고쳐야 하는지 알려준다. 역경과 자유를 연결시키는 절묘한 다리를 볼 수 있는 눈을 제시한다. 전망과 경험 그리고 믿음의 정교한 함수관계를 이해시켜준다. 누구나 다 알지만, 누구도 그 시점을 예상하지 못했던 '확신'이란 한 단어로 말이다. 그렇게 우리로 하여금 상황을 직시하고 행동할 수 있게끔 바로 옆에서 속삭이면서 돕는다.

살아가면서 이런 오아시스 같은 책을 가끔씩 만난다. 그럴 때면 참으로 고맙다. 이런 책을 만날 수 있어서, 이런 책이 세상에 나와주어서.

김경일 (아주대학교 심리학과 교수)

차례

6장 삶의 의미를 찾아서

7장 확신은 어떻게 강화되는가

삶의 놀라운 용기는
어디에서 오는가

잠시 상상해보자. 당신은 이제 막 스무 살 성인이 되었다. 당신의 머릿속은 미래에 대한 기대와 희망으로 가득하다. 그런데 몸이 어딘가 이상하고 불편하다. 병원에 갔더니 의사가 청천벽력 같은 말을 한다. 원인을 알 수 없는 불치병에 걸렸다며, 곧 전신이 마비될 것이고 살날이 얼마 남지 않았다고.

당신은 이 상황을 어떻게 받아들일 것인가? 자신의 운명을 저주하며 자포자기할 것인가, 자기연민에 빠져 "다 필요 없어!"라고 한탄하면서 주변 사람을 거부하며 상처 줄 것인가? 아니면 기적을 바라고 종교에 귀의해 교회나 기도원으로 향할 것인가?

아마도 현 시대를 살아가는 많은 사람이 이러한 위기감을 느낄 것이다. 급격한 기술 발달, 기후 변화, 경제 위기, 사회 해체 등 익숙한 삶의 구조를 위협하는 일들이 많아지면서 우리는 앞날을 가늠하기가 어려워졌다. 이전과는 전혀 다른 복잡성과 불확실성을 계속 맞이하며 살고 있는 것이다. 지금까지 겪어온 변화보다 앞으로 겪을 변화가 더 크고 많다. 그래서일까? 매일 불안하고 두려움마저 생긴다. 이 삶의 구조가 언제 무너질지, 치유와 회복은 가능한 것인지, 내일의 희망을 가질 수 있을지.

이러한 상황에서 누군가는 분노와 절망 속으로 빠져들고, 누군가는 타인이나 세상을 향해 분노를 표출한다. 희생양을 찾아 책임을 전가하는 경우도 생긴다. 내재된 불안이 '다른 것은 위험한 것'이라 판단하고 현재의 나와 기존의 질서를 지키려 하기 때문이다. 독일에서는 난민이, 러시아에서는 서구인이 희생양이 되었고, 도널드 트럼프 미국 대통령은 멕시코 인들을 제물로 삼았다. 길거리에서는 자기 심기를 거슬리게 했다는 단순한 이유로 폭력 행위가 일어나고, 인터넷에서는 서로 다른 의견을 놓고 이른바 키보드 배틀이 연일 벌어진다.

눈앞의 논쟁거리와 피하고 싶은 미래가 올지도 모른다는 불안과 위기감에 스트레스 지수는 하루가 다르게 높아간다. 삶을 돌아보고 미래의 계획을 세울 여유조차 점점 사라지고 있다. 사소한 문제에도 예민하게 굴고, 별것 아닌 일에도 버럭 짜증이 나며, 하루하루가 재미없고 자신감마저 떨어진다. 세상에 넘쳐나는 '긍정적 마인드'로 내일은 더 나아지겠지 낙관하려 하지만, 조금만 뜻대로 되지 않아도 금세 세상이 끝난 것처럼 여긴다. 삶이 점점 무겁게 다가오고 마음이 점점 지쳐간다. 그러면서 쓸쓸해진다. 세상 속에서 나의 존재는 더 작아지고 있는 것만 같아서. 언젠가는 사라져버릴 것 같아서. 그렇게 불안 속에서 우리는 절망과 친구가 되어간다.

스티븐 호킹이 위기 극복에 사용한 도구

철학자 프리드리히 니체는 "삶의 이유를 아는 사람은 삶의 그 어떠함도 견딜 수 있다"[1]는 유명한 말을 남겼다. 우리는 이러한 삶의 실제적 증거가 된 사람을 알고 있다. 바로 스티븐 호킹(Stephen Hawking)이다.

바로 앞에서 나는 스무 살에 시한부 선고가 떨어지면 어떻게 하겠느냐고 물었는데, 스티븐 호킹이 마주한 상황이 꼭 그랬다. 스물한 번째 생일이 막 지난 호킹에게 의사는 치료법이 없는 희귀한 근육병에 걸렸단 진단을 내렸다. 그에게 남은 시간이 얼마인지는 의사도 정확히 말할 수 없었다. 그저 그의 상태가 계속해서 나빠지리라는 것만 확실했을 뿐, 물리학 박사과정 중에 있던 그에게 논문을 완성할 수 있는 시간이 주어질지조차 알 수 없었다.

결과를 말하자면 호킹은 76년을 살았는데, 이는 의학적 예측을 뛰어넘는 놀라운 기록이다. 오래 살기만 한 것이 아니다. 2018년 3월에 숨을 거둘 때까지 사지가 마비된 천체물리학자가 세계사에 남긴 업적은 신체 건강한 연구자의 것이라고 해도 믿기 어려울 정도로 왕성했다. 그는 동시대의 가장 유명한 물리학자이자 베스트셀러 작가였으며, 자식과 손자를 여럿 둔 아버지이자 할아버지였다.

과연 그를 굳건하게 붙들었던 것은 무엇이며, 그토록 놀라운 삶의 용기는 어디서 비롯된 것일까? 피할 수도 없는, 목숨이 위협받는 상황에서도 좌절하지 않고 꿋꿋이 삶을 살아낸 그의 태도에서 우리가 배울 점은 무엇일까?

몇 가지 전형적인 답변들이 떠오를 것이다. 결국은 모든 것이 잘 될 테니 희망을 절대 놓아서는 안 된다, 긍정적으로 생각하라는 등의 빤한 이야기. 예를 들어, 불치병이라도 기적이 일어날 수 있으니 절대 포기하지 말라는 식이다. 종교에 귀의해 신앙을 발견하는 기회로 삼으라는 충고도 있을 수 있겠다.

하지만 스티븐 호킹은 이런 식의 흔한 답변을 모두 피해갔다. 그는 기적적 치유를 경험하지도 못했고, 그의 병세가 좋아지는 일도 맞이하지 못했다. 근위축성 축삭경화증(amyotrophic lateral sclerosis), 일명 루게릭 병은 그의 몸을 가차 없이 나무 막대기처럼 뻣뻣하게 만들었고, 그 진행 과정은 의사들이 예견한 그대로였다. 신경 손상은 차츰 그에게서 근육 조절력을 앗아갔고, 급기야 목소리마저 빼앗았다. 그는 마흔 즈음부터 휠체어 신세를 져야 했고, 죽기 전 30년간은 컴퓨터 음성 합성기의 도움을 받아 기계음으로만 말할 수 있었다.

지극히 이성적인 물리학자의 뇌는 종교에 귀의하는 것은 생각조차 하지 않았다. 기적을 바라거나 희망에 찬한 동속적 믿음에 기대는 대신, 호킹의 삶은 그가 정립한 물리학 이론들처럼 분명한 논리와 냉철한 이성으로 채워졌다. 또 다른 유명 물리학자인 알베르트 아인슈타인과는 달리 그는 단 한 번도 '오랜 조상(der Alte, 아인슈타인이 주로 신을 지칭할 때 쓰던 용어)'이 무엇을 했다든지, 신이 주사위를 던지거나 그 비슷한 것을 했다는 식으로 생각하지 않았다. 그의 이론에는, 언젠가 호킹이 한번 언급했다시피 창조자가 설 자리가 없었다.*

그렇다고 호킹이 그 어떤 절망과 침울함도 감히 침범할 수 없었던 초인적 슈퍼 히어로였던 것은 아니다. 처음 불치병에 걸렸단 진단을 받았을 때 그가 보인 반응은 평범한 사람들과 다를 바 없었다. 그는 의사의 진단에 '충격'을 받고 하필이면 왜 자신에게 그런 일이 일어났는지 물었다.

회고록에서 그는 당시의 상황에 대해 "마치 내가 비극의 주인공이 된 것처럼 느껴졌다"라고 설명했다. 그때부터 그는 바그너의 음악을 줄기차게 들었고, 혼란스러운 꿈에 시달렸다.[2] 일부 언론은 불치병 진단을 받은 그가 과도하게 술을 마셨다고 보도했지만, 호킹은 그 보도가 "과장되었다"고 반박했다(다만 가끔씩 와인 한 잔을 즐겼다는 것까지는 부인하지 않았다).

한마디로 스티븐 호킹에게 느닷없이 닥쳐온 엄청난 위기를 능수

---

* 그럼에도 호킹의 베스트셀러 《시간의 역사A Brief History of Time》에는 '신의 마음'에 관한 인상적인 구절이 등장한다. 그건 순전히 마케팅 전략의 일환이었는데, 추후 회고록을 통해 호킹은 그 문장은 넣지 않는 게 나았을 거라 고백했다. 하지만 그랬다면 "그 책의 판매부수는 반 토막 났을지"도 모른다.

능란하게 처리하는 초인적 능력 따윈 없었다. 그도 보통 사람들과 다를 바 없었다. 그런 그가 위기를 극복하기 위해 사용한 도구는 이미 우리 안에 자리하고 있는 평범한 자질이었다. 바로 확신을 갖는 것.

낙관주의자와 확신주의자의 차이

'확신'이라고 하니 결국 어떻게든 잘될 거란 식의 순진한 희망이나 긍정적 사고, 낙관주의를 말하려는 것 아니냐고 생각할 수도 있겠다. 결론부터 말하자면 그렇지 않다. 이 책에서 말하는 확신은 그런 것과는 거리가 멀다. 이 책은 위기나 빈 컵은 존재하지 않는다고 말하지 않는다. 남아 있는 기회와 물이 절반 담긴 컵에 대해서 말할 뿐이다. 장밋빛 안경을 쓰면 시야가 밝아지기보다는 외려 흐려진다. 진짜 위기가 닥쳤을 때 이런 시각은 별 도움이 되지 않을 뿐더러 종종 역효과를 낳는다.

그래서 낙관주의자와 확신주의자, 비관주의자는 다르다. 어떻게 다를까?

우유통에 개구리 세 마리가 빠졌다. 비관주의자라면 "아이고, 망했네. 나갈 길이 없잖아" 하며 우유에 빠져 죽는다. 낙관주의자라면 "걱정할 것 없어. 잘못된 건 하나도 없으니까. 신이 구해줄 거야" 하고 노래를 부르며 도움을 기다린다. 그러다 점점 줄어드는 노랫소리와 함께 우유에 빠져 죽는다. 확신주의자라면 "힘든 상황이긴 해도 헤엄쳐야 하는 건 평소와 똑같잖아"라며 몸을 띄우고 팔다리를 움직인다. 우유가 버터가 될 때까지. 그리고 굳은 버터 조각을 박차고 우유통 밖으로 뛰쳐나온다.

이렇듯 이 책에서 말하고자 하는 확신은 허구의 희망에 휩싸이는 대신 상황의 본질을 똑바로 바라보는 시각을 말한다. 여의치 않은 상황에 놓였을 때 위축되는 대신 아주 작게나마 자신에게 남은 여지를 적극적으로 활용하는 태도다.

물론 일반적으로 확신과 희망, 낙관주의는 개념적으로 분명하게 구분되지 않을 때가 많다. 독일어 사전 《두덴Duden》은 확신을 '미래의 긍정적 발전에 관한 확고한 신뢰'라고 정의했다. 다른 사전들도 확신을 낙관주의의 '유사어'로 엮었다. 이는 본래의 개념에 포함되어 있던 핵심적 요소를 누락시킨 것이다. 오래된 개념인 확신에는 분위기를 가라앉히는 단조화음이 들어 있다. 그런데 비교적 현대의 개념인 낙관주의에는 유쾌함만 있을 뿐 이 단조화음을 알지 못한다. 나와 《디 차이트Die Zeit》에서 함께 일한 수잔네 마이어(Susanne Meyer)는 그 차이의 핵심을 이렇게 짚었다.

"확신의 통속적 친구인 낙관주의는 기름 묻은 손가락으로 미래를 가리키며 '다 방법이 있을 거야'라고 말한다. 하지만 확신은 자기 앞에 엄청난 수의 적들이 버티고 있다는 가슴 아픈 사실을 분명히 알고 있다."[3]

확신을 뜻하는 독일어 쭈페어지히트(Zuversicht)는 고대 독일어 쭈

오피르지히트(zuofirsicht)에서 비롯되었다. '보다'란 뜻의 동사 제헨(sehen)에 접두어 쭈오(zuo)와 피르(fir)가 붙은 형태로, 미래를 미리 내다본다는 의미에 가깝다. 좋게 보는지 나쁘게 보는지는 별 상관이 없다.[4] 그런데 시간이 지남에 따라 중립적 미래 예측에서 인간의 바람에 부응하는 희망찬 기대 쪽으로 치우치기 시작했다. 한때는 천국을 향한 종교적 신앙의 개념이 끼어들기도 했다(바흐의 찬송가 중에 '예수, 나의 확신Jesus, meine Zuversicht'이란 곡이 있다). 하지만 근대에 들어오면서 종교적 바탕은 희미해지고 개인의 능력과 멈추지 않는 발전에 대한 믿음이 그 자리를 대신 채웠다.

이전에는 천국에서의 영생을 바탕으로 결국 모든 것이 잘될 것이란 믿음이 비롯되었다면, 점점 인간 스스로가, 정확히는 미래의 진보를 보장하는 형태가 된 것이다. 한동안은 인간의 계몽된 이성이, 천국이 땅 위에서 이루어지도록 만든 것처럼 보일 때도 있었다. 과학과 기술의 발전 덕분에 노동의 강도와 질병의 위협이 줄어들었으며 인간의 보편적 복지가 증가한 것이다. 인본주의가 최상으로 발현된 분야는 정치였다. 노예제는 폐지되었고 인간의 권리가 주창되었다. 모든 시민에게 자유와 민주주의가 보장되었다.

물론 상황이 결코 완벽하지는 않았다. 하지만 걸어가는 방향이 옳고 그 길로 가다 보면 먼 미래에라도 인류의 보편적 행복이 구현되는 영광스러운 나라에 이를 수 있으리란 믿음이 있는 한, 그건 아무 문제도 아니었다. 이러한 믿음은 1989년 무렵까지 활기찼고 낙관적이었다. 1989년 베를린 장벽이 무너졌을 때 정치학자 프랜시스 후쿠야마는 《역사의 종언》을 통해 사람들이 좋아할 만한 인류 미래에 관한 예견을 내놓았다. 그는 정치적 자유주의와 경제적 자유주의의 승리 행렬은 멈추지 않을 것이며, 전 세계의 정부 형태가 강제에 가깝게라도 서구 민주주의로 대체될 것이라고 주장했다.[5]

희망을 잃어버린 세대

하지만 요즘 사람들은 그런 옛 희망에 그저 피곤한 미소를 날릴 뿐이다. 서구 민주주의의 승리 행렬은 어느 시점에서 제자리 걸음을 하다가 이제는 많은 나라에서 뒷걸음질 치기 시작했다. 전통적으로 자유의 수호자이자 민주주의의 선구자를 자처했던 미국도 도널드 트럼프를 대통령으로 뽑았다. 그는 오래된 민주적 결정 과정을 유치한 애들 장난으로 치부하고, 수백 년에 걸쳐 발전해온 시민사회 제도를 '기득권층(Establishment)'이라고 모욕하며 헐어내고자 하는 사람이다.

다른 나라에서도 자유주의적 정당들은 막다른 길에 놓였다. 어떤 나라에선 우파 포퓰리즘 정당들이 득세하는 흐름 속에서 자기 방어에 급급하고, 또 다른 나라에선 권위주의 정권에 맞서 살아남기 위해 사력을 다하는 중이다. 모두 독일의 사회학자이자 정치학자인 랄프 다렌도르프(Ralf Dahrendorf)의 예견대로다. 다렌도르프는 1997년 한 기고문을 통해 우리는 "권위주의적 세기의 문지방 앞에 서 있다"라는 선견지명을 내놓았다. 그건 경제 세계화의 불가피한 결과물이었다. 거대 다국적 기업이 민주주의 국가의 입법 과정과 통제 기능을 침범하면서부터 '권위주의적 조치는 필연적으로 예정'되어 있었다. 그러므로 세계화와 그에 따른 사회적 결과물은 '민주주의적 제도보다는 권위주의적 제도를 후원할 것'이다.[6]

정치적 진보를 향한 희망뿐 아니라 과학과 기술에 대한 신뢰 또한 위기에 처했다. 기술적 진보가 가져올 치유력에 대한 희망은 그보다 몇 배 큰 부작용에 대한 두려움에 잠식당했다. 원자력 발전은 처리가 매우 까다로운 방사능 폐기물 문제를 안고 있고, 항생제 투약은 내성의 위험을 키웠으며, 지능을 가진 기계의 개발은 인간의 일자리를 위협한다. 지난 몇 세기에 걸친 엄청난 기술의 진보 자체를 부인하는 것은 아니다. 그 누구도 12세기의 위생 상태나 마취제 없이 외과수술을 받아야 했던 시절을 그리워하지 않는다. 하지만 영원히 진보할 것이라는, 그래서 결국은 영원한 행복이 존재하는 낙원이 도래하리라는 희망을 품고 있는 사람 또한 아무도 없다.

적어도 서구 선진국의 상황은 그렇다. 중국을 비롯해 이제 막 도약하기 시작한 국가들의 미래는 대체로 이보다는 희망차 보인다. 반면 독일을 비롯한 '오래된' 서구 국가의 사람들은 미래 전망에 관해 일종의 정신적 탈진 혹은 내면적 자포자기 상태를 드러내는 경우가 많아졌다. 스티븐 호킹이 일흔이 넘어 쓴 인류의 미래 전망에 관한 글을 보면, 그 역시 그러한 분위기를 감지한 듯하다.[7] 영국의 한 신문에 기고한 글을 통해 호킹은 당면한 인류 문제를 비관적으로 분석하고 긴급한 인식 전환을 촉구했다. 마지막에 그가 덧붙인 말은 다음과 같다. "가능하다. 인간이란 종(種)에 관해서라면 나는 엄청난 낙관주의자다."

이런 주장에 세간의 반응은 어땠을까? 독자 후기를 통해 호킹에게 전달된 것은 엄청나게 침체된 사람들의 마음이었다. 어떤 독자는 "나는 우리 종에 관해 결코 낙관적일 수 없다. 인류는 이 행성에 암적인 존재다. 그래도 고칠 길이 있을 줄 알았다. 우리에겐 기회가 있었다. 하지만 이제 너무 늦었다"란 글을 남겼다. 이 글에는 "덧붙이자면 나 역시 인간이란 종에 관해 그 어떤 희망도 품고 있지 않다"라는 댓글이 달렸다. 비슷한 댓글이 여러 개 달렸다. 사회 전반에 만연한 절망감을 즉각적으로 드러낸 댓글들이었다.[8]

이처럼 사람들의 의견을 표명한 글을 읽거나 설문조사 결과를 보다 보면 체념적이면서도 분노에 찬 묘한 분위기를 맞닥뜨리게 된다. 사람들은 무엇이 됐든 실패하리라 장담하고 부정하는 데서 만족감을 얻는 것처럼 보인다. 이런 성향의 사람들이 자기 자신을 묘사하는 방식은 아마 조금 다를 것이다. 이런 사람들은 타인은 가망 없는 꿈에 매달리는 몽상가인 반면, 자신들은 황폐한 현실의 바닥에 두 발을 단단히 딛고 선 현실주의자이자 각성자라고 생각한다. 어쨌든 간에 확실한 것 한 가지는, 이런 성향의 사람들은 미래에 대해 매우 염세주의적이란 것이다.

"미래상(Vision)을 가진 사람은 의사부터 찾아야 한다." 독일의 전 총리 헬무트 슈미트(Helmut Schnmidt)는 이러한 발언을 통해 당시

횡행하던 비관론을 대변했다.* 오늘날 정치인들은 아예 거창한 미래 구상을 해볼 엄두도 내지 않는다. 부유한 서구에는 긍정적 유토피아의 시대가 막 사라진 것처럼 보이기 때문이다. 사회철학자 지그문트 바우만(Zygmunt Bauman)의 진단대로라면, 현재를 지배하고 있는 건 과거 회귀적인 '레트로토피아(Retrotopia)'다. 그는 유작인《레트로토피아》[9]에서 20세기 초반부터 많은 사람들이 더 나은 미래를 희망하는 대신 만사가 예전처럼 되기를 소망하기 시작했다고 설명했다. 그들이 열광하는 "비전은, 선조들과 달리, 아직 오지 않았으므로 존재하지도 않는 미래가 아니라 잃어버리고 강탈당하고 고립되었지만, 그렇다고 죽지도 않은 과거로부터 비롯"된다. 유토피아 대신 레트로토피아를 선택한 것이다. 그 선택지가 과거에 실패한 적이 있다고 하더라도 레트로토피아 신자들에겐 문제가 되지 않는다. 잘못된 비전일망정 아예 없는 것보단 훨씬 낫기 때문이다.

오늘의 선택에 따라 미래가 달라진다

사람들은 왜 레트로토피아로 도피하는 것일까? 우리 사회가 전반적으로 얼마나 획기적인 변화를 경험해왔는지 살펴볼 때

---

* 사실 슈미트는 반어법을 사용한 것이었다. 인터뷰하던 기자가 총리의 미래상을 다그치듯 물어대자 방어적으로 나온 말이었다. 헬무트 슈미트를 아는 사람이라면 그가 확고한 미래상을 가진 미래지향적 정치인이란 사실을 알 것이다. 유럽의 정치적 협력과 연합체 구성의 필요성을 제시한 그는 유럽 동맹의 정치적 기틀을 넘나드는 생각을 했었다.

그 이유를 알 수 있다.

세계화가 진전됨에 따라 게임의 규칙을 정하는 건 소수의 강대국과 거대 다국적 기업이다. 우리가 오랫동안 신뢰해온 정치 시스템은 이들에게 조금씩 추월당하더니 어느덧 저 뒤로 밀려버렸다. 빠른 속도로 발전해온 디지털 기술과 함께 생명공학, 인공생식 기술, 인공지능 기술 등 과학의 진보는 우리 삶에 엄청난 변화를 불러왔다. 2007년 애플이 아이폰을 시장에 선보인 이후로, 그 작은 기계 하나가 짧은 기간 동안 우리의 삶과 행동을 얼마나 많이 바꾸었는지를 되짚어보라. 요즘 청소년들에게 우리가 어렸을 땐 휴대전화도 페이스북도 왓츠앱도 없었다고 이야기하면, 마치 동굴에서 나온 조상을 만난 듯 쳐다본다. 동시에 우리는 기후 변화와 같은 엄청난 생태학적 도전에 마주했으며, 테러리스트나 근본주의자 세력으로부터 정면으로 위협받고 있다. 이것들은 우리가 믿어온 가치와 민주적 시스템을 위기로 몰아넣고 세계정세를 불안정하게 흔든다.

문화학자 및 경제학자들은 이러한 극적인 변화 외에도 우리 생활에 '거대한 변화'가 일고 있다고 말한다. 이는 시간이 변함에 따라 일어나는 단순한 변화가 아니라, 우리 삶 모든 영역에 근본적인 변동이 생기는 걸 뜻한다. "경제 위기처럼 표면에 드러나는 현상은 새로운 세계로 들어가기 위한 진통의 일부다. 새로운 세계는 모든 면에서 이전과 다르다. 우리의 행동과 방식, 이유를 모두 바꿀 근본적 변화를 경험하게 될 것이다." 경제학자이자 경영연구가인 프레드문트 말리크(Fredmund Malik)의 예언이다.[10]

아마도 최근의 변화는 중세에서 근대로 넘어가던 시기의 변혁과 엇비슷하다고 볼 수 있을 것이다. 그 당시에도 신기술의 발명과 다양한 발견 그리고 경제적 개혁이 거의 모든 영역에서 사람들의 삶을 바꾸었다. 세계도 불안정하게 일렁였다. 구세력과 신세력이 전력을 다해 맞섰고, 30년전쟁과 같은 끔찍한 싸움을 벌인 후에야 새로운 사회질서가 세워졌다. 새로운 것에 두려움을 느껴 익숙한 것을 지키기 위해 싸우거나 혹은 종말론으로 도피했던 당시의 사람들을 나쁘다고 할 수 있을까? 만약 15세기 사람에게 미래가 어떤 모습일 것 같으냐고 물어본다면, 당시에 비해 극적으로 변화한 요즘의 삶을 엇비슷하게라도 상상하는 사람이 있기나 할까. 아마도 없을 것이다.

오늘날 우리의 상황도 비슷하다. 누군가 우리에게 먼 미래의 세상이 어떨 것 같으냐고 묻는다면 대답이나 할 수 있을까? 지금의 우리로선 단편적으로라도 생각해내기 어려운 발전과 변화가 펼쳐질 공산이 크기 때문이다. 한 가지 분명한 것은, 그 세상으로 가는 길이 이미 정해져 있는 것이 아니라 지금 우리가 어떻게 행동하고 어떤 길을 선택하느냐에 따라 달라질 수 있다는 사실이다. 우리 앞에 긍정적 유토피아가 펼쳐지리라 믿고, 미래를 헌신하고 투쟁할 만한 가치가 있는 것으로 생각한다면 우리의 미래는 달라질 수 있다.

따라서 지금 확신이란 것에 대해 진지하게 생각해보는 것이 매우 중요하다. 하지만 미래를 향한 기존의 기대가 모두 사멸해버린 이 시대에 과연 미래를 긍정적으로 전망할 여지가 남아 있을까? 그렇다면 불치병에 걸려 답이 없어 보이는 상황에서도 그토록 인상적으로 인생의 여정을 완수한 스티븐 호킹에게 계속 살아갈 희망을 제공한 동력은 무엇이었을까?

질문을 바꾸어볼 수도 있다. 우리가 어떤 행동이든지 시작할 때 필요한 자극은 어디에서 오는 것일까? 앞서 언급한 개구리 이야기에서 우유통 속 개구리가 계속해서 헤엄을 치도록 만든 힘은 어디서 왔을까? 노력해볼 여지가 남았다는 확신에 찬 기대가 없었다면, 헤엄쳤던 개구리도 결국 다른 개구리들처럼 얼떨떨하게 필연적으로 예정된 종말을 기다렸을 것이다.

확신은 삶에 에너지를 공급하는 필수요소 중 하나이자 우리 존재를 가능케 하는 근본적 자극의 일환이라고 할 수 있다. 최소한의 확신도 없다면 이성적 인간은 아이를 낳을 수도, 여행을 떠날 수도, 정치 문제에 대한 투표도 할 수 없을 것이다. 심지어 아침 잠자리에서 일어날 수도 없을 것이다. 희망 대신 염세주의를 설파하는 뻔뻔한 동시대인들마저 개인적 삶의 영역에선 어떤 식으로든 확신에 의해 삶이 움직인다는 점을 인정해야만 한다. 삶에는 미미하게나마 이성적으로 해명할 수 없는 의지의 힘이 작용하기 때문이다(다만 삶이 오랜 기간에 걸쳐 자살에 이르게 되는 과정이라고 주장하는 사람의 경우라면 좀 다를 수 있다).

스티븐 호킹이 불치병 진단을 받고도 계속 살아낼 수 있었던 동력이 무엇이었는지 찾아내는 것은 쉽지 않은 일이었다. 인터뷰를 할 때도 그는 주로 천문학에 대해 이야기할 뿐 개인사에 대한 언급을 꺼렸다.[11] 그의 회고록조차 지면 대부분이 물리학적 주제를 다루는 데 할애되었다. 스티븐 호킹은 이렇게 자기 속을 좀처럼 드러내지 않는 사람이었다.

그렇지만 답변이 될 만한 것을 추정해볼 수는 있다. 첫째, 그에겐 자신과 자신의 행복 그리고 자신의 고통에 관해 끊임없이 고민하는 것보다 더 큰 관심사가 있었다. 그건 우주라는 거대한 질문에 대한 답을 찾고자 하는 열망이었다. 그 열망이 침체의 나락으로 떨어져도 이상할 것 없던 스티븐 호킹을 계속해서 살아가게 했다. 호킹은 확실한 '삶의 이유'를 발견한 것이다.

그렇다고 모든 사람이 자신이 처한 위기의 돌파구를 천체물리학에서 찾아야 한다는 뜻은 아니다. 사람은 저마다 자신만의 '삶의 이유'가 있다. 누군가에게는 자녀의 행복이, 누군가에게는 직장에서 인정받는 것이, 누군가에게는 운동경기 시청이나 음악 또는 고대 비잔틴 성화 감상이 '삶의 이유'가 된다. 세상에 많은 사람만큼이나 다양한 삶의 이유들이 존재할 것이다. 물론 인생의 어떤 구간에서는 삶의 동력이 아예 없는 것처럼 보이기도 한다. 혹여 그렇다 하더라도 그것을 찾으려는 노력이 무의미하지는 않다. 시노 사세만으로도 위기 상황에서 숨 쉴 구멍을 찾는 데 도움이 되기 때문이다.

둘째, 호킹에게는 누구나 부러워할 만한 유머 감각이 있었다. 그는 물리학적 설명을 할 때는 물론이고 사적인 대화에서도 촌철살인을 즐겨 날렸다. 1979년 그가 케임브리지 대학으로부터 전설의 루카시언 석좌교수(The Lucasian Professorship of Mathematics, 1663년부터 케임브리지 대학에서 수학에 중요한 공헌을 한 교수에게 준 명예직_편집자)로 초빙되었을 때 휠체어에 앉은 호킹은 역설적으로 자신의 상황을 논평했다.

"나는 지금 아이작 뉴턴의 의자에 앉아 있다. 그런데 완전히 달라진 의자다. 지금 이 의자는 전기로 움직인다."

농담 반 진담 반으로 자신의 장애가 여러 면에서 도움이 된다는 말을 하기도 했다. 강의를 하지 않아도 되고, 신입생을 대상으로 수업하지 않아도 되며, 시간을 낭비하는 회의에 참석하지 않아도 되는 등 그가 열거한 장애의 장점은 한두 가지가 아니었다. 이런 자조적 자기평가는 비단 주변 사람들을 웃기기 위해서만은 아니었다. 자신의 고통을 이토록 확실하게 규정하는 것은 자기연민의 유혹에 맞서는 가장 확실한 도구였다.

셋째, 바로 사랑이다. 그는 자신을 돌봐준 여성들의 사랑이 자신을 삶에 붙들어놓았다고 말했었다. 실제로 호킹은 많은 여성에게 보살핌을 받았다. 부인 몇 명과 간호사 여럿(이 중 나중에 부인이 된 이도 있다) 그리고 개인 비서 등. 호킹의 케임브리지 대학 사무실 한쪽 벽면엔 마릴린 먼로의 대형 브로마이드가 걸려 있기도 했다. 그걸 괴

벽으로 생각한 사람도 있었지만, 대부분은 그의 삶에 숨결을 불어넣어준 여성적 에너지에 대한 하나의 오마주로 받아들였다.

마지막으로 대중적 인기다. 물리학자이자 작가로 거둔 성공, 유명 TV 프로그램 〈스타트랙〉과 〈심슨가족〉에 출연해 남긴 족적. 무엇보다 세계적 석학으로서의 그의 상징적 입지는 그를 포함한 어느 누구도 그가 운명에 굴복하는 것을 상상할 수 없게끔 만들었다. 이처럼 호킹의 동화 같은 생애는 열정, 유머감각, 사랑 등에서 동력을 얻어 굴러갔다. 그 하나하나의 샘에서 그는 중병에 시달리고 있음에도 살아갈 가치가 있다는 확신을 끊임없이 제공받았다.

그렇기에 호킹의 인생은 확신의 힘을 증명하는 흥미로운 사례다. 신체를 움직일 수 있는 능력이 점점 줄어들면서 호킹은 억지로라도 내적 동기를 발견해야만 했다. 그렇게 얻어낸 내적 자유는 그가 특별한 생존 의지를 키워내도록 만들었다. 신체적 능력은 별개의 문제였다. 호킹이 비범한 지적 능력, 특히 물리학적 사고를 하는 데 특별한 재능이 있었음을 부인하지는 않겠다. 그런 재능은 누구에게나 있는 게 아니다. 하지만 그러한 점을 고려한다고 해도 그의 경우가 현재 세상에서 절망하고 있는 많은 사람에게 귀감이 된다는 사실에는 변함없을 것이다.

이 책은 내적 자유가 가진 힘과 확신의 가치를 말해주기 위해 쓰였다. 뒤이은 내용에서 우리는 스티븐 호킹과 공통점이 있는 인물들을 많이 만나게 될 것이다. 그들은 하나같이 외부 환경이 좋지 않고 안울하거나 못해 마마할 때, 살아갈 용기를 잃지 않으려면 어떻

게 해야 할지 질문하고 고민해본 적이 있는 사람들이다. 이들의 이
야기는 우리가 살아갈 힘을 얻는 일반적인 원천이 모두 고갈되었을
때조차 확신의 동기를 발견하고 올바른 내적 태도를 유지할 수 있
는 길을 보여줄 것이다.

1장

확신이라는 삶의 에너지

누군가 요즘의 독일인 정서를 묘사하려고 하면 금세 어떤 모순을 발견하게 될 것이다. 밖에서 볼 때 독일은 놀라우리만치 좋아 보인다. 몇십 년째 평화롭고 경제는 호황을 누리고 있다. 국내총생산(GDP)과 기대 수명이 그 어느 때보다 높고 실업률은 낮다. 좌우에서 공격해대는 와중에도 민주주의 시스템은 안정적으로 유지되고 있다. 비판적 어조로 유명한 《이코노미스트Economist》조차도 '멋진 독일(Cool Germany)'이란 호평을 내릴 정도니까. 영향력 있는 이 영국의 경제지는 독일을 놓고 "사회 각층이 모두 부유하고 개방적이며 탈권위적이고 세련됐다"고 묘사하며 다른 서구 국가들이 "모범으로 삼아야 한다"고까지 말했다.[12]

하지만 독일인의 내면을 들여다보면 전반적인 분위기가 그 어느 때보다 나빠 보인다. 많은 사람이 두려움과 걱정 가득한 눈으로 미래를 본다. 《디 차이트》는 문화면에서 독일의 상황에 대해 "나라가 불안에 빠졌다. 불안의 뒤 긴에는 신경쇠약과 내혼단이 바고 있다"고 묘사했다.[13] 정기적으로 여론의 맥을 짚는 알렌스바흐연구소(Allensbach Institut)는 "낙관적 미래 전망이 급격히 감소했다"고 진단했다.[14] 프랑크푸르트미래연구소(Frankfurter Zukunftsinstitut)는 "독일의 사회적 분위기를 지배하는 건 과도한 요구와 지나친 자극에서 비롯된 무력감과 방향 감각 상실로 인한 두려움이다"라고 분석했다.[15] 사회적 정서를 주로 연구해온 사회학자 하인츠 부데(Heinz Bude)는 "무엇보다 현재 독일의 분위기를 규정하는 것은 다른 서구 국가들에서도 지배적으로 드러나는 하나의 감정으로, 바로 두려움이다"라고 말했다.[16]

어쩌다 이렇게 되었을까? 사람들이 '느끼는' 상황이 전체적 경제지표와 한참 어긋나는 현상을, 풍요의 시대를 사는 사람들 머릿속이 두려움과 걱정으로 가득하다는 사실을 어떻게 설명할 수 있을까? 서구 선진국에서 포퓰리즘 정당이 선전하는 이유는 무엇일까? 미국에서 '트럼프주의'가 성공할 수 있었던 건 무엇일까?

물론 이런 질문에 대한 대답이 한 가지일 리는 없다. 한 나라의 전체적 분위기는 수많은 요소에 영향을 받기 때문이다. 따라서 미국에서 트럼프가 성공한 이유, 독일에서 '독일을 위한 대안(Alternative für Deutschland)'이 급부상하게 된 배경, 영국에서 브렉시트가 통과한 까닭 등은 저마다 다르다. 그렇다 하더라도 우리의 정서적 경험이 나타내는 특성들을 토대로 그 이유가 될 만한 기본 패턴을 도출하는 일은 가능하다. 이 패턴은 경제지표가 나타내는 숫자가 아니라 사람들의 주관적 인식에 달려 있는 만큼 통계와는 완전히 다른 법칙을 따른다.

뇌는 기쁨보다 고통을 더 강하게 기억한다

예를 들자면, 지난 몇 년간 테러에 대한 두려움이 엄청나게 커졌다. 2016년 베를린 크리스마스 장터가 공격의 대상이 된 이후, 장터 구경을 나서는 사람들 중 다수가 과연 이 나들이가 안전하게 끝날 것인가, 혹시 나갔다가 목숨을 잃게 되지는 않을까 고민하게 되었다. 게다가 급증하는 난민과 이민자 행렬은, 또한 그걸 매우 자세히 보도하는 매체들은 낯선 세력의 손에 나라가 넘어가는 것처럼 느끼게 만들었다. '서구의 이슬람화' 같은 표현은 이런 위기감을 더욱 고조시킨다. 하지만 숫자로 나타난 객관적 지표는 이러한 두려움이 터무니없는 것이라고 말한다. 독일 전체 인구 대비 무슬림은 5퍼센트다. 전국의 '이슬람화'는 말이 맞지 않는다. 일반적인 교통사고 위험과 비교했을 때 테러에 희생당할 위험 또한 그리 크지 않다. 2016년 한 해 동안 테러로 사망한 사람은 27명이다.[17] 반면 도로에서 교통사고로 죽은 사람은 3214명이다.

오해하지 마시라. 테러가 위험하지 않다는 뜻이 아니다. 완전히 다른 가치관을 지닌 낯선 문화권의 사람들, 특히 젊은 남자들을 이민자로 받아들이면서 발생하는 문제를 그냥 넘겨버리자는 뜻도 아니다. 이민자들의 동화는 사회적으로 큰 문제이며, 테러 희생자는 단 한 명도 발생해서는 안 된다. 하지만 교통사고 희생자 또한 한 명도 생겨나서는 안 된다. 그런데 우리는 교통사고의 위험에 대해서는 서서히 익숙해져왔고, 이제는 수월하게 받아들이는 편이다. 그래서 교통사고 사망 사건은 그리 크게 보도되지도, 그것이 특별히 위험하게 여겨지지도 않는다. 하지만 테러 위협이나 난민 유입은 그와 정반대다. 둘 다 비교적 최근의 현상이다 보니 훨씬 더 주목도가 높다.

이는 우리 감정이 '비교적'이기 때문이다. 감정은 절대적 사실이 아니라 다른 상황 혹은 다른 사람과의 상대적 비교를 통해 생겨난다는 뜻이다. 따라서 우리는 새롭고 낯선 위험을 이미 잘 알려진 위험보다 훨씬 더 위협적으로 느낀다. 익숙한 위험이 실제로 더 많은 희생을 낳고 훨씬 더 위험할 때도 있는데 말이다. 우리의 정서를 형성하는 데 객관적 사실은 영향을 미치지 못한다. 비교야말로 정서 형성에 중요하다. 비교를 통해 무언가 달라졌다면 우리의 감정은 그것을 중요하다고 인식한다.[18]

더 쉽게 이해할 수 있도록 간단한 예를 하나 들어보겠다. 당신이 100제곱미터(약 30평) 집으로 이사를 간다고 할 경우, 당신은 무조건 행복할까? 지금 살고 있는 집이 50제곱미터(약 15평)라면 아마 새집에서는 왕이 된 것 같은 기분을 느낄 것이다. 그런데 지금 살고 있는 집이 200제곱미터(약 60평)라면? 아마도 새집이 작은 동굴처럼 느껴질 것이다. 주거 공간에 관한 정서적 평가는 숫자로 표기되는 절대적 사실에 의거하지 않는다. 지금까지 살았던 공간에 대한 상대적 비교를 통해 달라진다.

예를 하나 더 들어보자. 이번 달부터 월급이 500유로(약 65만 원) 오른다는 소식을 들었다면 어떨까? 아마도 매우 기쁠 것이다. 그런데 당신 옆자리의 동료는 1000유로(약 130만 원)가 오른다는 소식을 듣게 된다면? 아마 기쁨은 금세 사라질 것이다. 월급이 오른다는 사실은 변함없지만, 오히려 일할 의욕이 꺾이고 분노마저 일게 될 것이다.

한 나라의 분위기도 마찬가지다. 절대적(경제적) 숫자보다는 감지되는 상대적 변화에서 더 많은 영향을 받는다. 사람들의 정서는 외형적으로 매우 좋아 보이는 현재의 환경에 좌우되지 않는다. 정서를 움직이는 건 앞으로 어떻게 되느냐 하는 것이다. 앞으로도 계속 번영하리란 전망이 따를 때 긍정적인 정서가 생겨난다.

그런 면에서 독일인들이 가장 확신에 차 있던 시절은 1958년에서 1964년까지라고 볼 수 있다. 경제 기적이 일어나던 시기다. 하인츠 부데는 당시의 분위기를 이렇게 설명했다. "그들은 계속해서 앞으로 나아갈 것이고, 점점 더 좋아지기만 할 것이라 생각했다. 이러한 집단적 해석은 엄청난 설렘을 만들어냈다."

하지만 1960년 이후 출생자들은 평화롭고 부유한 환경에서 성장했음에도 불구하고, 최악의 상황이 자신의 뒤로 지나간 것이 아니라 앞으로 오게 되리란 예감에 시달려야 했다. 부데는 "그들의 미래는 위협적이었으며, 더는 아무것도 약속하지 않았다"라고 말했다.[19] 요즘 세대 또한 마찬가지다. 지금까지 성내직으로도 훌륭하고 안정직이며 편리한 삶을 이미 경험했기에 앞으로도 계속 이렇게 좋을 수 있을까 하는 걱정을 떨쳐버리지 못한다.

즉 대니얼 카너먼(Daniel Kahneman)이 연구한 손실회피 편향(loss aversion bias)을 경험하는 셈이다. 이스라엘계 미국인 심리학자인 대니얼 카너먼은 아모스 트버스키(Amos Tversky)와 함께 발표한 '전망이론(Prospect Theory)'으로 2002년에 노벨경제학상을 수상했다. 그의 실험은, 우리가 비슷한 정도의 상실과 획득을 동시에 경험할 때 우리의 뇌는 획득의 기쁨보다 상실의 고통을 더 강하게 기억한다는 사실을 보여주었다.[20] 예를 들어 설명하자면, 100유로를 잃어버린 일(혹은 자전거를 도둑맞거나, 자동차나 별장을 압류당한 기억)의 고통이 100유로가 생겼을 때(혹은 새로운 자전거를 선물 받거나, 자동차나 별장이 생겼을 때)의 기쁨보다 더 크다는 뜻이다.

왜 그럴까? 아마도 인간의 진화 과정에서 남은 자취가 아닐까 추정된다. 수천 년을 거슬러 올라가보자. 그때의 인간에게는 원칙적으로 위협이 될 만한 일에 주목하는 것이 즐거웠던 경험을 곱씹는 것보다 훨씬 중요했다. 한 번의 손실, 즉 안전한 주거지를 뺏기거나 일가친척으로부터 떨어진 일로 목숨이 왔다 갔다 하는 형편이니 손실은 피해야만 했다. 반면 한번 무언가를 얻었다고 해서 그 경험이 지속적인 생존을 보장해주는 건 아니었다. 생존 확률을 높여주는 건 손실의 경험을 기억하고 계속해서 의심하는 자세였다.

우리는 더 이상 동굴에 살지 않는다. 일반적인 손실로는 생명을 위협받지 않는다. 그런데도 이런 식의 메커니즘은 계속해서 우리에게 영향을 미치고 있다. 영향을 미치는 정도를 넘어서서 손실회피성이 너무 발휘된 나머지, 번영이 지속되어도 그 결과에 기뻐하는 게 아니라 오히려 이룬 것을 다시 잃어버릴까 더 두려워하는 판국이 되었다. BMW의 상속자이자 억만장자인 슈테판 크반트는 수천 년 진화의 흔적이 여전히 우리에게 영향을 미치고 있음을 인상적으로 증명한다. 그는 한 인터뷰에서 그와 그의 가족이 BMW로부터 당장 현금으로 받을 수 있는 배당금 3억 6500만 유로(약 4745억 원)에 관한 질문을 받자 이렇게 답했다. "우리는 그 돈을 자산을 안정화하는 데 쓸 것이다."[21] 이 답변은 일단 그 돈을 '안정화'에 쓴다면 그의 총 자산이 과연 얼마나 되는지 귀납적으로 추론할 수 있게 만든다. 그뿐인가, 막대한 재산을 잃을지도 모른다는 두려움의 대가가 수억 유로에 달한다는 것도 미루어 짐작할 수 있다.

인간은 언제 행복감을 느끼는가

그 어느 때보다 높은 생활수준을 누리고 있는데도 대부분의 사람은 그걸 행복이라기보다는 당연한 일로 여긴다. 심리학 연구도 이런 경향을 확인시켜준다. 우리는 무언가를 얻기 위해 죽을 힘을 다하다가도 손에 넣고 나면 그것에 익숙해져 다른 것을 원하게 된다.

1970년대 이러한 사실을 증명한 유명한 연구가 있다. 로또 당첨자를 대상으로 한 이 연구를 보면, 로또라는 어마어마한 행운을 거머쥔 사람들마저도 당첨된 지 1년이 지나면 자기 인생에 대한 만족도(또는 불만족도)가 당첨 이전과 비슷한 수준으로 돌아갔다.[22] 당장은 엄청난 행운에 굉장한 행복감에 빠지지만, 오래지 않아 그 상황에 적응되고 나면 다시금 예전처럼 이런저런 불만이 생기는 것이다. 이후에도 유사한 연구에서 비슷한 결과가 증명되었다. 예를 들어 소득 증가가 전반적으로는 삶의 만족도를 높이는 데 기여하지만, 소득 수준이 어느 선을 넘어서면 소득이 더 늘어난다고 해서 그만큼 더 행복을 느끼는 건 아니라는 연구 결과가 대표적이다.*

말하자면 "가난하지만 행복하다"라는 판에 박힌 말만큼이나 행복한 부자에 관한 이미지에도 오류가 있다는 뜻이다. 부유층 사람이 빈곤층 사람보다 평균적으로 10년 정도 더 오래 살긴 한다.[23] 또한 부유층은 지위나 성취를 통해 누릴 수 있는 것도 많다.[24] 하지만 부자로 사는 것도 대가를 치러야 한다. 고소득 직종 종사자들은 더 많은 스트레스를 받고 더 자주 분노하거나 더 자주 상실의 공포와 직면한다.[25]

감정을 다루는 심리학은 자본주의의 기본 공식, 즉 '부의 증가=행복의 증가'에 반박의 여지가 많다고 말한다. 일단 이 공식에 등장하는 부는 절대적 개념이 아니라 상대적 개념으로 이해해야 한다. 미국의 심리학자 배리 슈워츠(Barry Schwartz)는 이 같은 상황을 한

---

* 만족감 그래프가 더 이상 상승곡선을 그리지 않는 '이상적 소득 수준'은 연구마다 다르지만, 대개 연 6만 유로(약 7800만 원)에서 9만 유로(약 1억 1700만 원) 사이다.

마디로 정리했다.

"왜 모두 다 옛날이 나았을까? 그건 옛날엔 모두 다 나빴기 때문이다."

초기 환경이 열악하다는 건 개선의 여지가 매우 크다는 뜻이다. 실제로 개선이 되었을 때 행복감을 느끼는 것은 물론이고, 개선이 이루어지는 과정에서도 설렘이란 굉장한 기쁨을 느낄 수 있다('설렘이 가장 아름다운 기쁨'이라는 학문적 연구 결과와 세간의 속담이 다르지 않다).

하지만 현재 상황이 좋다면 상황이 개선될 때 나타나는 효과를 확실하게 체감하기가 어려워진다. 시간당 10유로(약 1만 3000원)를 벌던 사람에게 근무 마지막 날 보너스로 50유로(약 6만 5000원)를 얹어주면 그는 이루 말할 수 없는 행복을 느낄 것이다. 하지만 하루에 1000유로(약 130만 원)를 버는 사람에게 같은 금액을 보너스를 준다면 비웃음만 돌아올 것이다. 달리 말하면, 인간이 감지하는 변화의 정도는 초깃값에 좌우된다. 많이 가진 사람일수록 더 급격히 증가해야 그로 인한 감정 변화를 느낄 수 있다.[26]

레트로토피아라는 환상

국제 정세를 고려할 때 분명한 한 가지는, 이전과 같은 물질적 성장이 앞으로도 지속되리라고 기대하기 어렵다는 점이다. 최소한 이미 부유한 상태로 접어든 선진국에서는 브레이크 없는 성장의 시대가 지나갔다. 중국과 인도 같은 새로운 경쟁자들이 국제 경기장에 등장했기 때문이다. 세계화된 경제는 전 세계 사람들이 서로 관계를 맺게 만들었을 뿐 아니라 그들 간의 경쟁도 가속화시켰다. 《디 차이트》의 정치부장인 베른트 울리히(Bernd Ulrich)는 현 상황을 '시대의 붕괴'로 진단하며, "유럽이 세계를 지배했던 500년, 그 이후 미국이 지배한 100년을 합쳐 서구가 세계를 지배했던 시대는 끝이 났고, 이제는 반격을 맞을 때"[27]라고 했다. 당장 우리는 서구 주도의 세계화가 얼마나 많은 부작용을 낳았는지를 '난민, 테러리즘, 경제적 경쟁의 격화' 등 고삐 풀린 듯이 나타나는 현상을 통해 확인하고 있다.

공업 노동자는 이 말의 뜻을 매우 구체적으로 이해할 것이다. 이제 그는 같은 공장의 동료와만 경쟁하지 않는다. 스페인이나 콜롬비아, 베트남, 중국의 노동자들도 그의 경쟁자다. 그는 일자리를 위협하는 공장의 해외 이전 가능성을 두려워해야 하는 동시에 회사가 외국 경쟁자들에게 먹혀버리진 않을까 하는 걱정에도 시달리게 되었다. 이 모든 부정적 가능성은 디지털화에 의해 더 증가되고 가속화된다. 디지털화는 모든 과정을 더 빠르게 만들 뿐 아니라 기존의 국경선을 구시대의 산물로 만들고 있다. 쇠퇴할 것에 대한 두려움이 부유한 선진국에 더 만연한 것은 어찌 보면 당연한 일일지도 모른다.

시대의 붕괴 현장에는 여러 가지 부작용과 충돌 외에도 다양한 환경문제가 더해진다. 각 세력 간의 적대적 대치와 그로 인한 전쟁의 위험이 증가하고 있다. 지구의 상태 또한 계속 우려의 시선으로 지켜봐야 할 부분이다. 매년 최악의 기후를 갱신하고 있다. 인류는 현기증 나는 속도로 천연자원을 소비하고 있다. 매일 12종의 생물이 지구상에서 사라지는 것으로 추정된다. 동물학자들은 이미 오래전부터 지구의 '여섯 번째 대멸종'을 말해왔다.[28] 세계 인구가 계속 증가하면서 충돌 지점도 늘어났다. 테러리즘, 전 세계의 이민 행렬, 반민주적 정당의 급부상 등이 스트레스 유발 목록에 추가되었다. 동시에 그 자체로 새로운 충돌의 원인이 되었다.

이 모두는 우리가 어떤 근본적인 위기에 처했고, 지금까지 확실하다고 믿어왔던 가치들이 더 이상 유지되지 못하거나 믿을 만하지 않다는 인식을 가져왔다. 오랫동안 유효했던 가치들은 공허하고 시대에 뒤떨어진 것으로 여겨지고, 오랜 시간 쌓여온 전통도 색이 바래지자, 사람들은 이른바 '고향의 느낌'이 사라진 것을 아파하며 그리워하기 시작했다. 일요일을 예로 들어보자. 교회에 가는 사람의 수가 점점 줄어든 후로도 오랫동안 주말 특유의 분위기는 유지되어 왔다. 하지만 《프랑크푸르터 알게마이네 차이퉁Frankfurter Allgemeine Zeitung》은 "요즘은 일요일에 테라스를 고친다"라는 말로 무미건조하게 지나가는 주말의 분위기를 묘사했다.[29] 사람들은 이제 일요일에 휴식을 취하는 대신 직장에 가거나 영업하는 쇼핑몰로 향하게 되었으니 여느 날과 다를 바 없어졌다.

이러한 모든 변화에 관한 인식은 서서히 사회 깊은 곳으로 침투해 이른바 '집단적 직감'으로 자리 잡았다. 《차이퉁》은 이러한 상황을 "친숙한 것들의 재고가 점차 소진되어가는 것처럼 보인다"라고 진단했다. "개인은 이미 100년 전부터 어떤 분기점에 서 있었다. 그리고 이제 더 큰 집단이 그곳에 설 차례다. 집단 전체가 불현듯 자신들이 복잡하고 이해할 수 없는 현실에 처했음을, 지금까지 쌓아온 전통은 더 이상 발붙일 곳이 없음을 깨닫게 된 것이다."

일부에서 고향이나 민족 혹은 '선진국' 등의 개념을 되찾으려는 시도가 자주 있는 것은 심리학적으로 충분히 이해되는 바이다. 하지만 현실적으로는 완전히 무익한 대응책이다. 시대의 바퀴는 선의만으로 되돌릴 수 없다. '레트로토피아'는 그저 환상일 뿐 영구적 해법이 될 수 없다. 예를 들어, 과거로 회귀해 나의 경계를 고향이라는 좁은 울타리로 한정한다고 치자. 그러려면 일단 인터넷과 국경을 넘나드는 온라인 상거래부터 끊어야 한다. 그런데 아무리 향수에 흠뻑 젖은 과거 회귀적 민족주의자라 할지라도 인터넷을 끊어낼 수 있을까? 엄두도 내지 못할 것이다.

게다가 그들이 그리워하는 '좋았던 옛날'은 대관절 언제란 말인가. 나치 통치하에 전쟁을 벌였던 1930년대 혹은 1940년대를 말하나? 전쟁의 잔해를 치우느라 편협한 도덕주의가 판치던 퀴퀴한 1950년대인가? 아니면 냉전의 광풍 속에서 어디서 핵폭탄이 터질지 몰라 두려워하던 1960년대? 사실 과거에도 '좋았던' 적은 드물었다. 미화된 기억 속에서만 존재하는 '좋았던 옛날'에 대해 영국의 극작가 피터 유스티노프(Peter Ustinov)는 이렇게 말했다.

"지금도 좋았던 옛날이 될 것이다. 10년 후에 돌아본다면."

경쟁의 법칙이 개인의 자존감에 미치는 영향 ──────

이처럼 현대인은 미래를 불안정하고 불확실한 것으로 바라본다. 어떤 제도, 어떤 가치가 여전히 유효한지도 알지 못한다. 그래서 곧잘 무조건적인 자기합리화에서 해결책을 찾곤 한다. 자본주의의 기본이 되는 경쟁의 법칙은 한 개인을 다른 모두와 도처에서 경합하게 만든다. 사람들은 최고의 일자리만을 두고 경쟁하지 않는다. 아름다운 집, 매력적인 파트너, 심지어는 페이스북의 '좋아요' 횟수를 두고도 경쟁한다. 사회적 연대와 '우리'라는 소속감은 다른 사람과의 질투 어린 비교와 내 자신이 그 비교에서 뒤처질지도 모른다는 걱정에 자리를 내주었다.

애석하게도 사회심리학은 이러한 상황에서 흔들리는 개인의 자존감을 잡아줄 아주 유쾌하지 못한 방법을 알고 있다. 바로 '하향 비교'다. 사회학자 레온 페스팅거(Leon Festinger)가 탄생시킨 '사회 비교 이론'에 따르면, 우리는 다른 사람을 비교의 척도로 삼아 자신을 평가하는데, 나보다 못한 사람을 비교의 대상으로 삼는 것이 바로 하향 비교다. 인지심리학자 크리스티안 슈퇴커(Christian Stöcker)는 자본주의가 여기에 뿌리를 두고 있다고 설명한다. "'당신의 실패가 나의 성공'이라는 하향 비교는 매우 효과적인 동기를 제공해주기 때문"이다. 국가와 정치 시스템도 이러한 메커니즘에 기초를 두고 있으며, 때로는 우리 민족의 소중함을 설명하기 위해 다른 민족을 '열등인'으로 낙인찍는 파시즘으로까지 발전한다.

불행하게도 하향 비교에는 그 어떤 현실적 근거도 필요치 않다. 자신의 입맛에 맞춰 다른 누군가를 깎아내리는 것만으로도 충분하다. 슈퇴커는 "결국, 매우 모순적이게도, 인간은 자신을 좀 더 낫게 여기기 위해 다른 인간을, 유대인과 흑인과 외국인을 증오해야 한다"고 설명했다. 타인을 향한 경멸이 '자존감 향상의 비법'이 되는 것이다.[30]

무슬림이 거의(혹은 아주 조금밖에) 살지 않는 지역에서 오히려 '이슬람화'에 관한 공포가 강하게 드러나는 특이한 현상 또한 같은 맥락에서 설명될 수 있다. 과거 역사에서도 유대인이 거의 살지 않았던 혹은 극소수가 거주했던 지역에서 반유대주의가 가장 강하게 나타났었다. 선입견을 연구해온 정치학자 게지네 쉬반(Gesine Schwan)은 "선입견은 그 대상이 된 종교적 혹은 민족적 소수 때문에 생기는 것이 아니라, 선입견을 제기하는 사람들의 사회적·정신적 특징에서 비롯된다"라고 분석했다. 그러한 반감은 항상 자신들에게 위협적으로 보이는 집단을 향해 분출되게 마련이다. "하지만 동시에 안전하게 공격해도 될 만큼 충분히 약한 자들을 목표로 삼는다." 그 반감은 무엇보다 '몰락할지도 모른다는 위기감과 실직에 대한 무력감'을 내포하고 있으며, 이러한 두려움은 이미 사회 깊숙이 침투해 있다.[31]

하향 비교만큼이나 자주 나타나는 심각한 비교 행태가 하나 더 있다. 바로 '상향 비교'다. 자신보다 더 낫고 성공을 거둔, 어떤 식으로든 자기보다 더 높이 있다고 생각되는 사람과 자기 자신을 비교하는 것이다. 레온 페스팅거는 이미 1950년대부터 나타난 이런 식의 비교 성향이 강력한 자극제가 되는 동시에 좌절의 원인이 된다고 보았다.[32] 나보다 성공적이고 부러워할 만한 사람은 언제나 있게 마련이니까. 시인 로버트 게른하르트(Robert Gernhardt)는 시 〈항상Immer〉을 통해 이를 역설적으로 멋지게 표현해냈다.

게른하르트의 시를 보면, 유아기에서부터 시작된 상향 비교(네가 기면 걔는 걷고 / 네가 걸으면 걔는 뛰지)가 학창 시절 내도록 따라다니며(네가 읽으면 걔는 깨우치고 / 네가 깨우치면 걔는 파고들고 / 네가 파고들면 걔는 찾아내지) 평생 계속된다(네가 약혼하면 걔는 사랑에 빠지고 / 네가 결혼하면 걔는 재혼하지 / 네 발 앞에 사람들이 엎드리면 걔는 두 손으로 떠받들어지지)는 것을 보여준다. 마지막까지 씁쓸한 비교(너는 병에 걸리고 걔는 자리보전하지 / 너는 죽고 걔는 서거하지 / 너는 땅에 묻히고 걔는 구원을 얻지 / 항상 누군가는 더 나은 법 / 항상, 항상, 항상)는 계속된다.[33]

냉정하게 생활 여건을 따져보자면, 어지간한 옛날의 왕들보다 현대의 일반인들이 더 편하게 사는 것이 사실이다. 기대 수명은 높아졌고, 영양 상태나 의료적 환경도 몇 갑절 나아졌다. 정치적으로도 안정되었으며, 식기세척기부터 자동차까지 편리한 생활기기들이 대기 등장한 덕분에 인간으로 존재하는 일이 덜 힘들어졌고 더 즐기 위겼다.

그런데 요새 누가 자기 생활을 14세기 왕족과 비교하겠는가. 오늘날 비교 대상이 되는 현대의 왕족들은 자기 회사가 망했을 때조차 수백억의 상여금을 챙겨가는 기업의 최고 임원들과 재계 지도자들이다. 사람들은 손에 꼽는 슈퍼 갑부들의 자산이 가난한 세계 인구 절반의 재산을 합친 것만큼이나 많다는 기사에 경악한다. 몇 안 되는 사람들의 손이 엄청난 부를 굴리게 되면서 세계적으로 극빈층과 극부유층의 격차가 터무니없이 크게 벌어졌다.[34]

불공정과 불평등에 대한 인식은 현대 미디어의 작용으로 인해 더욱 강화된다. 미디어에 비친 사람들은 실제보다 더 행복하고 더 성공적으로 보이기 때문이다. 포토샵으로 수정 보완된 스타와 예비 스타들의 사진은 말할 것도 없고, 기업이나 정치인도 재무제표나 성과를 부풀려 발표한다. 조명 아래 서는 자는 약점을 드러내지 않는다는 것이 미디어 노출의 기본 원칙이기 때문이다. 가능한 가장 좋은 분위기로 극도로 성공한 모습을 드러내야 한다. 어렵거나 좋지 않은 상황, 예컨대 예측에서 빗나간 사업 모델이나 결혼 실패, 불발된 공연 계획이나 성공하지 못한 정치적 공약은 기회비용이나 도전으로 미화된다. 지금은 비록 실패했지만, 나중에라도 엄청난 성과로 돌아온다고 포장하는 것이다.

일반 사람들로서는 조명이 꺼진 후에는 완전히 다른 상황이 펼쳐진다는 것을 알 길이 없다. 겉으로 드러나는 행복은 마치 모험소설 《짐 크노프와 기관사 루카스Jim Knopf und Lukas der

Lokomotivführer》에 등장하는 '겉보기 거인' 투르투르와 같다. 투르투르는 멀리서 볼 땐 난폭하고 무서워 보이지만 가까이 다가갈수록 점점 작아진다. 코앞까지 가서 본 그의 본모습은 두려움에 사로잡힌 가냘픈 노인일 뿐이다.

이렇게 미디어는 우리 세계관 형성에 큰 몫을 담당한다. 많은 사람의 마음에 내가 다른 사람보다 못났다는 과장된 감정을 심으며 분노와 짜증의 싹을 틔운다.

다른 사람과 비교해서 못나다고 느끼는 감정은 그 자체로 사람을 불만스럽게 만든다. 정치학자 캐시 크레머(Kathy Cramer)가 도널드 트럼프에게 표를 던진 미국 유권자를 대상으로 한 대면 조사에서도 확인된 사항이다. 그는 도널드 트럼프가 많은 표를 얻은 중서부에 초점을 맞춰 연구를 진행했는데, 그 결과 그 지역의 많은 사람이 자신들이 부당하고 인간답지 못한 대우를 받고 있으며 원래 자신이 가졌어야 할 몫보다 훨씬 적게 가졌다는 기분을 오랫동안 품어왔다는 사실을 확인했다.[35] 트럼프는 바로 이러한 감정을 포착한 것이다.

비단 미국 중서부 지역에서만 이런 식의 모멸감과 박탈감이 혼합된 복합적인 심리 상태가 나타나는 것은 아니다. 다른 선진국에서도, 심지어 존경받는 시민사회에도 널리 퍼져 있다. 물질적 형편이 좋은(혹은 매우 좋은) 사람들조차 자신이 '정당한' 몫을 받지 못하고 '충분한' 대우를 받지 못하고 있다는 감정을 자주 느낀다. "그들은 모든 것을 가졌다. 그럼에도 '원래' 빚있이아 힐 무인가를 제대로 받지 못했다고 느낀다."《디 차이트》의 문화부장을 지낸 적이 있는 옌스 예센(Jens Jessen)은 이런 전형적인 기분이 드는 이유를 "누구 나 주변에 자기보다 잘난 사람을 한 명 이상 알고 있기 때문"이라고 설명했다.[36] '인생에 환멸을 느끼다'란 표현은 이 현상을 설명하기에 안성맞춤이다.

풍족한 계층에도 이러한 실망감이 깊게 스며들어 있다는 것은 경제적 상황이 나빠서 그런 게 아니라는 사실을 증명한다. 현재 우 리가 겪고 있는 문제의 원인은 물질보다는 영혼과 정서에 그 원인 이 있다. 그런데도 우리는 불만을 엉뚱한 곳에 투사한다. 이러한 딜 레마가 공공연하게 논의되지 않는 것 또한 문제를 확대시키는 데 한몫하고 있다. 사람들은 자신들이 제대로 인정받지 못하고 이해받 지 못한다고 느끼고 있는데, 사회는 이 점을 그리 중요하게 여기지 않기 때문이다. 개개인 또한 이런 부분을 크게 신경 쓰지 않는다. 모두의 무관심 속에서 이 치명적인 감정은 점점 더 확고하게 우리 삶에 뿌리를 내린다.

몬비오의 암 투병기를 통해 본 좋은 삶이란

그렇다면 이런 무력감에 어떻게 대처해야 할까? 어떻게 하면 상실감과 좌절감을 긍정적 에너지로 전환시킬 수 있을까? 어떻게 해야 징징거리며 현재 상태를 한탄하는 대신 건설적으로 나의 존재감을 드러내고 기쁨과 확신을 갖고 살아갈 수 있을까?

딱히 정해진 답은 없다. 위기는 하나라도 원인은 여러 가지라서 대처법 또한 복합적이기 때문이다. 어떤 일은 한 사람 손 안에서 끝낼 수도 있다. 하지만 어떤 일은 사회적 과제라서 정치적 접근이 필요할 수도 있다. 그렇다고 도움의 손길이 아주 없는 것은 아니다. 영국의 저널리스트 조지 몬비오(George Monbiot)의 사례를 빌려 도움이 될 만한 팁 몇 가지를 간단하게 소개해보겠다.

조지 몬비오는 전립선암 진단을 계기로 인생의 깨달음을 얻었다. 그는 이례적으로 영국 일간지 《가디언Guardian》에 스스럼없이 자기 병을 공개했다.[37]

몬비오의 투병기는 다분히 전형적으로 시작되었다. 사소한 불편이 있어 의사를 찾았고, 그때 암 진단을 받았다. 갑자기 이렇게 될 줄은 추호도 예상하지 못했다. "마치 조용한 길을 걷다 총에 맞은 것처럼 충격적이고 당황스러웠다." 그는 의사와 함께 여러 치료법을 검토했고, 결국 무거운 마음으로 전립선 제거라는 최후의 방법을 선택했다. 그건 '남성성의 뿌리를 건드리는' 수술이었다.

차츰 투병기는 전형성을 벗어났다. 그는 "'왜 하필 나야?' 하며 내 운명을 저주하고도 남을 상황이었다"라고 당시를 회상했다. 그도 그럴 것이 그는 담배를 피워본 적도 없고, 술도 거의 마시지 않았다. '우스울 정도로 건강한' 식단을 유지했고, 강도 높은 피트니스 프로그램을 철저하게 따랐다. 무엇보다 그는 대기실에 앉아 있는 다른 환자 들보다 20·30살은 더 젊었다. "다른 말로 하면, 나는 어싱보다도 전립선암에 걸릴 위험이 낮은 사람이었다." 그러니 그에겐 좌절하고 분노할 이유가 충분했다. "그런데도 나는 행복하다. 심지어 암 진단을 받기 전보다 행복하다"라고 그는 고백했다.

어째서일까? 투병 중에 '좋은 삶을 위한 세 가지 법칙'을 발견했고, 그걸 자기 삶에 적용했기 때문이다. 그 세 가지 원칙 중 첫 번째 원칙은 다음과 같다.

- 얼마나 더 좋은 일이 일어날 수 있는지가 아니라 얼마나 더 나쁜 일이 일어날 수 있는지를 생각하라.

몬비오는 이를 매우 창의적인 방법으로 실행에 옮겼다. 전립선암의 경우 암의 위험도를 나타내는 의학적 표지, 글리슨 점수(Gleason Score)가 있다. 그는 고위험군으로 분류되는 7점을 받았고, 그건 그리 희망적이지 않다는 의미였다. 하지만 그는 이 점수로 자신의 상황까지 평가하지는 않았다. "그 점수가 내 인생 전반을 평가한 것은 아니다"라고 생각했다. 비정한 운명의 힘을 깎아내릴 의도로 그는 그 자리에서 표를 하나 만들었다. 이른바 '똥폭풍(Shitstrom) 점수'였다. 몬비오는 그 표 안에 의사가 내린 진단을 적고는 다른 칸에 '다른 중병이나 복잡한 가정사로 고통받는 사람'과 자신을 비교한 내용을 적었다. 병이 좀 더 늦게 발견되었을 경우 자신에게 일어났을 일을 가정해보고 '나를 한방에 날려버릴 수 있는 다른 종류의 재앙'과 현재 자신에게 닥친 운명을 비교해보기도 했다.

그러고 난 후 몬비오는 얼마나 많은 불행의 가능성이 자기 코앞을 지나갔는지 깨닫고 놀랐다. "나는 내 가족과 친구들에게 사랑받았다. 나는 내 직장동료들로부터 많은 도움을 받았다. 영국국민건강서비스 또한……." 결론적으로 그의 똥폭풍 점수는 10점 만점에 2점이었다. 그렇게 그는 영국인들이 흔히 하는, "힘내, 더 나쁠 수도 있었잖아"라는 말의 뜻을 진심으로 이해하게 되었다.

동시에 그는 '얼마나 더 좋은 일이 일어날 수 있었는지를 끊임없이 생각하는 것'이 우리에게 미치는 영향력을 깨달았다. '영향력 있는 정치인 100인' 또는 '세계 500대 부자' 식으로 성공 순위나 스타 랭킹을 매기는 광고와 마케팅은 우리 사회에 비교하는 분위기를 확산시킴으로써 우리를 끊임없이 다른 사람과 비교하고 스스로를 열등하게 느끼도록 만든다. 몬비오는 이런 '의기소침의 공식'이야말로 '우리 시대의 진정한 비극'이라고 말한다.

두 번째 원칙은 다음과 같다.

• 바꿀 수 있는 것은 바꾸고 바꿀 수 없는 것은 받아들이라.

수동적 삶의 태도를 권하는 것이 아니다. 몬비오도 이 점은 확실하게 밝혔다. 전직 환경운동가인 몬비오는 다른 사람들의 고정된 생각을 바꾸려고 노력해왔다. 그의 최근작도 점점 사라지고 있는 긍정적 사고와 정치적 실천력을 비판하는 내용이었다.[38] 그렇지만 그는 뜻대로 풀리지 않는 일 또한 있다는 사실을 받아들여야 한다는 것을 깨달았다. 숙명론의 일부를 받아들인 몬비오는 그런 상태의 '유익함'을 발견했다.

물론 이 두 번째 원칙은 몬비오 혼자만의 발견이 아니다. 미국의 신학자 라인홀드 니버(Reinhold Niebuhr)가 제2차 세계대전 중에 쓴 기도문으로 지금까지도 널리 애송되고 있는 〈평온을 비는 기도 Serenity Prayer〉에도 이와 비슷한 내용이 있다. "주여, 바라건대 제게 바꿀 수 없는 것은 받아들이는 평정심과 바꿀 수 있는 것은 바꾸는 용기와 그 차이를 늘 분별할 수 있는 지혜를 주옵소서."

고인이 된 독일의 헬무트 슈미트 전 총리를 봐도 이 격언이 행동파 성향인 사람에게 얼마나 중요한지 알 수 있다. 슈미트는 평생 '실천가'로 평가받았고, '슈미트, 그 입(Schmidt Schnauze)'이란 별명으로 불렸던 달변가였다. 무엇보다 단호한 행동과 결단력으로 유명했다. 총리 재임 때는 물론이고 《디 차이트》 편집장을 지낼 때도 그는 언제나 자신이 어디로 가고 있는지를 정확하게 알고 다른 모든 이를 기꺼이 인도하는 역할을 맡았다. 드러난 태도만 봤을 때는 슈미트가 놓아야 하는 일들과 받아들여야 하는 일 사이에서 갈등했으리라 상상하기 어렵다. 하지만 그의 장례식에서 잠깐이지만 슈미트의 내면을 솔직하게 표현한 장면을 볼 수 있었다. 함부르크 미헬 교회에서 국장으로 치러진 그의 장례식에서 〈평온을 비는 기도〉가 울려 퍼진 것이다. 슈미트가 장례식 때 이 기도문을 낭독해달라고 당부했다고 한다. 누가 봐도 그는 '받아들여야 할 것'과 '바꿀 수 있는 것'을 분별하는 데 성공한 것으로 보이는 인생을 살았다. 그 과정에서 그가 피난처로 삼은 것은 이 〈평온을 비는 기도〉였다.

능력 밖의 일이라 해결할 수 없는 상황에 직면했을 때는 이런 태도가 도움이 된다. 완벽한 인생을 추구하며 필사적으로 노력해도 그 모든 것이 한순간에 물거품이 될 수 있다. 여러 면에서 앞서가고 있는, 경제적으로 안정을 이룬 부유한 선진국에서 살고 있다고 해서 예외는 아니다. 누군가는 갑작스레 암을 선고받고, 누군가는 오랜 연인과 이별한다. 누군가는 출세가도에서 예상치 못한 일격을 맞아 추락하고, 누군가는 자녀의 죽음으로 삶의 의욕을 잃어버린다. 이런 상황에서는 다보장 안심보험도 든든한 재정 계획도 아무런 소용이 없다. 삶이 부리는 변덕에 면역이 있는 사람은 아무도 없다.

진부한 얘기처럼 들릴 수 있다. 하지만 놀랍게도 공론의 장에선 이런 부분이 배제된다. 오히려 정치와 사회는 인생의 모든 위험을 최소치만 고려하라고 요구한다. 안보에 중점을 둔 정치인부터 보험회사 직원과 화재예방 담당 공무원까지, 이런 프로파간다 덕분에 먹고 사는 직종이 적지 않다. 절대 안전사회를 지향하는 우리는 불행과 재앙이 닥치고 나면 그제야 갑자기 이런 상황을 기술적으로나 행정적으로 어떻게 예방할 것인지 격렬하게 토론하기 시작한다. 물론 실패로부터 배우는 것도 의미가 있다. 하지만 인생은 언제나 예상치 못한 재앙으로 우리를 놀라게 할 수 있다. 이 점을 이해하는 것 또한 도움이 된다. 그런데도 위험과 실패, 불행을 인생의 일부로 받아들이는 사람을 비관주의자로 치부하는 경향이 있다. 평온은 살다 보면 피치 못할 후퇴도 있다는 겸을 받아들이는 데서 시작되는데도 말이다.

세 번째 원칙은 다음과 같다.

• 두려움이 인생을 규정하도록 하지 말라.

두려움은 시야를 흐리고 선명한 사고를 방해한다. 그래서 겁에 질린 사람은 현명한 선택을 내리지 못한다. 몬비오가 의사로부터 전립선암 수술의 성공률이 80퍼센트란 얘길 들었을 때, 그는 20퍼센트나 되는 실패 가능성을 걱정할 수도 있었다. 하지만 그는 이 생존율이 '카약을 타다가 살아남을 확률'과 비슷하거나, 예전에 자신이 탐사했던 파푸아뉴기니 혹은 아마존 밀림에서 살아남을 확률보다 높다는 것을 생각해냈다. 이러한 통계적 고려는 실제로 두려움(이보다 더 나쁜 상황에 대한 두려움까지)에 사로잡힐 위험으로부터 자신을 보호하는 데 도움을 주었다.

이러한 방법은 복잡한 수술을 앞두었을 때뿐 아니라 오늘날 우리를 위협하는 인생의 모든 위험에 적절하게 대처하는 데도 활용될 수 있다. 미디어에서 호들갑스럽게 떠들어댄다고 해서 그 위험이 우리 모두의 일신과 생활을 직접적으로 위협하는 것은 아니다. 오히려 그보다는 일상적이고 평범한 사안을 걱정해야 한다.

앞서 말한 테러 공격과 교통사고의 빈도를 비교했던 방식으로 식탁을 위협하는 식품 문제를 생각해보자. 요즘 사람들에게 먹을거리와 관련해 뭐가 걱정되느냐고 물으면 유전자 조작이나 화학 방부

제, 성장 호르몬제 등이 걱정된다는 대답을 흔히 들을 수 있다. 하지만 리스크 연구 전문가 오르트빈 렌(Ortwin Renn)은 "이 세 가지 때문에 암에 걸려 죽는 사람은 한 해에 15명 정도"라고 말한다. 반면 건강하지 못한 식습관, 즉 "과식과 과도한 육식, 지나친 지방과 설탕 섭취"로 인해 암에 걸려 죽는 사람은 한 해에 7만 명이 넘는다. 다른 분야와 마찬가지로 이 분야에서도 사람들이 위험이라고 인식하는 것과 실제의 위험 요소가 "많이 빗나갔다."[39]

설탕과 지방은 우리에게 익숙하다. 하지만 호르몬제 투여 식품이나 유전자 조작 식품은 새로운 종류의 위협이기에 자동적으로 더 위험한 것으로 인식된 것이다. 여기에 상황을 직접 통제할 수 있는가, 아니면 무기력하게 받아들여야 하는가도 우리의 위험 인식에 영향을 미친다. 핸들을 직접 잡고 있을 때 우리는 자신이 교통사고의 위험을 통제할 수 있는 것처럼 느낀다. 하지만 알 수 없는 암살범이 나를 노린다고 한다면 어떤 보호책을 세워야 할지 혼란스러울 것이다. 마찬가지로 설탕 소비에 관해서는 스스로 결정할 수 있다고 여기지만, 보이지 않는 호르몬이나 유전자 조작에 대해서는 대비하기 어려운 것처럼 느끼는 것이다. 리스크 연구에 따르면, 우리는 강제로 들이닥쳤다고 느낄 때보다 자유로운 선택이라고 느낄 때 1000배나 높은 위험을 감수한다고 한다.[40] 즉 상실감이나 무력감만큼 우리의 두려움을 키우는 것도 없다는 뜻이다.

위험을 감정적으로 판단하는 성향은 불안한 미래를 예견하는 태도로 이어진다. 미래의 일은 그 자체로 알 수 없기에 두려움을 불러

일으킨다. 또한 우리가 직접 어떻게 해볼 수 있는 것도 아니기에 불안하고 위협적이란 감정 또한 강화된다. 세계화, 디지털화, 날로 증가하는 현대 세계의 복잡성은 우리를 통제할 능력이 없고, 그저 통제 불가한 힘에 좌우되는 존재라는 느낌을 갖게 한다. 여기서 발생한 두려움은 이해하거나 맞서 싸우기엔 너무 무질서하기 때문에 그 위세는 걷잡을 수 없이 커진다.

이렇게 되면 우리는 어떤 사안이든 그저 부정적으로만 보고, 긍정적으로 발전해나갈 여지는 처음부터 배제해버리는 지경에 이르게 된다. 부친 한스 로슬링(Hans Rosling)과 함께 《팩트풀니스 Factfulness》란 책을 집필(집필 도중 부친은 고인이 되었다)한 스웨덴 연구자 올라 로슬링(Ola Rosling)은 "우리는 극적인 본능 탓에 세상을 오해하고 과도하게 극적인 세계관을 형성한다"라고 주장했다.[41] 로슬링 부자는, 세상은 사람들의 생각보다 더 나아지고 있다는 사실을 다양한 자료를 통해 증명했다. 영아사망률은 감소했고, 극한의 빈곤이나 영양실조에 시달리는 사람들의 숫자도 현저히 줄어들었다. 전 세계적으로 교육 수준은 높아졌다. 자연재해로 인한 사망자가 최근 급증했으리란 생각과는 달리, 실제로는 100년 전 절반 수준에 불과하다. 그런데도 이런 좋은 소식은 잘 알려지지 않는 것 같다고 로슬링은 말한다. "애석하게도 세계관에 관한 한 우리는 오늘날까지도 부정론에 고정되어 있다."[42]

우리의 과제는 기술적 문제와 현실적 위험을 구체적으로 해결하는 것에만 국한되지 않는다. 곳곳에 확산된 공포감, 자포자기, 의욕

상실을 극복하는 것 또한 우리 앞에 놓인 과제다. 미국의 심리학자 롤로 메이(Rolo May)는 우울증을 '미래를 구성하는 능력의 상실'[43] 이라고 정의했다. 우리는 지금 마음의 에너지 위기를 겪고 있다고 해도 과언이 아니다. 화석연료의 고갈만이 에너지 위기가 아닌 것 이다. 따라서 우리는 확신이라는 동력과 이로부터 삶의 기본 에너 지를 얻어야 한다. 그래야 미래를 준비하고 나아갈 수 있다.

삶의 마지막까지 확신을 지킨다는 것

우리는 그간 물질적 성장에 기대어 미래를 구성하는 동력을 얻어왔다. 하지만 그 오래된 희망은 이제 그 효력이 제한적이다. 최 소한 이미 높은 수준의 복지를 달성한 선진국에서는 큰 영향력을 발휘하지 못한다. 물론 더 높은 수준에 대해 기대를 걸어볼 여지는 남아 있다. 이미 아이폰을 가진 사람이 더 나은 후속 모델이 나오 길 기다리는 것처럼. 혹은 새 가스레인지를 사서 뿌듯해하다가 이 웃집에서 5구짜리 인덕션을 산 것을 보고 그쪽으로 마음이 쏠리는 것처럼. 하지만 이런 식의 소원 성취와 거기서 발생하는 행복감은 이미 말했다시피 아주 사소하고 단기적이다.

그러면 어떻게 해야 할까? 물질적 안정을 포기하고 소위 '안분지 족의 삶'을 찾아 저 멀리 어디론가 떠나야 할까? 용감하게 이미 이 른 것들을 모두 부수고 완전히 처음부터 다시 시작해야 할까, 마지

큰 전쟁이 일어난 이후처럼? 새로운 형식으로 미래에 대한 희망을 개발할 수는 없을까? 물질적 풍요로움이 계속해서 증가하리란 기대가 아니라 다른 가치, 즉 넉넉한 시간, 풍요로운 영혼, 손상이 덜한 환경, 의미 추구 같은 데서 비롯되는 새로운 희망 말이다.

많은 연구 결과가 이런 차원의 희망을 생각해볼 여지가 많다고 말한다. 그리고 부분적이지만 이런 식의 방향 전환은 이미 일어나고 있다. 기업의 관리자들조차 이제는 외형적 성공만큼이나 내적 충족이 중요하다는 사실을 알고 있다(이 점은 2장에서 상세히 다룰 것이다). 또한 많은 심리학 연구를 통해 사람은 다른 사람과 연결되어 있음을 느끼고 자기 존재의 의미를 깨달았을 때 행복과 삶의 기쁨을 경험한다는 사실도 확인되었다(6장 참고).

소중한 가치를 지향하는 쪽으로 나아가는 것은 개인뿐 아니라 사회적으로도 엄청난 동력이 된다. 물론 이러한 변화를 도모하기가 결코 녹록하지만은 않을 것이다. 반대 세력의 격렬한 저항에 부딪힐 수도 있다. 하지만 어떤 변혁이라도 저항과 반대를 피할 순 없다. 저항과 맞서는 과정에서도 확신은 필요하며, 에너지원으로서의 기능을 다할 것이다.

확신의 살아 있는 사례, 체코 출신의 극작가이자 인권운동가인 바츨라프 하벨(Václav Havel)은 이렇게 말한다. "희망은 어떻게든 잘될 것이란 믿음이 아니라, 어떻게든 가치가 있으리란 확신이다. 그게 잘되든 말든 상관없이."

하벨은 그러한 삶을 살았다. 공산당 집권 시절, 체코슬로바키아의 대표적 반체제 운동가였던 그는 확신 때문에 몇 번이고 감옥살이를 해야 했다. 그럼에도 그는 흔들리지 않았다. 자신의 확신을 진실하게 지켰다. 1970년대에 그가 주도한 '77헌장'은 시민운동에 불을 붙였고, 1989년 '대혁명'이 완수되기까지 그 불꽃은 계속 타올랐다. 그리고 하벨은 대통령에 선출되었다.

흔들림 없는 희망은 무조건 해피엔딩을 약속할까? 그렇다, 그리고 아니다. 체코슬로바키아의 몰락은 체코와 슬로바키아의 분단을 야기했다. 바츨라프 하벨이 어떻게 해서라도 피하고자 했던 운명이다. 하지만 그의 인생에서 중요한 건 만사가 '잘되는 것'이 아니라 자신의 행동이 '의미 있다는 확신'을 지키는 일이었다. 그리고 그는 그 확신을 마지막 순간까지 잃지 않았다.[44]

사막에 숲을 일군 남자, 야쿠바 사와도고

YACOUBA SAWADOGO

확신의 힘을 보여주는 대표적인 고전이 있다. 프랑스 소설가 장 지오노(Jean Giono)가 1954년에 발표한 소설 《나무를 심은 사람 L'homme Qui Plantait des Arbres》이다. 지금까지도 수많은 독자가 즐겨 읽는 소설로, 특히 자연을 중요하게 여기는 사람들에게 열광적 지지를 받고 있다.[45] 애석하게도 이 이야기가 실화가 아니라는 것까지 아는 사람은 많지 않다. 그런데 소설가가 지어낸 이야기가 현실에서 이루어졌다. 정말 놀라운 일이다.

먼저 소설을 살펴보자. 소설은 20세기 초반 프랑스 프로방스 인근 고원지대를 오르는 젊은이가 등장하며 시작된다. 소설의 화자인 그는 '야생 라벤더밖에 자라지 않는 해발 1200~1300미터의 헐벗고 단조로운 황무지'의 한 외딴 농가에서 과묵한 남자와 마주쳤다. 휴식과 여유라곤 거의 모르는 양치기 엘제아르 부피에였다. 부피에는 아내와 아들을 먼저 떠나보낸 후 스스로 고독 속에 자기를 가두었다.

속세를 떠난 양치기는 가축을 지키는 것 말고도 특별한 사명이 있었는데, 바로 황무지에 도토리를 심어 숲으로 만드는 것이었다. 그는 날마다 메마른 땅에 곡괭이로 구멍을 내고 정성껏 고른 도토리 한 알을 심었다. 부질없는 짓이 될지도 몰랐지만 아랑곳하지 않았다. 그 땅이 누구의 소유인지, 남들이 그를 어떻게 생각할지 등은 신경 쓰지도 않았다.

제1차 세계대전이 벌어져 전쟁에 참전했다가 만신창이로 돌아온 소설의 화자는 5년이 지나 다시 그곳을 찾아간다. 그리고 놀랍게도 양치기를 다시 만난다. 전화에 휩싸이지 않은 양치기는 계속해서 나무를 심어 자그마한 숲을 일군 상태였다. 소설의 화자는 이후에도 매년 자신의 영웅을 방문해 그가 만든 작은 기적의 목격자가 된다. 부피에가 심은 떡갈나무, 너도밤나무, 자작나무는 무럭무럭 자라 어느새 그 지역의 풍경을 바꿔놓았다. 개울엔 물이 흘렀고, 기후는 온화해졌으며, 마을을 떠났던 사람들이 다시 돌아와 보금자리를 꾸렸다. 40년 만에 황폐하고 황량했던 땅은 이상향으로 변했다. 소설의 화자는 "몰라보게 달라진 토박이들과 새로 이주한 사람들을 합쳐 만 명도 넘는 사람들이 엘제아르 부피에 덕에 행복을 누렸다"라고 전하며, '위대한 영혼으로 오직 한 가지 일에 평생을 바친 고결한 실천'에 감탄했다. '자신의 육체적, 도덕적 힘을 신뢰한' 양치기는 황무지를 '축복의 땅'으로 만든 것이다.

참으로 감동적인 이야기다. 많은 독자가 부피에를 실존 인물로 오해한 것도 무리는 아니다. 어떤 이들은 이 기적을 자기 눈으로 보겠노라며 이야기의 무대가 된 알프드오트프로방스의 페르곤 마을을 찾아가기까지 했다. 독자들의 이런 행동에는 이야기가 실화가 아니라고 똑 부러지게 말하지 않은 작가의 태도도 한몫했다. 1970년 확실한 대답을 원하는 독자의 편지에 그는 이렇게 답장했다.

"친애하는 독자님, 가까운 시일 내에 당신의 방문을 맞이하긴 어려울 것 같습니다. …… 게다가 당신이 직접 페르곤이나 바농 혹은 아르디를 간다고 한들 아무것도 보지 못할 겁니다. 그 이후 모든 것이 변했고, 이제 그 자리에는 핵폭탄 저장고나 사격장, 석유 저장소가 들어서 있거든요. 변하지 않은 건 전나무 몇 그루, 작은 떡갈나무와 자작나무 숲뿐입니다. 엘제아르 부피에를 기념할 수 있는 그 어떤 흔적도 찾을 수 없을 겁니다. 그러니 글과 그 일의 본질에서 만족감을 얻으세요. 만족스런 답변이 되었기를 바랍니다. 마음을 담아 장 지오노."[46]

대신 디뉴 시의 산림 담당 공무원에게 보낸 다른 편지에서는 확실한 답을 얻을 수 있다.

"당신을 실망시키게 되어 유감이지만, 엘제아르 부피에는 가공의 인물입니다. 그로 인해 나무에 대한 애정을 북돋우려던, 더 정확히 말해 나무 심는 일에 사랑을 배가하려던 목표(그건 지금껏 제가 소중하게 간직해온 생각 중 하나였습니다)는 달성되었습니다."[47]

사실 지오노는 이 이야기를 통해 희망을 이루는 요소들을 표현하고자 했다. 그것이 그가 독자에게 보낸 편지에서 말한 '그 일의 본질'이었다. 그의 이야기는, 인간에게는 오랜 기간에 걸쳐 위대한 일을 해낼 수 있는 내면의 힘이 잠재되어 있다는 메시지를 전한다. 심지어 그 방법이 매우 형편없어 보일 때조차도.

아마 누군가 이 이야기를 실행에 옮기겠다는 놀라운 생각을 품지 않았다면 그저 소설 속 이야기로 끝났을 것이다. 그런데 지오노의 영웅이 현실에 있었다. 그것도 프랑스가 아니라 아프리카에. 바로 야쿠바 사와도고였다. 야쿠바 사와도고의 인생 여정은 마치 장 지오노의 이야기를 한 자씩 떼서 현실에 옮겨놓은 것만 같다.

야쿠바 사와도고는 실제로 숲을 일궜다. 혼자서, 그것도 사막에. 정확히는 부르키나파소 북부, 서아프리카 사헬 지역. 붉은 흙으로 덮인 그곳은 생명력 강하다는 기장도 종종 말라죽는 거대한 불모지였다. 많은 유럽인의 머릿속에 사헬 지역은 재앙, 기근과 동의어였다. 과거 이 지역에 극심한 자연재해가 끊임없이 발생했기 때문이다. 그래서 1960~1907년대 서구의 개발 원조국들은 현대화된 농기계와 비료, 살충제로 황무지 정복을 시도했었다. 하지만 그 모든 시도는 허망하게 끝이 났다. 좋은 의도로 세운 방책들은 경작에 도움이 되기는커녕 건조한 땅을 더 말라붙게 만들었다.

1980년대 초반, 다시 기근이 찾아왔고 많은 사람이 죽어나갔다. 다른 도시로 쫓겨나간 난민의 숫자가 셀 수 없이 많아졌다. 이 암흑기를 사와도고가 바꾸기 시작했다. 당시 가전제품 가게를 운영 중이던 사와도고는 이 사막을 풍요롭게 만들어 절망과 불행에 맞서보겠다는 계획을 품었다. 그는 기긴 재산을 팔아 난민 행렬을 거슬러

고향으로 돌아왔다. 그리고 사막과 맞서 싸웠다. 그가 손에 쥔 괭이와 종자는 특별할 게 없었다. 하지만 그에겐 다른 한 가지, 흔들림 없는 확신이 있었다. 보기에 따라 그건 신앙으로 혹은 그저 미치광이 놀음으로 보이기도 했다.

사와도고는 원래부터 다른 사람과는 좀 달랐다. 가난한 농부의 아들이었던 그는 열다섯 살에 말리의 코란학교에 보내졌다. 학생 중에서도 제일 어리고 제일 약했다. 그런 그는 읽기와 쓰기에 별 의욕이 없었다. 나름대로 10년을 노력했지만, 결국 다시 집으로 돌려보내졌다. 그가 잘 아는 건 식물뿐이었다. 그는 어떤 나무껍질과 어떤 나뭇잎에서 어떤 약을 얻을 수 있는지 잘 알고 있었다. 그가 학교에 온 마지막 날 교장은 그가 어쩌면 많은 사람이 조언을 구하는 '현자(賢者)'가 될지도 모르겠다고 예언했다.

사와도고가 그 말을 떠올려서 곡괭이를 들고 기근과 절망에 맞서 싸우기로 한 건 아니었다. 그는 그저 현대식 접근법은 맞지 않다고 생각했을 뿐이다. 그래서 '자이(Zaï)'라고 불리던 사헬 지역의 오래된 전통 농법으로 돌아갔다. 그는 메마른 땅에 20센티미터 깊이의 구멍을 뚫었다. 그리고 구멍 하나에 씨앗을 하나씩 넣은 뒤 흙으로 덮었다. 엄청난 노력이 소요되는 작업이었다. 한 사람이 1헥타르(약 3000평)를 파종하는 데 하루에 다섯 시간씩 꼬박 60일이 걸렸다.

하지만 오랫동안 말라붙은 땅은 씨앗 알갱이를 바짝 말려버렸다. 그래서 사와도고는 방법을 바꿔 실험을 시작했다. 그는 '자이' 구멍을 넓히고, 잎사귀나 가축의 똥, 혹은 불타고 남은 재로 씨앗을 감쌌다. 그리고 부드러운 흙으로 두꺼운 층을 쌓고 그 위에 돌멩이를 쌓아 줄을 세웠다. 그 안에 소중한 비가 고였다. 그는 씨앗을 품고 돌보고 자라날 힘을 주기 위해 갖은 노력을 다 기울였다.

그다음 일어난 일은 마치 장 지오노의 소설 같다. 사와도고의 첫 수확은 훌륭했다. 그가 놀랍게도 꽉 찬 알곡을 수확했다는 소식이 널리 퍼져나갔다. 이후 몇십 년간 사와도고는 흔들림 없이 경작지를 늘려나갔다. 조금씩 사막에 풀이 돋고 나무가 자랐다. 수분이 저장되면서 우물에도 물이 고였다. 점점 더 많은 사람이 마을로 돌아왔고, 수백 헥타르가 사막에서 경작지로 변모했다.

사와도고의 명성은 국경을 넘었다. 깜짝 놀란 전문가들이 전 세계에서 찾아와 새로운 경작법을 배워갔다. 사와도고를 주인공으로 한 다큐멘터리 영화 〈야쿠바 씨의 사막 농사 일기The Man Who Stopped the Desert〉까지 제작되었다. 《디 차이트》에도 장문의 르포르타주가 실렸다.[48] 기사는 장 지오노의 서술을 인용해 가공인물인 엘제아르 부피에와 실제 인물인 사와도고를 비교했다. "이 남자는 널리 평화를 퍼뜨렸다. …… 그 어떤 것도 그를 방해할 수 없다는 인상을 주었다."

기사 작성자인 안드레아 예스카(Andrea Jeska) 기자는 자신의 아프리카 영웅에게 지오노의 《나무를 심은 사람》 이야기를 들려주는 날이 오게 되리라고는 상상도 못했다고 고백했다. 사와도고는 부피에이 이야기를 매우 즐겁게 들었단다. "양치기의 개릭디를 설명하자 그는 줄곧 '음음' 하는 추임새로 동의를 표했다"고 예스카는 전했다. 이야기를 다 들은 사와도고는 이런 소감을 남겼다.

"그는 결코 굴복하거나 좌절한 것으로 보이지 않습니다. 그렇다면 신이 직접 그에게 그 일을 맡긴 건지도 모르지요. 맞습니다, 신이 그런 겁니다. 그렇게 엄청난 힘을 혼자서 끌어 모을 수 있는 사람은 없습니다."

사와도고는 확신에 차 고개를 끄덕이며 말했다. 평행이론에 나옴 직한 이야기의 다른 부분에 관해서는 일말의 놀라움도 내비치지 않았다. 그는 독일 기자에게 세상 어딘가에 영혼의 친구가 한 명쯤은 있을 것이며, 언젠가 그 이야기를 듣게 되길 기다린다고 말했다. 사와도고의 고향에는 '우리 모두는 또 하나 더 있다'는 속담이 있다고 한다.

이 실화가 더욱 놀라운 건, 장 지오노가 지어낸 냉정한 현실과 맞아 떨어졌기 때문이다. 앞에서도 언급했지만, 장 지오노는 독자에게 보내는 답장에 부피에의 업적이 '핵폭탄 저장고나 사격장, 석유 저장소'에 자리를 내주었다고 했다. 사와도고의 숲 역시 그랬다. 아무도 관심 갖지 않았던 불모지가 매력적인 땅으로 변하자 정부가 숲에 주거지 허가를 내준 것이다. 집을 짓느라 애써 키운 나무의 대부분이 베어지고 말았다. 항의하러 지역 정부를 찾아간 사와도고는 정 그러면 그 땅을 사라는 답변을 들었다. 땅의 가격은 약 5만 유로(약 6500만 원). 그로서는 상상조차 할 수 없는 액수였다.

오랫동안 쏟아 부은 노력과 열정, 인내심, 끈기가 모두 물거품이 되었으니 사와도고가 낙담할 법도 했다. 몇 년의 노력이 무신경한 관료주의의 발길에 짓밟혀버렸다는 좌절감, 인생의 역작이 망가졌다는 낭패감에 사로잡힐 수도 있었다. 사와도고가 끓어오르는 분노에 자포자기했다거나 깊은 우울증에 빠졌다고 한들 비난할 사람은 없었다.

하지만 사와도고는 그러지 않았다. 불평하지 않았다. 그럴 생각도 없었다. 예스카의 말에 따르면, 역경이 눈앞을 가로막았을 때도 그가 하는 행동은 항상 똑같았다. 다시 앞으로 나아가는 것. "그는 발을 한 뎨기씩 옮겼다. 아무도 없고, 아무도 오려 하지 않는 쪽으로 발을 옮겨 새로운 구멍을 팠다. 작은 구멍에는 기장을 심고, 큰 구멍에는 모종을 심고, 아주 큰 구멍 백 개엔 바오밥나무를 심었다." 그리고 아들들에게 말했다. "그들이 와서 내 숲을 베어가면 우리는 새로운 숲을 일구면 돼."

답답하다고 할까, 지혜롭다고 할까. 냉철하다고 할까, 고집불통이라고 할까. 어떻게 말하든 이러한 태도는 확신의 표상이며, 확신은 사와도고가 가진 가장 큰 힘이었다. 자기 행동의 결과를 확신한 게 아니라, 오로지 자신이 옳은 일을 하고 있다는 생각을 확신한 것이다. 아마 사와도고의 가장 큰 업적은 숲을 일군 게 아니라 평생에 걸친 행동으로 확신의 실제 사례가 되었다는 점일 것이다. 그래서 그는 누군가 자신이 심은 나무를 모두 베어갔을 때조차 내면의 태도를 흔들림 없이 유지할 수 있었다. 사와도고의 인생은 그 힘이 실제적 결과물로 나타날 수 있음을 보여주었다. 그리고 이는 믹믹힌 상황에 빠진 사람들에게 용기를 주었다.

　야쿠바 사와도고는 장 지오노가 굳건한 양치기 이야기를 통해 전달하려는 메시지를 그의 삶으로 풀어냈다. 내면의 자유를 지킨다면 그 어떤 역경도 극복할 수 있다는 걸 보여주는 실사례가 된 것이다. 물론 엘제아르 부피에는 가상의 인물이었지만, 사와도고의 말대로 우리 모두는 영혼의 친구가 하나 더 있을지도 모른다. 예언을 현실로 만드는 건 결국 우리의 몫이다.

2장

누구도 빼앗을 수 없는 자유

'삐삐'를 탄생시킨 스웨덴의 동화작가 아스트리드 린드그렌(Astrid Lindgren)은 훌륭한 작가일 뿐 아니라 사리에 밝은 사람이기도 했다. 그래서인지 그녀 작품 속의 작은 영웅들은 간단한 방식으로 위대한 지혜를 표현할 줄 안다.

　　고전이 된 그녀의 작품 《떠들썩한 마을의 아이들Alla Vi Barn I Bullerbyn》을 보면 이런 장면이 나온다. 어느 여름날, 아이들이 길을 가고 있는데 마차 한 대가 앞질러 갔다. 마차가 지나가며 흙먼지 소용돌이를 일으킨 탓에 아이들은 먼지를 뒤집어썼다. 모두가 기침과 재채기를 하며 불평을 내뱉고 있을 때 한 소녀가 갑자기 이렇게 말했다. "도대체 누가 먼지를 나쁘다고 한 거야? 햇살이 비치는 게 아름답다고 생각한 건 대체 누구야?" 그래 맞아, 하고 다른 아이들이 맞장구를 쳤다. "누가 그런 걸 정하는 거야?"

　　모르는 누군가가 그 어떤 것에 대해 미리 정해놓은 것을 못마땅하게 여긴 아이들은 그 자리에서 "앞으로는 '우리가' 원하는 깃을 아름답다고 생각하자"고 결정한다. 시험 삼아 먼지를 멋진 것으로, 햇살을 나쁜 것으로 여겨보기로 한 아이들은 이 놀이에서 재미를 느낀다. 어른들은 아이들의 이 황당한 놀이를 이해하기도 전에 고개부터 흔들었지만.

어쨌든 마을의 아이들은 행복의 가장 중요한 원칙 중 하나를 발견한 셈이다. 그건 바로, 우리의 만족감 혹은 불쾌감은 외부적 환경보다는 그 환경에 대한 내면의 평가에 달렸다는 사실이다. 먼지가 짜증스러운 건 우리가 그걸 그렇게 인식하기 때문이다. 햇빛은 객관적으로 볼 때 전자기적 광선에 불과하다. 그걸 축복으로 여기는 건 그것이 우리에게 행복한 감정을 불러일으킨다고 생각하기 때문이다. 하지만 당신에게 햇빛 알레르기가 생긴다면 햇빛은 축복이 아니라 당장 피해 다녀야 할 지긋지긋한 적이 된다.

아이들이 알아차린 인식의 실체를 그리스 철학자 에픽테토스는 이미 2000년 전에 깨닫고 이렇게 말했다. "우리를 동요케 하는 것은 사안 그 자체가 아니라 그 사안에 대한 생각과 의견이다."

지금 이 대목을 쓰는 나는 기차 안에 있고, 내가 탄 기차는 한참을 멈춰 서 있는 중이다. 아마도 제시간에 도착하기는 어려울 것이다. 연착이라는 변경할 수 없는 사실은 '사안 그 자체'에 해당한다. 하지만 그로 인해 생기는 짜증과 다음 약속에 늦어질까 하는 걱정은, 에픽테토스의 말에 따르면, 내 개인적인 '생각과 의견'이다. 여유를 갖고 고정관념에 사로잡히지 않는다면 마을의 아이들처럼 상황을 다르게 받아들일 수도 있을 것이다. 예를 들어 글을 더 쓰거나,

식당 칸으로 가서 여유롭게 밥을 먹거나, 계속 들고만 다니던 책을 끝까지 읽을 수 있는 시간이 생긴 것에 기뻐할 수 있다. 기차가 연착되고 말고는 내가 바꿀 수 없지만, 그에 대한 태도만큼은 내 마음대로 바꿀 수 있다.

물론 철학자 에픽테토스가 기차 연착 같은 일차원적 문제에서 깨달음을 얻은 것은 아닐 터. 그가 예로 든 것은 삶에서 가장 과격한 대상, 바로 죽음이었다. 그는 죽음 그 자체는 '원래 무서울 게 없는 것'이며, "그것이 무섭다는 선입견에 사로잡히는 것이 훨씬 무시무시하다"고 말한다. 그래서 에픽테토스는 바꿀 수 없는 것과 무익한 싸움을 벌이느라 기력을 소모하지 말고 자신의 태도를 바꾸라고 한다. 그러기 위해선 불쾌한 생각과 대면할 때마다 이렇게 말하려고 노력해야 한다.

"너는 보이는 것(실제)이 아니라 생각되는 것(상상)이다."[49]

이 그리스 철학자는 자신의 말이 탁상공론에 그치지 않았음을 몸소 증명했다.

에픽테토스는 기원후 50년에 로마의 부유한 시민 가문에서 노예로 태어났다. 그리스어로 '새로 얻은 자'라는 뜻인 그의 이름도 주인이 붙여준 것이었다. 그는 다리를 절던 것으로 알려져 있는데, 몇몇 기록에 의하면 주인이 화가 나면 노예의 다리를 부러뜨리던 당시의 잔인한 관습 때문에 그렇게 된 것이라고 한다. 정말로 그러한 이유 때문인지 이제 와서 알기는 힘들지만, 여러 기록을 감안할 때 에픽테토스가 운명의 여신으로부터 총애를 받지 못했던 것만큼은 확실해 보인다.

놀랍게도 노예 신분에서 해방되고 철학자가 된 그는 자유(엘레우
테리아eleutheria)를 그의 핵심 사상으로 삼았다. 에픽테토스가 말하
는 자유는 인간이면 누구나 누릴 수 있는 '의지의 자유'로 외부의
구속이나 감정적 제약에 방해받지 않는다. 에픽테토스는 병은 "신
체의 장애일 뿐 의지의 장애는 아니다"라며, 다리를 저는 것 역시
"다리의 장애일 뿐 의지의 장애는 아니다"라고 말했다. 따라서 사람
은 '노력, 욕망, 혐오' 등 '내 소관에 속하는 것들'을 통제하는 데 노
력해야 하며, '내 소관에 속한 것이 아닌' 외부적 환경에 대해서는
그다지 신경 쓰지 말아야 한다고 했다. "내 소관에 속한 것이 아닌
것들을 탐하고 좇느라 내게 진정한 자유와 행복을 가져다주는 것
들을 놓쳐버릴 수 있기 때문이다."

시계를 거꾸로 돌린 놀라운 실험

만약 에픽테토스가 오늘날 뇌과학과 심리학에서 연구한 것
을 알게 된다면 엄청난 흥미를 보일 것이다. 많은 부분에서 그가 옳
았다는 걸 증명하기 때문이다. 실제로 우리가 사안을 어떻게 인식
하느냐는 그것에 대한 우리의 평가에 좌우된다. 행복을 느끼는 것
또한 외부적 환경보다는 내적 태도에 달려 있다.

만병의 근원이라는 스트레스를 예로 들어보자. 약국에 비치된

의학정보지들은 한목소리로 지속적으로 스트레스를 느끼는 사람은 온갖 종류의 병에 잘 걸릴 수 있으며, '번 아웃(Burn-out)'에 빠질 위험도 크다고 말한다. 여기서 결정적으로 강조되어야 하는 단어는 '느낀다'이다. 우리가 무엇을 '스트레스'로 여기느냐 하는 것은 굉장히 주관적이라는 뜻이다. 자기 발로 번지점프대에 올라가 떨어지는 것을 즐기는 사람이 있는가 하면, 엘리베이터만 타도 식은땀이 흐르는 사람이 있다. 주말마다 이 모임, 저 모임 옮겨다니는 사람이 있는가 하면, 커피 한잔하자는 간단한 약속에도 스트레스를 받는 사람도 있다.

위스콘신 대학교 연구진의 조사 결과에 따르면, 소위 스트레스 상황이 가져오는 영향 또한 개인이 평가하기에 따라 다르게 나타난다. 연구진은 성인 2만 9000명을 대상으로 개개인이 얼마나 많은 스트레스에 노출되어 있는지, 스트레스를 어떻게 해소하는지를 조사했다. 그리고 한 가지 질문을 덧붙였다. "스트레스가 건강에 치명적이라고 생각하십니까?"

8년 후 연구진은 조사에 참여한 사람을 대상으로 사망자를 다시 조사했다. 그 결과, 스트레스가 건강에 치명적이고 스트레스를 많이 받았다고 응답한 사람들의 사망률이 가장 높았다. 반면에 큰 스트레스에 시달렸지만 그게 건강에 치명적이지 않다고 생각한 사람들은 사망률이 가장 낮았다. 심지어 스트레스를 조금 받거나 거의 받지 않는다고 응답한 사람들보다도 더 낮았다.[50]

이를 통해 우리는 스트레스도 받아들이기 나름이라는 사실을 알 수 있다. 스트레스를 긍정적으로 정의하고 받아들인 사람이 그 걸 만병의 근원으로 받아들인 사람보다 스트레스로 인한 고통을 덜 느꼈다. 환경이 같을 때조차 우리가 어떤 '생각과 의견'으로 그 환경에 반응하는가에 따라 상황이 달라질 수 있다는 말이다.

외부 환경을 대하는 내적 태도가 저마다의 기분에 영향을 미칠 뿐 아니라 우리 신체의 생물학적 기제에도 실질적인 영향을 끼친다 는 것은 다수의 심리학 연구를 통해 꾸준히 증명되어왔다. 하버드 대학교 심리학자인 엘렌 랭어(Ellen Langer)는 이와 관련된 놀라운 실험을 하나 진행했다. 1979년에 그는 80대 남성 여덟 명을 옛 수도 원 건물로 초대했다. 수도원 내부는 피실험자들이 스무 살 더 젊었 을 때의 분위기로 꾸며져 있었다. 당시의 책과 잡지가 여기저기 놓 여 있었고, TV에선 그때의 인기 드라마가 흘러나왔다. 저녁에 나누 는 대화 주제도 쿠바혁명과 같은 20년 전 사건으로 제한했다. 대신 80대에 걸맞은 대우와 보호는 받을 수 없었다. 요리와 목욕 등 여 러 가지 일을 스스로 해야 했다. 그 결과, 피실험자들은 일주일 만 에 확연히 젊어졌다. 활동량이 많아졌고, 청각·시각·지각 테스트에 서도 모두 비교집단 평균을 상회하는 결과가 나왔다. 노화 또한 내 적 태도의 문제라는 점이 확인된 것이다.[51]

랭어는 보스턴호텔에서 일하는 객실 종업원을 대상으로 또 다른 실험을 진행했다. 종업원들을 두 개 그룹으로 나누어 각기 다른 강 의를 듣게 했다. 첫 번째 그룹은 동기부여가 될 만한 강의를 들었 다. 방 하나에 20~30분씩 매일 15개의 방을 청소하면 혈액순환에 도움이 되는 등 그들의 일상적 작업이 전반적으로 건강에 유익하다는 내용이었다. 진공청소기를 15분 돌리면 50칼로리가, 침대보를 갈면 40칼로리가, 욕조 하나를 닦으면 60칼로리가 소모된다는 구체적인 수치도 제시되었다. 반면 두 번째 그룹은 건강과는 무관한 노동법에 관한 강의를 들었다. 강의를 다 듣고 난 후 종업원들은 모두 하던 일에 복귀했다.

그로부터 4주 후, 놀라운 변화가 일어났다. 첫 번째 그룹에 속한 종업원들은 평균적으로 체중이 2파운드(약 907그램) 줄어든 것이다. 체질량지수는 0.33포인트 낮아졌고, 수축기 혈압도 10퍼센트 떨어졌다. 반면 두 번째 집단은 별다른 변화를 보이지 않았다.[52]

물론 랭어의 실험은 실험군의 규모가 크지 않고 이후 같은 실험을 반복한 연구자가 그리 많지 않아서 학문적으로 논쟁의 여지는 남아 있다. 하지만 우리의 생각과 태도의 힘이 얼마나 영향력이 큰지를 구체적으로 보여주는 사례임에는 틀림없다. 에픽테토스가 상상했던 것보다 더 넓은 의미에서 말이다.[53]

그렇다면 어떻게 우리의 정신은 우리의 신체에 이런 큰 영향을 미칠 수 있는 걸까? 생물학적으로 그 과정을 설명할 수 있을까? 이 질문에 대한 답은 다음 장(3장)에서 알아보기로 하자. 우선은 이러한 연결고리의 사용법, 특히 '외부의 것들'이 어렵고 도전적인 상황에서 활용할 수 있는 길을 모색해보자.

뷰카의 시대, 이너게임에 집중하라

에픽테토스의 명제를 재발견한 것은 철학자와 심리학자만이 아니다. 최근에는 경영 컨설팅 업계에서도 내적 태도의 가치를 재평가하고 있다. 세계화된 현대 사회에서는 외형적 성공만을 한없이 추구할 수 있는 여지가 점점 줄어들고 있기 때문이다. 오늘 성공을 거둔 사업 모델이라고 할지라도 내일이면 경쟁자에게 추월당할 수 있다. 마틴 빈터콘(Martin Winterkorn) 전 폭스바겐 대표나 요제프 아커만(Josef Ackermann) 전 도이체방크 회장의 사례에서 보듯이, 한때 각광받던 사업가였을지라도 얼마 지나지 않아 손가락질 받는 실패자가 될 수 있고, 경우에 따라선 전 직장으로부터 고소당할 수도 있다(빈터콘은 경유차 배출가스 조작 건으로, 아커만은 금리 조작과 금융제제 위반 건으로 자신의 회사를 나락으로 떨어뜨렸다_편집자).

우리는 지금 '뷰카(VUCA)의 시대'에 살고 있다. 변동성이 심하고(Volatile), 불확실하며(Uncertain), 복잡하고(Complex), 모호한(Ambiguous) 시대라는 의미다. 때문에 현실이 혼란스럽고 이해하기 어려운 것처럼 보인다. 오해와 곡해가 늘어나며, 사람들은 계속해서 예상에서 벗어난 놀라운 상황과 맞닥뜨리고 있다. 앞일을 계산하는 것은 의미가 없고, 아는 바를 행동으로 옮기는 일은 점점 더 힘들어지고 있다.

'뷰카의 시대'에 살다 보니 장기 계획을 세우거나 지속적 성공을 예견하는 일이 불가능에 가까워졌다. '일 그 자체'가 제어할 수 없는 성격을 띠기 때문이다. 현대 심리학자들의 표현을 빌면, '아우터게임(Outer Game)'은 점점 더 이기기 어렵다. 역전되기 십상이고 만족을 얻기 힘들다. 이런 이유로 경영 컨설턴트들은 고객들에게 '이너게임(Inner Game)'에 집중하라고 권한다. 앞서 바츨라프 하벨이 말한 것을 떠올려보자. 잘되어 가느냐는 중요하지 않다. 중요한 것은 그 것이 어떤 의미를 지니는지 스스로 아는 것이다. 잘되든 말든 상관없이.

이너게임은 외형적 성공과는 무관하다. 대신 내적인 성취, 즉 자신이 진정한 확신을 따라가고 있는지를 더 중요하게 여긴다. 수많은 최고경영자들을 코치해온 행동치료사이자 상담사인 옌스 코르센(Jens Corssen)은 '빠르게 변하는 세상, 예측 불가능한 상황에서 내적 안정과 만족에 이를 수 있는 탁월한 방법'으로 이너게임을 권한다.[54]

그렇다면 이너게임이란 무엇일까? 코르센은 "매일 아침 최선을 다하겠다고, 자신의 모든 능력과 재능을 다 쓰겠다고, 전력을 다해 노력하겠다고, 이미 저지른 실수로부터는 배움을 얻겠다고 다짐하는 것"이라고 설명한다. 그 다짐을 행동으로 옮겼다면, 온 힘을 다해 진정으로 노력했다면, 본인은 그 사실을 알 것이다. "그렇다면 외부에서 봤을 때 성공하든 실패하든 상관없이, 그 사람은 저녁에 집에 돌아와서 '나는 오늘 이겼어'라고 말할 수 있다. 최선을 다했고, 그보다 더할 수는 없었으니까."

이 전략은 다른 사람의 편견이나 평가로부터 자유로울 수 있고,

외부 상황을 내부적으로 통제할 수 있다는 장점이 있다. 예를 들어, 실수를 했거나 다른 사람에게 화가 났을 때 과도하게 반응하지 않을 수 있다. 진심에 따라 행동한 사람은 아무것도 비난하지 않는 법이다. 이런 식으로 '이너게임'에 집중하면 외부 환경이 혼란스럽거나 부적절해 보일 때도 내면의 만족을 얻을 수 있다.

내면을 통제하는 이너게임 5단계 전략

이러한 전략이 언뜻 자기기만으로 보일 수도 있을 것이다. 하지만 실상 힘든 상황을 다루는 데 이보다 현명한 방법은 없다. 이너게임에 집중하는 것은 실패를 빨리 극복하고, 역경 속에서도 역량을 유지할 수 있는 최고의 방식이기 때문이다. '아우터게임'을 지향하는 사람은 처음 설정한 목표에 도달하지 못하면 금세 불만에 빠지거나 좌절한다. 그 결과, 짜증이 나고 기분이 언짢아진다. 그러다 보면 역량은 자꾸만 깎여나가고 자신만의 장점들이 발휘될 여지도 줄어든다.

물론 말은 쉽다. 막상 어려운 상황이 닥치고 계획한 모든 것이 물거품이 되었을 때, 말처럼 이너게임을 떠올리기란 어려울 것이다. 그 모든 상황을 자기 내면이 성장하는 '훈련의 일환'으로 받아들이는 일이 어찌 쉽겠는가. 옌스 코르센은 이러한 경우에 맞닥뜨렸을 때 내면의 통제력을 유지할 수 있는 '5단계 전략'을 제시한다.[55] 사례를 들어 이 '5단계 전략'을 적용하는 방법을 알아보자.

당신은 이제 막 가족들과 여행을 떠났다. 아우토반을 시속 120킬로미터로 달리던 중 갑자기 시동이 꺼졌다. 간신히 핸들을 오른쪽으로 꺾어 갓길에 진입해 고장 난 자동차를 세웠다. 아이들은 투덜대고 배우자는 잔소리를 퍼붓는다. 당신 스스로도 화를 내야 할지, 자기연민에 빠져야 할지 모를 정도로 황당한 상황이다. 왜 이런 일이 내게 일어난 걸까? 그것도 하필 왜 오늘? 단 몇 분 만에 들떴던 기분이 바닥으로 가라앉았다. 이런 상황에서도 여유를 찾고 내면을 통제하는 일이 가능할까? 그렇다면 어떻게 가능할까?

다음의 다섯 단계를 따라 해보자.

• 1단계 : 감정을 내보낸다.

감정은 엄청난 에너지를 갖고 있다. 그래서 화가 나거나 짜증이 날 때 삼키는 게 능사가 아니다. 그 에너지를 편안하게 활용할 수 있어야 한다. 그렇다고 다른 사람에게 화를 내고 짜증을 분출하라는 얘기는 아니다. 죄 없는 아이들이나 배우자에게 화를 냈다가는 분위기만 더 나빠진다. 그 누구에게도 상처를 입히지 않는 선에서 감정을 자유롭게 표현하라는 뜻이다. "아, 이런 미치겠군" 혹은 "이렇게 될 줄 상상이나 했겠어!" 같은 말로 불평해보라. 핸들을 쾅 치거나, 바퀴를 발로 차도 된다. 적당한 신체적 표현은 감정을 처리하는 데 도움이 된다. 그렇게 억눌렀던 화가 한번에 폭발하는 것을 에

방하라. 감정을 표현하다 보면 그 감정의 크기가 줄어드는 것을 느낄 수 있다.

- 2단계 : 똥 밟았군!

흥분을 가라앉히고 큰 소리로 말한다. "똥 밟았군!" 차가 고장 나는 건 분명 짜증나는 일이다. 그걸 반길 사람은 아무도 없다. 하지만 예측 불가의 상황 또한 인생의 한 부분이다. 현대 기술도 가끔씩 말썽을 부릴 때가 있다. 그런 순간에 이런 말로 상황을 받아들일 수 있다면, 자신을 운명의 희생자로 만들거나 무력감에 빠지는 상황에서 한 발짝 멀어질 수 있다.

- 3단계 : 이 상황이 내 스승이라 생각한다.

외부 상황이 탄탄대로라면 뭣 때문에 이너게임이 필요할까. 이너게임은 불쾌한 상황과 역경을 피할 수 없다는 것을 전제로 한다. 그런 상황에 대응하는 방식을 다루는 게 이너게임이다. 그러니 갑작스레 차가 고장 난 상황을 심리적 안정감을 확인하는 훈련의 일환으로 받아들이는 게 어떨까. 그렇게 한다면 상황을 대하는 당신의 태도도 달라질 것이다. 짜증나는 상황이 당신에게 다른 의미를 선사하는 성장의 기회로 여겨질 것이다.

• 4단계 : 해결책을 찾는다.

자, 이제 상황을 풀 수 있는 방법을 여덟 가지 떠올려보자. 당장 떠오르는 한두 가지 선택지 대신, 가능한 한 레퍼토리를 늘리려고 의식적으로 노력하는 게 중요하다. 창의적으로 익숙지 않은 아이디어가 떠오르도록 자신을 압박해야 한다. 차가 고장 났을 땐 이 단계가 그리 중요하지 않을 수도 있다. 견인차를 부르는 것만으로도 충분하니까 말이다. 하지만 당신이 좀 더 복잡한 상황, 예를 들어 결혼생활에 문제가 생겼다든가, 회사의 매출이 줄었다든가 하는 상황일 때는 당장 떠오르는 해결책 한 가지, "그래, 이혼하자!" 혹은 "구조조정을 하자!" 같은 걸로는 모자르다. 더 나을지 모를 여러 선택지를 떠올려봐야 한다.

• 5단계 : 결정한다.

여덟 개의 선택지를 요모조모 살핀 다음 하나를 고른다. 상황에 따라 적절한 해결책이 없을 수도 있다. 그럼에도 결정하는 것이 아무 결정도 내리지 않는 것보다 낫다. 주어진 환경에서 최선으로 보이는 선택지를 정하고, 그에 따른 책임을 감수한다. 시간이 지나면 다른 선택지가 더 나아 보일 수 있다. 그럴 때도 자신의 결정에 흔들려서는 안 된다. 뷰카의 시대다. 가능한 모든 정보를 섭렵하고 만약의 경우까지 일일이 고려하는 게 이러울 수 있기 때문이다. 딘 그럼에도 결정을 해야 한다. 자기에게 주어진 정보를 가지고 진심을 다해 결정한다면 비난받아야 할 이유가 없다. 시간이 지나고 나서 정말 다른 선택지가 더 나아 보일 수도 있다. 그러면 그때 새로이 결정하면 된다.

호빗 빌보가 모험에 나선 까닭

이와 같은 전략이 이런저런 경영세미나에서 하는 얘기와 비슷하게 들릴 수도 있다. 실제로 경영기법에서 차용해온 것이기도 하다. 하지만 "이렇게 될 줄 상상이나 했겠어!"라고 외치는 것만으로도 정말 도움이 될 때가 있다. 이 말은 어려운 상황에 봉착한 우리에게 인생은 예측 불가이며, 불쾌한 상황에 놀라거나 고꾸라지는 일도 비일비재하다는 사실을 상기시켜준다. 이 예측 불가능성을 온 힘을 다해 막아내려고 하는 대신 순순히 받아들이는 것이 문제에 현명하게 대처하는 첫 단계다.

'5단계 전략'은 또한 우리에게 다음과 같은 사실을 알려준다. 우리가 살면서 겪는 어려움과 문제들은 그런 일을 겪지 않으면 결코 이르지 못할 성장의 단계로 우리를 이끈다는 것이다. 운동선수가 근육을 늘리려면 더 무거운 바벨을 들어야 하는 것처럼, 우리 내면의 저항력과 회복력도 도전하고 역경을 견디는 과정을 거쳐야 더 커질 수 있다. 편안하게 소파에 앉아 있기만 하면 근육도 정신력도 늘지 않는다.

역경 없는 성장은 있을 수 없다. 역경은 내적 잠재력의 성장을 돕는다. 그런 면에서 역경을 고맙게 받아들여야 할지도 모른다. 하지만 솔직히 말하자면, 역경의 필요성을 잘 아는 나 역시도 되도록 역경과 마주치지 않았으면 한다. 역경으로 내면이 성장하는 것은 매우 힘이 많이 드는 데 비해 즐겁지가 않기 때문이다. 꼭 해야만 하는 게 아니라면 누구라도 피하고 싶은 게 당연하다.

이런 관점에서 보면 우리 모두는 톨킨의 소설《호빗》에 나오는 빌보 배긴스와 닮았다. 책 전반부에서 호빗족 빌보 배긴스는 마법사 간달프로부터 오래전 난쟁이족의 영토였지만 무시무시한 용, 스마우그에게 빼앗긴 전설의 산 에레보르로 모험을 떠나자는 제안을 받는다. 빌보는 이를 허무맹랑하게 여기고 단번에 거절한다. 정든 집과 평화롭고 안락한 생활을 모험과 맞바꾸기는 싫었다. "힘들고 짜증나고 불편할 뿐 아니라 저녁 식사에도 늦으니까요." 간달프는 원정대가 꾸려지는 자리에서 빌보가 재능이 있고 이 모험을 통해 새로 태어나게 될 것이라고 예언했지만, 그마저도 소용없었다. "어느 누구도 이 친구의 잠재력을 몰라. 그 자신도."[56]

침대맡 혹은 영화관 의자에 앉아 키득거리며 볼 땐 꽤나 재미있는 장면일지 모른다. 하지만 실제 인생에서 우리가 갑작스레 빌보의 입장에 놓이게 된다면, 더 큰 성장을 다른 누군가에게 요구받는다면 그건 결코 재미있는 일이 아닐 것이다. 우리는 각자의 은신처 깊은 곳으로 최대한 기어들어가 원치 않는 위험 앞에서 문을 굳게 닫아걸 것이다. 이제 난쟁이족의 왕국은 더 이상 존재하지 않는다. 하지만 그곳을 지키던 괴물은 건재하다. 현대의 괴물은 '암', '테러', '환경 파괴', '인종주의' 등이다. 이런 것들과 대면하는 건 무시무시한 스마우그에 맞서는 것만큼이나 힘든 과제다.

결국 빌보 배긴스는 두려움을 떨치고 난쟁이들과 함께 대장정을 떠난다. 그리고 간달프가 말한 대로 위대한 용기를 보여주고 성장한다. 이 이야기는 역경을 헤쳐 나가는 데 도움을 주는 것이 무엇인지를 알려준다. 빌보의 모험을 성공적으로 이끈 결정적 요인은 바로 여정을 함께한 특이한 동료들과의 공동체 의식과 연대였다. 서로 다른 능력을 지닌 그들은 조건 없이 서로를 도왔다. 그 덕분에 호빗과 난쟁이, 마법사 연합은 각자의 능력으로는 극복할 수 없었던 역경을 물리칠 수 있었다.

공동체의 이러한 가치와 보다 큰 만물에 속해 있다는 소속감은 제대로 된 평가를 받아야 한다. 정든 은신처, 익숙한 습관을 벗어던지고 혼자서는 엄두도 못 낼 일을 도모하는 데 있어서 공동체만큼 좋은 수단은 없다. 이 부분에 대해서는 다음 장(3장)에서 보다 자세히 언급하겠다. 자신의 주변에 의기투합할 난쟁이 연합이나 동지가 없다고 해서 이러한 걸 포기할 필요는 없다. 책과 영화, 혹은 다른 형태의 많은 콘텐츠가 비슷한 문제를 겪어봤던 사람들이나 더 큰 도전을 이겨낸 사람들에 대한 이야기를 들려주며 우리의 동반자가 되어줄 것이기 때문이다.

이 책의 장과 장 사이에 확신주의자들의 이야기를 배치한 것도 그런 까닭에서다. 악조건에서도 굴하지 않고 극복해낸 인물들의 이야기는 초능력이나 마법이 없어도 역경을 이겨낼 수 있다는 것을 증명한다. 그 인물들이 역경을 이겨내는 데 사용한 능력은 이미 우리가 기본적으로 갖추고 있는 것들이다. 그런 능력은 우리의 존재가 위기 상황에 맞닥뜨려 필요한 모든 능력을 발휘해야 할 때면 비로소 그 정체를 드러내곤 한다.

에픽테토스의 역경을 대하는 법

제2차 세계대전 전후의 시기를 경험한 세대와 대화를 나누다 보면 지금으로선 상상도 못할 일화들을 곧잘 듣게 된다. 빌보 배긴스의 모험 이야기를 듣는 것 같기도 하다. 그중 우슬라 샤프트 폰 뢰슈(Ursula Schafft-von Loesch)의 생애를 들여다보자.

1914년에 태어난 우슬라는 제1차 세계대전 이후의 혼란 속에서 성장했다. 결혼 후 남편과 폴란드 국경 지역 슐레지엔에 살며 힘들게 대농장을 일구었다. 하지만 제2차 세계대전으로 농장은 폐허가 되어버렸고, 전쟁이 끝날 무렵에는 남편도 세상을 떠났다. 러시아 군대가 밀어닥치자 우슬라는 하는 수 없이 여섯이나 되는 아이들을 데리고 피난길에 올라야 했다. 위기는 끊이질 않았다. 하마터면 아이가 바뀔 뻔한 적도 있었다. 서로 다른 방향으로 가는 여러 마차 중 하나에 올리틴 그녀는 그제야 지기 품에 낮선 아기가 안겨 있다는 걸 알아챘다. 마차가 떠나기 전에 눈치 채지 못했더라면 우슬라의 아이는 다른 마차에 실려 엉뚱한 곳으로 갔을 뻔했다.

그녀는 상상하기조차 힘든 어려운 상황들을 어떻게든 해결하며 위기를 돌파했다. 그녀의 일대기를 기록한 책의 제목처럼 '전에는 미처 몰랐던 용기를 가지고(Mit vorher nie gekanntem Mut)' 말이다.[57] 책을 읽다 보면 피난길의 험난한 여정이 길어지면 길어질수록 그녀가 점점 더 용감해지는 것이 보인다. 그리고 마침내 헤센 주 북부에 도착해 맨땅에서 새로운 인생을 시작한다. 그녀는 헤센 주의 유명한 목회자였던 헤르만 샤프트(Herrmann Schafft)와 재혼해 아이 셋을 더 낳았다. 그리고 교사가 되어 매사에 열정적인 삶을 살았다. 전에는 미처 몰랐던 용기를 가지고.

요즘이라고 해서 이런 사례가 아예 없는 것은 아니다. 시리아와 아프리카, 아시아에서 이주해온 사람들로부터 비슷한 경험을 찾아볼 수 있다. 어렸을 때 부모와 함께 테헤란에서 도망쳐 나온 알리 마흐로드히(Ali Mahlodij) 역시 수많은 역경을 딛고 마침내 유럽연합이 지명한 청년대사가 되었다.

이들의 생애는 역경과 존재의 위기를 극복하는 일이 힘들고 어렵긴 하지만, 동시에 그 과정에서 발휘되는 경이로운 힘으로 성장할 수 있다는 사실을 증명해 보였다. 여기서 중요한 것은 우리의 내면이 그 상황을 어떻게 받아들이느냐 하는 것이다. 에픽테토스의 깨달음을 다시 떠올려보자. 중요한 것은 환경이 아니라 그 상황에 대한 우리의 생각과 의견이다. 예상치 못한 어려움이 닥쳤을 때 그저 앉아만 있다면 어떻게 그걸 기회로 받아들일 수 있겠는가. 상황은 그대로일지라도 우리의 접근방식은 근본적으로 변화할 수 있다.

도전을 통해 성장하는 회복탄력성

이와 관련된 학문적 연구 결과를 찾는 사람이라면 회복탄력성 연구에 다다르게 될 것이다. 회복탄력성이란 영어로는 리질리언스(resilience)로, 위기나 역경에 맞닥뜨렸을 때 잘 대처하고 견뎌낼 수 있는 내적 저항력과 원래의 기능을 되찾아 일어날 수 있는 정신적 회복력을 의미한다. 단어의 뜻에서도 알 수 있듯이 심한 변형 후에도 원래의 형태를 되찾는 원료의 성질을 뜻하는 재료공학 용어에서 비롯되었다. 현대 심리학에서는 위기를 잘 처리해 트라우마 없이 극복하는 사람을 회복탄력성이 뛰어나다고 말한다.

회복탄력성이 높은 사람들에게 나타나는 일련의 특징들이 있다. 이를테면, 천성적으로 낙관적이고 사교적인 사람이 소심한 외골수보다 위기를 수월하게 이겨낸다는 것. 마찬가지로 긍정적인 사람, 가족이나 친구들과 사이가 돈독한 사람, 강한 신념에 의지할 수 있는 사람(종교적이든 인본주의적이든 정치적이든 간에), 음악이나 미술 혹은 자연에서 위로를 얻는 사람은 그 어떤 상황이 닥쳐도 별스럽지 않게 극복해낸다는 것이 일반적인 의견이다.[58] 이 외에도 회복탄력성이 높은 사람들에게는 매우 의미심장한 결정적 특징이 하나 더 있다. 바로 위기를 돌파해본 경험이 한 번 이상 있다는 점이다.

회복탄력성은 고정된 성격적 특징이 아니라 도전을 통해 성장하는 역동적 힘이다. 즉 회복탄력성은 갖고 태어나는 게 아니라 위기 상황과 대면하면서 형성되고 발전한다고 보는 편이 맞다. 회복탄력성은 신체의 면역 체계와 비슷한 양상을 보인다. 필요한 항체의 면역력을 키우기 위해서는 일단 병원체에 감염되어야만 한다.[59]

뉴욕 주 버팔로 대학교의 마크 시어리(Mark Seery) 심리학 교수의 연구 결과를 보면 이를 제대로 알 수 있다. 시어리는 성인 2000명을 대상으로 심리적 건강과 행복을 비교 분석했다. 그는 실험 대상자들의 고통과 삶의 만족도, 회복탄력성과 스트레스를 조사했다. 실험 대상자들이 인생의 역경들, 즉 중병이나 사랑하는 사람을 잃은 고통, 폭력, 재정 위기, 자연재해 등을 얼마나 겪었는지도 알아보았다. 그는 응답자들이 선택할 수 있도록 37개로 추려 리스트를 제공했다. 정말로 불운한 나머지 시어리가 제시한 목록 외의 것까지 총 71가지를 적어 넣은 사람이 있는가 하면, 목록 중 하나의 역경도 온전히 경험하지 못했다는 사람도 있었다. 양극단을 제외하면 한 사람이 경험한 불운의 종류는 평균 7가지로 집계되었다.

그렇다면 누가 가장 심리적으로 안정되었을까? 바로 한두 번의 위기는 있었지만, 그렇다고 너무 많은 위기를 겪지 않은 사람들이었다. 그들은 끊임없이 고통과 맞서야 했던 사람들보다 더 행복하다고 느꼈다. 동시에 큰 고통에 기진맥진했던 적이 한 번도 없었던 사람들보다도 더 나은 감정을 느꼈다. 무엇보다 눈에 띄는 건, 이들은 스트레스를 가장 덜 받았고, 전반적인 삶의 만족도가 가장 높았으며, 당면한 문제에 대해서도 가장 여유로운 태도를 보였다는 점이다.[60]

이를 통해 알 수 있는 것은 예방접종과 마찬가지로 고난도 적정량이 필요하다는 것이다. 문제에 맞서본 경험이 한 번도 없는 사람은 이별이나 실패를 처음 겪게 될 경우 완전히 링 밖으로 나가떨어질 수도 있다. 반면 이미 '영혼의 면역체계'가 단련된 사람은 그보다 더한 위기에도 수월하게 대응하게 마련이다.

인생의 도전에 직면할 때면 언제나 힘이 되는 위대한 인물들이 있다. 넬슨 만델라(Nelson Mandela)도 그런 사람 중 하나다. 그는 27년이란 세월을 철창 안에서 보낸 뒤 남아프리카공화국 최초의 흑인 대통령이 되었다.

파키스탄의 말랄라 유사프자이(Malala Yousafzai)는 어린 소녀에게도 놀라운 힘이 있다는 사실을 보여주었다. 유사프자이는 열한 살에 탈레반이 장악한 스와트 계곡 인근 주민들의 삶을 일기 형식으로 인터넷에 게재했다. 특히 소녀들에게 가해진 보복 조치에 관한 내용은 전국적인 항거를 불러일으켰다. 이에 탈레반은 2012년 유사프자이가 탄 스쿨버스를 납치해 그녀의 머리에 총을 쏘는 것으로 대응했다. 다행히도 당시 열다섯 살이던 유사프자이는 중상을 이겨내고, 파키스탄 소녀들의 교육권과 인권을 쟁취하기 위한 투쟁을 계속 이어나갔다. 그리고 2014년 열일곱에 노벨평화상을 수상해 역대 최연소 수상자가 되었다.

"힘든 시기를 거치지 않았는데 성품이 저절로 나아지는 일은 없습니다." 불교 지도자인 칸드로 린포체(Khandro Rinpoche)가 한 말이다. 그녀는 말 많은 종교계 남성들 사이에서 엄청난 고초를 겪고 마침내 티베트 불교계에서 몇 안 되는 여성 지도자가 되었다. "모든 것이 그저 쉽기만 하다면 박차고 오를 게 없지 않습니까."

물론 내적 성장을 이룬다는 건 결코 간단하지도 즐겁지도 않다. 유사프자이가 과연 공격의 대상이 되고 싶었을까? 넬슨 만델라 역시 할 수만 있다면 감옥살이를 피하고 싶었을 것이다. 회복탄력성이 증명된 사람이라고 해서 그가 번뇌도 위기도 절망도 모르겠는가. 회복탄력성이 높은 사람 역시 슬픔, 두려움, 자기회의와 씨름해야 한다는 점에서 다른 사람과 다를 바 없다. 다만 타인보다 그런 감정을 조금 더 잘 처리할 따름이다. 콜롬비아 대학교의 조지 보낸노(George Bonanno) 심리학 교수는 이렇게 말한다. "그들은 고통에도 불구하고 일상을 헤쳐 나간다. 직장에 가고, 가족들과 친구들을 위해 시간을 할애한다."

보낸노는 뉴욕의 9·11 테러 생존자들을 통해 운명의 장난에 대한 사람들의 반응이 저마다 다르다는 것을 보여주었다. 그는 2년간 쌍둥이빌딩이 무너지는 장면을 직접 목격한 사람들을 대상으로 조사를 진행했다. 조사 대상 중 일부는 당시에 너무 큰 충격을 받은 나머지 우울증, 불안증 혹은 주기적 정신착란 등과 같은 심리적 질환을 계속 앓고 있었다. 일부는 처음엔 동요가 없는 듯 보이다가 몇 달 혹은 몇 년 후 뒤늦게 찾아온 심각한 우울증이나 외상 후 스트레스 장애로 고통받고 있었다. 하지만 테러 이후에도 별다른 병리학적 문제를 드러내지 않은 사람들도 있었다. 결과적으로 조사 대상의 35퍼센트가 놀랄 만한 회복탄력성을 보였다. 사건이 남긴 트라우마의 특성과 심각성을 고려하면 매우 높은 비율이다.[61]

조지 보낸노는 일반적인 상황이라면 이 비율이 더 높으리라고 확신했다. 그래서 암이나 가족의 죽음, 실직 등 사람들이 '일상적인' 인생의 위기에 대응하는 방식을 조사했다. 그 결과, 60퍼센트 정도가 회복탄력성을 지닌 것으로 나타났다. 이에 조지 보낸노는 회복탄력성이 예외가 아니라 원칙의 일부라고 해석했다. '인간은 끈질긴 동물'이라는 원칙.[62]

하늘에서 떨어진 소녀, 율리아네 쾨프케

JULIANE KOEPCKE

어디선가 또 비행기가 추락했다면, 얼마 지나지 않아 그녀는 그 소식을 알게 된다. 곧장 그녀의 전화기가 울리기 때문이다. 비행기가 추락한다는 것은 어떤 일일까? 추락에서 살아남을 확률은 얼마나 될까? 추락한 사람들에게 대체 어떤 일이 일어나는 것일까? 사람들은 그녀에게 묻는다. 율리아네 쾨프케, 그녀는 이미 그런 경험이 있기 때문이다. 3000미터 상공에서 열대밀림 한가운데로 비행기가 추락했다. 탑승객은 총 92명. 쾨프케가 유일한 생존자였다.

랜사(LANSA) 항공 508편이 맞이한 운명은 오늘날까지도 최악의 비행 사고로 기억된다. 1971년 크리스마스. 터보프롭 엔진 여객기는 페루의 수도 리마를 떠나 동부의 푸카이파로 향했다. 하지만 도중에 심각한 난기류를 만나 열대 밀림 위로 떨어졌다. 당시 열일곱 살이던 율리아네 쾨프케는 엄마와 함께 그 비행기에 타고 있었다. 그녀가 앉은 좌석은 추락하는 와중에 기체로부터 떨어져 나와 밀림 깊은 곳에 떨어졌다. 다음 날 아침, 정신을 차리고 보니 그녀는 비행기 좌석에 깔린 채로 밀림 바닥에 누워 있었다. 온몸이 진흙과 흙탕물로 흠뻑 젖어 있었다.

추락하는 와중에 그녀는 어떻게 살아남았을까? 그녀조차 정확한 설명은 하지 못한다. 그저 여러 요소가 믿을 수 없는 행운을 조합해낸 덕분이라고 할 수밖에. 첫 번째 요소는 거대한 비구름 위에 형성된 강한 상승기류다. 마치 위로 솟아오르는 것 같은 회오리바람이 그녀를 감싸서 떨어지는 속도를 줄여주었을 것이다. 두 번째 요소는 얽히고설킨 밀림의 덩굴식물과 나뭇가지다. 이것들이 여러 겹의 그물 역할을 해서 낙하의 충격을 완화해주었을 것이다. 세 번째 요소는 좌석과 안전벨트다. 쾨프케는 좌석이 "마치 작은 배처럼 덩굴식물과 나뭇가지 사이로 떨어져 비교적 부드럽게 착륙할 수 있었던 듯하다"라고 말했다. 한참 후에 쾨프케는 《내가 하늘에서 떨어졌을 때Als ich vom Himmel fiel》라는 책을 출간했고, 책에서 이러한 부분에 대해 나름의 의견을 밝혔다.[63]

"그래도 풀리지 않은 의문점이 있다. 설명할 수 없는 대단한 무언가. 사고 후 많은 사람이 내가 떨어지는 동안 엄청난 공포에 시달렸을 텐데 어떻게 죽지 않았는지 궁금해했다. 사실 나는 이상하게도 전혀 두려움을 느끼지 않았다." 쾨프케의 놀라운 이야기에서 가장 눈에 띄는 부분이다. 큰 재앙을 맞닥뜨린 상황에서 인간의 내면은 어떻게 작동하며, 어떤 힘이 발휘될 수 있는지를 보여주기 때문이다.

재앙을 감지한 순간부터 우리의 정신은 빛의 속도로 보호 기제를 발동한다. 생존에 모든 초점을 맞추고 그 외의 모든 것은 작동을 멈춘다. 율리아네 쾨프케는 그런 상황에서 사람들이 맞닥뜨리는 정신적 상태, 즉 공포나 패닉, 경악, 비탄에 빠지지 않았다. 당시 그녀의 정신 상태는 마치 '자동조종장치'가 켜진 것처럼 냉담하고 무심했다.

"비행기에서 떨어졌다는 사실은 분명히 인식했지만, 심한 뇌진탕과 엄청난 충격 때문인지 머리가 돌아버리지는 않았다." 땅에 떨어진 그녀의 머릿속에 떠오른 것은 어렸을 때 부모로부터 들은 밀림에 관한 정보였다. 부모가 모두 생물학자인 것은 그녀에게 있어 행운이었다. 한스 빌헬름, 마리아 쾨프케 부부는 제2차 세계대전 이후 독일에서 페루로 이주해 아마존 열대우림에서 종의 다양성을 연구했다. 처음에는 리마의 자연사박물관에서 일하다가, 후에 팡구아나 밀림 지역으로 옮겨 생물연구센터를 세웠다. 율리아네는 어릴 때부터 부모와 함께 정글을 탐험했고, 밀림의 특성에도 익숙한 편이었다. 게다가 그녀의 부모는 처음부터 찬찬히 생각해보면 인간은 자연에서 발생하는 모든 상황을 해결할 수 있다고 가르쳤다.

그런 것들을 떠올리다 보니 "이 밀림에서 빠져나가겠구나"라는 확신이 생겼다. 비록 어딘지도 모르는 밀림 한가운데에 아무런 장비도 없이 얇은 여름 원피스 한 장만을 걸친 채 홀로 떨어져 있었지만, 그녀에게 찾아온 것은 무력감이 아닌 확신이었다. 그녀는 우리의 내면에는 "일종의 안전장치가 장착돼 있어서 극단적 상황 속에서도 두려움에 미치거나 죽지 않도록 보호된다고 생각한다"고 말했다.

일단 그녀는 밀림에선 물이 흐르는 방향으로 따라가면 된다는 아버지의 말을 떠올렸다. "물이 너를 사람들에게로 데려다줄 거야." 쾨프케는 남아 있는 한쪽 샌들만 신은 채로 흐르는 물을 찾아 나섰다. 얼마 지나지 않아 그녀는 개울을 발견했고, 그 개울을 따라가서 더 큰 개천을 만났다. 그리고 마침내 큰 강줄기를 만났다. 그녀는 인가를 찾을 수 있겠다는 희망을 안고 하루 종일 강을 따라 걸었다.

외로운 밀림 탐험이 열하루나 이어질 거라고 예견하지 못한 것이 그녀로선 행운이었다. 상황이 어떻게 돌아가는지 모르는 것도 일조했다. "생존자 수색 작업이 금세 중단될 수도 있다는 것을 몰라서 다행이었다." 당연히 그녀는 수색대가 자신을 찾아내리라 굳게 믿었던 것이다. 추락할 때의 충격으로 약간 머리가 멍한 상태인 것도 도움이 되었다. 아마 정신이 지나치게 또렷했다면 정글에서 살아남기 위해 견뎌야 할 수많은 어려움과 배고픔에 지레 약해져서 포기했을지도 모른다.

하지만 그녀는 하루, 또 하루 싸워나갔다. 처음엔 어디선가 찾아낸 사탕 한 봉지로 허기를 채웠고, 나중에는 흙탕물을 마시며 버텼다. 우기를 맞은 숲에는 열매가 거의 없었다. 게다가 밀림의 식물들은 독을 품은 경우가 많아 손을 대지 않는 편이 나았다. 그녀는 하루하루 새로운 희망에 목숨을 걸 수밖에 없었다. 처음에는 구조대가 비행기를 타고 나타나길 바랐고, 다음에는 인가가 발견되길 간절히 바랐다. 물론 가끔씩은 깊은 절망의 순간이 찾아왔다. 모기떼에 속절없이 물리거나 얼음처럼 차가운 빗물이 끝도 없이 뼛속까지 추위를 몰고 오는 때가 그랬다. "끝없는 외로움이 치솟았다." 아물지 못하고 깊어져가는 오른팔의 상처에서 하얀 구더기를 발견했을 때는 역겨움에 질겁했다. 시시각각 출몰하는 뱀과 악어에 대한 두려움도 점점 더 커져갔다.

이레, 여드레가 지나자 엄청난 무기력이 찾아왔다. "피곤했다. 몹시 지쳤다." 맛있는 음식이 눈앞에 아른거렸다. 울퉁불퉁한 바닥에서 몸을 일으켜 차가운 강물을 건너야 하는 일은 하루하루 더 힘들어졌다. 쾨프케는 상황이 이런데도 계속 가야 할 가치가 있는지 스스로에게 끊임없이 물었다. "응. 나는 온 힘을 다해 나 자신에게 대답했다. 계속 가야 해. 계속, 계속. 여기 있으면 넌 죽어."

다시 말하지만, 쾨프케는 당시 열일곱 살에 불과했다. 그런 험난한 여정을 헤쳐 나가는 데 필요한 어떠한 능력도 그녀에겐 없었다. 그녀 스스로도 자신을 "또래 아이들과 다를 바 없는 평범한 어린 소녀"라고 생각했다. 동물을 사랑하고, 독서를 좋아하고, 열심히 공부하고, 가끔 친구들과 영화를 보러 다니고. 그런 소녀의 내면에서 이전엔 알지 못했던 강인함이 갑자기 발현된 것이다. "내게 남은 가능성은 사실 제로에 가까웠다." 그녀는 이렇게 생각했다. 그럼에도 마음을 굳게 먹었다. "절대 포기하지 않을 거야."

엄청난 압박에 시달리게 되면서 그녀는 기도를 시작했다. "나는 살고자 했다. 온몸이 점점 쇠약해져간다는 게 신경 하나하나로 느껴졌어도 나는 살아남으려 했다. 그리고 마침내 이 상황이 지나가면 어떻게 살아갈지에 대해서도 생각했다." 절망의 나날 속에서 그녀가 확신을 가질 수 있었던 건 자신의 인생을 좋은 일에 쓰겠다는 생각 덕분이었다. "중요한 어떤 일, 인류와 자연에 도움이 될 만한 일"에 헌신하는 것. 무엇을 할 수 있을지는 알 수 없었다. 하지만 "앞으로 내 인생이 세상 속에서 어떤 의미를 가져야 한다는 것" 하나만은 확실했다.

열흘째가 되자, 쾨프케의 힘은 바닥을 드러냈다. 기운이 없어 걸을 수도 없었다. 강둑 위에서 힘없이 졸고 있을 때, 작은 기적이 일어났다. 강 한가운데에 모래가 쌓여 만들어진 둔덕이 있었고, 그 위에 놓인 보트 한 척이 눈에 띈 것이다. 처음엔 그걸 타고 이동하려다가 생각을 바꿨다. 그걸 이용한 다른 누군가가 있을지도 모른다는 생각이 들었기 때문이다. 그녀는 강둑에서 밤을 보낼 만한 은신처를 발견했다. 다음 날에는 비가 온데다 몹시 지쳐 그녀는 계속 길을 나서려는 엄두도 내지 못하고 그냥 앉아 있었다.

"나는 서서히 굶어 죽어가고 있었다. 오랫동안 아무것도 먹지 못했기 때문이다." 아무 고통도 느껴지지 않았고, 심지어 배고픔마저 느껴지지 않았다. 그저 기운이 없고 피곤할 뿐이었다. 그때 또 한 번 믿기 힘든 우연이 쾨프케를 도왔다. 정글을 헤치고 다닌 지 열하루 되던 날 밤, 불현듯 세 남자가 숲에서 나와 비를 피하기 위해 쾨프케가 누워 있던 은신처로 들어왔던 것이다. 그들은 두 눈이 피로 붉게 물든 소녀를 보고 멈춰 섰다. 귀신을 본 줄로만 알았던 것이다.

세 남자는 소녀를 보트에 태워 가까운 인가로 옮겼다. 마침내 사람들 사이로 돌아온 율리아네 쾨프케는 병원으로 옮겨졌다. 정신은 아직 괜찮았지만 몸은 자주 까무러쳤다. "내 몸은 안전하다는 사실을 깨닫자마자 긴장을 확 풀었다." 고열이 며칠씩 지속되다가 가라앉기도 했다. 이유를 몰라 의사도 손 쓸 방도가 없었다. 무릎도 견딜 수 없이 아파왔다. 몇 달 후에야 정밀 검사를 통해 십자 인대가 손상된 것으로 확인됐다. "이런 상태로 밀림을 열하루나 걸어다녔다고요?" 정형외과 의사가 물으며 덧붙였다. "의학적으로 절대 불가능한 일입니다."

쾨프케 역시 신체적 손상으로 인해 생기는 물리적 반응이 구출될 때까지 억제되었다는 사실에 놀랐다. "열하루를 다니는 동안 통증은커녕 붓기도 없었다." 그녀는 몸에서 일종의 응급 프로그램이 가동된 것 같다고 해석했다. "사고 현장에서 멀리 떨어져야 살 수 있다는 걸 몸이 알았던 듯하다."

실제로 현대의 통증 연구는 우리가 통증을 제어하는 정교한 프로그램을 가지고 있다는 것을 보여준다. 신경기관이 지나가는 척수 내부 회색질의 등뿔(dorsal horn)이란 기관은 모든 신경신호를 처리하면서 신호를 막기도 하고 강도를 키우기도 한다. 그러면 뇌는 그에 반응해서 통증의 감각과 강도를 조절한다. 감각신호가 전달되는 과정에서 조작되는 것이다. 다른 말로 하면, 우리 몸에는 대부분 의식하지 못하지만 신경신호로 조작되는 고통의 브레이크가 장착되어 있다.[64] 쾨프케의 경우는 이 메커니즘이 믿을 수 없이 강력하게 활성화된 게 분명하다.

그녀는 자신의 경험을 〈말을 탄 사람과 보덴제 호수Der Reiter und der Bodensee〉라는 독일 담시(譚詩)에 빗대 설명했다. 어느 겨울, 말을 탄 어떤 사람이 보덴제 호수를 향해 가고 있었다. 그런데 가도 가도 호수가 나오지 않자, 마을 사람에게 호수가 얼마나 남았느냐고 물었다. 그랬더니 마을 사람이 당신 뒤에 있는 게 호수라고 답했다. 그는 자신도 모르는 새에 얼음판으로 변한 호수를 지나온 것이었다. 그 사실을 알게 된 말을 탄 사람은 소스라치게 놀라 말에서 떨어져 죽고 말았다. 쾨프케 역시 비슷한 감정을 느꼈다. "끔찍한 사건의 한가운데에 있을 때는, 그것이 끔찍할수록 그냥 내려놓게 된다. 공포감은 그 뒤에 찾아온다."

사건 이후 그녀를 찾아온 건 공포심만은 아니었다. 유명세도 갑작스레 따라왔다. 기자들은 그녀의 이야기를 마음대로 해체하고 살을 붙였다. 하지도 않은 인터뷰가 실리고 터무니없는 기사가 재생산되었다. 쾨프케가 콕 짚어 말한 대로 그런 기사에는 '실제 사건과 거의 상관없는' 부분이 상당히 많았다. 그녀를 차갑고 무감각한 인물로 그려낸 기사도 있었다. 하지만 그녀는 이런 야단법석에 관여할 겨를이 없었다. 뒤늦게 찾아온 공포와 슬픔, 자책 때문이었다. 왜 하필 내가 살아남은 걸까? 엄마가 아니라 왜 내가? 아내의 죽음을 이겨내지 못했던 아버지와는 날로 갈등이 깊어졌다. 한민은 수

영장에서 취재진을 맞닥뜨려 어쩔 수 없이 수영복을 입은 채로 인터뷰를 했는데, 이를 본 아버지가 그녀를 비난하기도 했다.

아버지와의 관계가 점점 더 꼬여가는 동안 모르는 사람들로부터 받은 편지는 산더미처럼 쌓였다. "많은 사람이 내가 밀림을 빠져나온 것에 감동했으며, 나를 씩씩하고 침착하며 용감하다고 생각한다는 걸 알려주었다." 그녀는 사람들의 반응이 고마웠고 감동도 받았지만 휩쓸리진 않았다. 그녀로서는 "선택의 여지가 없었을 뿐"이었기 때문이다.

쾨프케가 정글에서 보낸 시간은 그렇게 점점 더 실화에 기반을 둔 허구적 전설이 되어갔다. 한 이탈리아 감독은 그녀를 소재로 영화를 찍었는데, 감독이 마음대로 지어낸 유치한 장면들로 가득했다. 쾨프케가 기자나 미디어 관계자들을 좋게 보지 않는 것도 무리는 아니다. 하지만 단 한 사람 예외가 있었으니, 바로 베르너 헤어조크(Werner Herzog)다. 그는 1998년 〈희망의 날개Wings of Hope〉란 기록영화를 촬영하기 위해 그녀와 함께 사건이 벌어졌던 밀림을 찾아갔다.[65]

헤어조크도 사실 1971년 크리스마스에 리마 공항에 있었다. 당시 〈아귀레, 신의 분노Aguirre, Der Zorn Gottes〉를 촬영 중이던 그는, 촬영팀과 함께 랜사 항공 508편을 예약했으나 좌석이 없어 비행기를 타지 못했다. 간발의 차이로 목숨을 구한 것이다. 그로부터 27년 후, 그는 쾨프케가 오래전 자기 역사 앞에 오롯이 설 수 있도록 도와주었다. '그의 연민 어린 질문과 공감하는 태도, 함께 공포의 현장을 다시 방문한 경험'은 그녀에게 '최고의 치료제'가 되었다.

현재 그녀는 뮌헨의 주립동물학박물관에서 관장 대행으로 일하고 있다. 1968년에 그녀의 부모가 설립한 페루 밀림지대 팡구아나 연구기지 소장도 맡고 있다. 2000년에 세상을 떠난 아버지와는 그전에 화해했다. 몇 년의 노력 끝에 연구기지 주변 지역이 자연보호구역으로 지정되는 오랜 꿈도 이루었다. 엄청난 기부금 덕에 팡구아나 연구기지의 경계도 점점 넓어졌다. 처음엔 187헥타르(약 56만 평)였던 것이 어느새 1300헥타르(약 3900만 평)에 이르고 있다. 여기선 벌목과 사냥, 주거지 개발이 영구적으로 금지다.[66] "현재 이 지역에서는 연구와 자연보호, 사회적 프로젝트가 복합적 형태로 운영되고 있으며, 이런 사례는 페루는 물론 남미 전체에서도 유일무이하다"라고 그녀는 자랑스레 말했다.[67]

열일곱 살 쾨프케가 암울한 밀림에서 했던 결심, 즉 인류와 자연을 위한 의미 있는 일에 일생을 바치겠다던 약속은 이렇게 실현되었다. 더 큰 맥락에 집중한 덕분에, 그녀의 말을 빌리자면, '세상이란 구조물'에 헌신하겠다고 마음먹자 무한한 노력을 기울일 용기가 생겼다. 그리고 이제 쾨프케는 사람들 앞에 나서야 할 때, 여전히 사람들 마음에 남아 있어 그녀에게 편지를 보내게 만드는 비행기 추락 사건만을 말하지 않는다. 500유로(약 65만 원)를 기부하면 1만 제곱미터(약 3000평)의 밀림을 보호할 수 있다는 설명도 함께 한다.[68]

그동안 쾨프케는 자신의 운명과도 화해했다. 그녀 말에 따르면,

살면서 '밀림에서 보냈던 그때의 상황과 무관했던 적은' 단 하루도 없었다. 그 일에 대한 질문도 워낙 많이 받기도 하지만, 특정한 분위기나 색깔, 냄새 등으로 인해 의지와 상관없이 그때의 기억이 떠오르는 탓이다. 한때는 그렇게 떠오르는 기억을 억지로 눌러 감췄다. 하지만 베르너 헤어조크와 영화를 찍고, 책을 쓰면서 점차 자기의 역사와 '그 역사가 항상 나와 함께할 것'이란 사실을 받아들이는 법을 배웠다. 밀림으로 가기 꺼림칙했던 마음도 점차 옅어졌고, 이젠 고향처럼 느껴지는 페루에 머무는 시간도 매년 늘어나고 있다.

비행기가 추락하고 밀림에서 살아남으려면 어떻게 해야 되느냐는 질문을 받을 때마다 쾨프케는 신중하게 반응한다. "애석하지만 일반화하기는 어렵다." 지역마다 밀림이 달라서 저마다 다른 법칙이 적용되기 때문이다. 그녀는 자신이 비행기 추락 사고 전문가처럼 여겨지는 것 또한 바라지 않는다. "비행기 추락 사고에서 살아남았다는 이유만으로 생면부지의 사람에게 어떻게 살아야 할지 조언하는 일에는 소질이 없다." 그녀가 경험을 통해 확실히 알게 된 것은 "상황에 따라 다른 결정을 해야 한다는 것"뿐이다.

쾨프케의 이야기가 모든 비행기 사고에 대응하기 위한 매뉴얼은 아니다. 그럴 수도 없다. 하지만 이 이야기 자체는 우리에게 깨달음을 준다. 재난 속에서도 희망을 잃지 않으면 그 상황을 헤쳐 나올 수 있다는 것을, 그리고 우리에게는 평소에는 몰라도 예상치 못한 상황에서 발휘되는 신체적·정신적 저력이 있다는 것을.

3장

희망의 적정량 측정하기

현대 의학계에는 엄청난 오해가 하나 있다. 바로 인간의 몸이 거대한 생물학적 기계처럼 기능한다는 것이다. 인간의 신체 또한 자동차처럼 화학과 물리만으로 이해하고 고칠 수 있다고 생각하는 사람도 있다. 간혹 병원에 가면 자동차 정비소에 온 것 같은 기분이 들 때도 있다. 의사들은 정비공처럼 의뢰받은 제품을 면밀히 살펴서 어떤 부품이 망가졌고, 어디를 땜질하고, 어디를 완전 교체할지를 판정한다.

하지만 우리는 몸과 정신은 연결된 하나의 묶음이며, 인간은 이 하나의 묶음으로 이뤄진 단일체로 인식해야 한다는 걸 잘 알고 있다. 신체와 의식이 협력할 때 제 기능을 발휘하는 복합적 시스템이다 보니 전혀 다른 방식으로 다뤄져야 한다. 따라서 환자의 질병을 그저 신체적 차원에 국한시키지 말고, 환자의 기대감이나 내적 태도와 같은 정신적 맥락도 함께 고려해 다루어야 한다.

앞서 율리아네 퀴프케의 사례에서 봤듯이, 신리적·정신적 상태가 신체의 생물학적 현상에 미치는 영향력은 매우 크다. 십자 인대가 손상당했는데도 통증을 못 느끼는 경우도 있지만, 엄청난 고통을 호소하는데도 몸에 아무런 이상이 없는 경우도 있다. 몸이 회복하는 과정에도 확신이 필요한 것은 바로 이 때문이다. 자신의 병을 어떻게 받아들이느냐, 얼마나 희망적으로 혹은 비관적으로 자신의 미래를 내다보느냐가 치료 과정에 직접적인 영향을 미친다. 이를 증명하는 사례는 차고도 넘친다.

마부르크 대학교의 심리학자인 빈프리드 리프(Winfried Rief)의 연구 결과가 대표적이다. 그는 관상동맥 우회수술을 앞둔 심장질환자들을 대상으로 환자의 내적 태도가 회복에 어떤 영향을 미치는지를 조사했다.[69] 연구에 참여한 환자들 중 일부에게는 전문 심리학자가 배정되어 수술받기 전부터 환자 개개인을 방문해 수술과 회복 과정까지 함께했다. 이들은 대면이나 전화 통화를 통해 피실험자들과 함께 수술 후를 예상하고, 시간별로 상세한 계획을 세워보도록 독려했다. 코칭을 받은 피실험자들은 수술 3주 후, 3개월 후, 6개월 후에 자신이 하고 싶은 것을 구체적으로 구상했다. 리프는 "환자들은 다분히 현실적이고 구체적인 목표를 세웠다"고 설명했다. "그들은 심리학자들과 함께 어떻게 그 목표를 달성할지, 그 과정에서 어떤 문제가 생겨날지, 그걸 어떻게 처리할지를 진지하게 논의했다."[70]

그로부터 6주 후 리프와 동료들은 긍정적 사고의 결과와 마주할 수 있었다. 심리학자가 배정되어 계획을 세운 환자들은 그렇지 않은 환자들에 비해 염증 발생률과 혈중 스트레스 호르몬 수치가 현저하게 낮아졌다. 가정이나 직장에서 생활할 때 느끼는 불편의 정도도 적었다. 코칭을 받은 환자들이 그렇지 않은 환자들에 비해 모든 면에서 더 나은 수치를 보였다. 리프는 "한마디로 우리는 이 연구를 통해 희망의 힘을 측정했다"라고 말했다.

긍정적 기대감이 뇌에 일으키는 화학작용

결국 이 연구는 긍정적 사고에 놀라운 가치가 있음을 보여준다. 심리학자와 자기경영 전문가들이 하나같이 긍정적으로 생각하라고 적극적으로 권하는 데는 분명 이유가 있다. 그중 가장 극단적 접근법이 바로 '끌어당김의 법칙'이다. '내 생각이 내 인생에 필요한 것들을 만들어낼 수 있다'는 전제에서 출발하는 이 법칙은, 모든 생각과 감정, 소원을 담아 외부 세계로 '파장'을 보냄으로써 원하는 효과를 얻을 수 있다고 말한다.[71]

리프의 연구 결과도 이런 신비한 파장의 효과와 상통하는 부분이 있다. 하지만 양자가 지시하는 방향은 사뭇 다르다. 리프의 연구 결과는 우리의 신체와 정신이 얼마나 밀접하게 연결되어 있는지, 우리의 상태가 우리의 생각과 상상에 미치는 영향 ― 대부분 무의식적으로 ― 이 얼마나 큰지를 보여준다.

이런 점에서 플라시보 효과를 짚고 넘어가지 않을 수 없다. 플라시보 효과란 효능이 없는 가짜 약을 복용해도 나을 거라는 기대심을 가지고 있으면 실제로 치료 효과가 나타나는 것을 말하는데, 수많은 임상실험을 통해 다양하게 증명되었다.[72] 우울증이나 구토증, 위장 장애, 허리 통증 등을 겪는 환자에게 그저 '성분이 좋은' 식물성 영양제를 줬을 뿐인데 그것을 효과 좋은 약으로 알고 먹은 환자들은 통증이 줄고 증상이 완화되었다. 이탈리아 뇌과학자 파브리치오 베네데티(Fabrizio Benedetti)는 이런 식으로 위약을 활용해 환자들에게 진짜 약을 처방하는 비율을 30퍼센트 낮출 수 있었다.

정형외과 의사인 브루스 모셀리(Bruce Moseley)는 가짜 수술 또한 효과가 있음을 보여줬다. 그는 무릎 통증을 호소하는 환자에게 흔히 하는 대로 관절 수술을 했다. 하지만 이 수술은 하는 척 흉내만 낸 것이었다. 무릎 주위에 관절경 구멍을 내었지만, 무릎 관절에는 손도 까딱하지 않았다. 대신 진짜 수술실의 소리를 녹음한 테이프를 틀었다. 얼마 후, 가짜 수술을 받은 환자는 진짜 관절경 수술을 받은 환자만큼이나 증상이 호전되었다.[73]

물론 이와는 반대인 노시보 효과도 있다. 약의 효능을 믿지 못하거나 부작용에 대한 걱정 때문에 약효가 전혀 발휘되지 못하는 것이다. 약 상자에 동봉된 사용설명서를 읽는 것만으로도 설명서에 적힌 부작용을 느끼는 사람도 있다. 실제로 먹은 약이 부작용이 있는 위험한 약이 아니라 설탕으로 만든 위약인데도 그런 반응이 나타난다. 이런 플라시보 효과나 노시보 효과는 어떻게 생각하느냐에 따라 우리의 신체적 반응이 달라질 수 있다는 것을 보여준다.[74]

놀라운 플라시보 효과를 자연과학은 어떻게 설명할까? 실마리는 환자의 머릿속에 있다. 더 정확히 말하자면, 환자의 상상력과 기대 감 안에 있다. 무릎이나 허리 통증 때문에 의사를 찾는 환자가 회 복의 기대감에 차 있다면, 그 자체로 이미 수동적 자세에서 벗어나 적극적인 역할을 하고 있는 셈이다. 게다가 그가 이미 여러 번 해당 의사에게 진료를 받은 적이 있고, 그간의 경험을 통해 의사의 진료 가 도움이 된다는 사실을 인지하고 있다면 환자의 마음은 한결 더 편안해진다.

이러한 긍정적 기대감이 뇌에 화학작용을 일으킨다. 신체 조절, 의사 결정 등을 하는 데 중요한 뇌의 전전두엽 피질이 이 같은 상 황을 분석해 통증완화 작용을 지시한다. 그 반응으로 아편제수용 체가 적당하게 활성화되고 엔도르핀이 분비된다. 이러한 생화학적 변화는 다시금 신경계를 통해 신체 전반에 퍼져나간다. 환자가 기 대한 대로 몸이 치유되는 작용이 일어나는 것이다.

플라시보 효과는 자기실현적 예언이 신경생물학적으로도 유효하 다는 것을 보여준다. 우리가 의식하지 못하는 사이 우리의 뇌는 스 스로 치료에 필요한 조건을 파악하고 실제로 나을 수 있게 단계적 으로 과정을 밟아나간다(노시보 효과는 정반대로 작용한다. 부작용에 대 한 두려움이 뇌에 화학적 변화를 일으켜 염려했던 결과를 실제로 불러온다).

플라시보 효과는 통증을 동반하는 질병에서 특히 효험이 높았 다. 미국 의료진의 연구 결과에 따르면, 편두통 환자를 대상으로 한 위약 치료의 효과는 진짜 약의 60퍼센트에 이른다.[75] 독일의사협회 가 위약 사용을 권장하는 것도 이 때문이다.[76] 진료기들은 위약 치방을 통해 "기대했던 약물 복용의 효과는 극대화하고 바람직하지 않은 약물의 부작용은 줄이는 동시에 의료비용은 절감할 수 있다"고 한다. 플라시보 효과는 '의료 현장에서 중요한 의미'가 있다.[77]

'자기실현적 예언'의 법칙은 행동 차원에서도 효력을 발휘한다. 리프의 연구 결과를 다시 한 번 떠올려보자. 관상동맥 우회수술을 앞두고 시기별로 확신에 찬 계획을 세웠던 환자들은 그저 머릿속으로만 회복을 굳게 믿었던 것은 아니다. 그들은 실제로 몸을 더 많이 움직였다. 신체 활동은 통증을 완화시키고 혈압을 낮춘다. 희망에 찬 기대가 회복을 위한 실제적 기초를 다진 것이다. 반면 별다른 기대감 없이 수술을 받았던 환자들은 훨씬 더 소극적으로 움직였다. 구체적인 목표가 없던 탓에 굳이 열심히 노력할 필요를 못 느꼈던 것이다.

미시건 대학교 심리학과 크리스토퍼 피터슨(Christopher Peterson) 교수의 연구 결과도 이와 비슷했다. 1990년대에 피터슨 팀은 심장마비를 겪고 나서 막 재활 프로그램을 이수한 환자들을 대상으로 장래 계획이 있는지를 물었다. 그 결과, 금방 나을 것이란 확신이 강한 사람일수록 더욱더 건강해졌다. 조기 회복에 대한 확신이 있는 사람들은 운동을 하고, 기름진 음식과 스트레스 상황을 피하는 등 회복을 위한 노력을 아끼지 않았다. 반면 이미 한 발은 무덤으로 들어가 있는 것처럼 장래 계획에 회의적인 환자들은 삶에 대한 열의도 없었고, 건강에 도움이 되는 활동도 덜 했다. 그 결과, 회의에 찬 환자들은 희망에 찬 환자들에 비해 평균적으로 일찍 사망했다.[78]

따라서 이렇게 추론할 수 있다. 확신을 가지고 미래를 그리는 사람은 더 많이 움직이고 더 건강한 음식을 먹으며 그 미래를 현실로 만들기 위한 환경을 조성해나간다. 이는 비단 심장병 환자에게만 해당되는 이야기가 아니다. 긍정적 세계관을 가진 사람은 전반적으로 걱정이 적고, 짜증을 덜 내며, 스트레스에도 덜 시달린다. 그러다 보니 심장과 신경이 보호되고 더 건강한 삶으로 이어진다. 밤베르크 대학교의 심리학자 아스트리드 슈츠(Astrid Schütz)는 그렇기에 미래를 낙관적으로 조망하는 사람이 "인기가 많고, 비관주의자들보다 훨씬 더 매력적으로 여겨진다"라고 말한다. "많은 사람이 친구나 배우자, 동료로 심술궂은 비관론자보다는 확신의 기운으로 빛나는 사람을 원한다."[79] 이런 식으로 낙관주의자들은 행복한 결혼생활이나 직업적 성공의 가능성을 높인다. 반대로 비관주의자들은 비관적 태도로 자기 발목을 잡는다.

노스캐롤라이나 듀크 대학교 경제학과의 만주 퓨리(Manju Puri)와 데이비드 로빈슨(David Robinson) 교수진은 이러한 자기실현적 예언과 관련된 내용을 통계적으로 뒷받침했다. 두 교수는 미국인들이 소득부터 저축, 소비 습관, 건강 관리, 각자의 기대 수명까지 수많은 질문에 정기적으로 응답한 내용을 담은 소비자금융조사를 분석했다. 그 결과, 확신을 갖고 자신의 인생을 조망하는 사람은 직업적 성공과 행복한 결혼 생활, 장수를 누릴 가능성이 높고 역경에 처했을 때도 더 잘 극복하는 것으로 나타났다.[80] 낙관주의자는 통상적으로 더 오래 일하고, 은퇴를 대비해 더 많이, 장기적으로 저축하며, 특히 담배를 덜 피우는 등 건강에도 신경 쓰며, 한 번 이혼했더라도 다시 결혼하는 것으로 나타났다. 영국의 작가 사무엘 존슨(Samuel Johson)은 재혼이야말로 "경험을 넘어선 희망의 승리"라고 말하지 않았던가.

이렇게 낙관적 태도는 저절로 삶에 긍정적 영향을 미치는 행동을 하도록 이끈다. 반면 '모든 것이 부질없다'는 식의 회의적 태도는 부정적 경험을 하게 하는 디딤돌이 되어 다시금 비관론을 강화시킨다. 결국 어떤 삶을 사는지를 통해 그가 가진 세계관, 즉 긍정적 사고를 하는지 혹은 비관적 사고를 하는지를 확인하게 되는 묘한 상황이 펼쳐지는 것이다.

현실주의자가 미래에 대해 간과하는 것

이러한 연결고리를 통해 우리는 '미래'는 결코 고정된 것이 아니며, 불가피한 사건이란 없다는 점을 확인할 수 있다(그래서 메르켈 총리 재임기간 중 '대안 없음alternativlos'이란 개념이 유명세를 떨치게 된 것은 매우 안타깝다). 이미 정해진 것이 우리의 미래를 정하진 않는다. 우리의 미래는 우리가 무엇을 바라고, 어떤 태도를 지니며, 어떻게 행동하느냐에 달려 있다.

이 지점에서 흥미로운 질문 하나가 고개를 든다. 바로 미래와 '현실적' 태도와의 관련성이다. 이른바 현실주의에 따르면, 모든 것은 현대 과학의 울타리 안에서 측정되어야만 한다. 한번 '비현실적'이란 낙인이 찍히면 당장 고려의 대상에서 밀려나 웃음거리 혹은 미신으로 치부된다. 당연히 진지하게 받아들여지지도 않는다.

하지만 입증된 사실과 경험적 자료에 근거하는 '건강한 현실주의'에도 교묘한 구석이 있다. 경험적으로 입증되었다는 그 모든 것은 결국 과거의 일에 관한 것일 뿐이지 미래의 흐름까지 짚을 수는 없기 때문이다. 미래는 가능성이지 사실이 아니다. 무엇보다 현실주의자는 단편적 사실을 이미 알려진 계산법에 대입해 확실한 답을 얻어내는 사람이다. 그의 계산에 인생의 미묘한 뉘앙스는 포함되지 않는다. 하지만 사소해 보이는 디테일이나 애매한 분위기가 미래의 성격을 정할 수도 있다.

현실주의자들이 새로운 것, 알려지지 않은 것에 관해 끔찍한 오판을 하는 것도 이런 이유에서다. 1943년 IBM 창업주인 토마스 왓슨은 "내 생각엔 전 세계 컴퓨터 수요는 다섯 대에 불과할 것"이라고 예측했다. 20세기폭스 사 회장이었던 대릴 F. 자눅은 "TV는 6개월 후면 시장에서 사라질 것이다. 사람들은 저녁에 나무상자를 쳐다보는 일에 금방 싫증을 낼 테니까"라고 말했다. 유튜브의 공동 창업자 스티브 첸은 2005년까지도 인터넷 비디오 포털을 두고 "어이없는 일"이라고 표현했다. 그로부터 반년이 채 지나지 않아 구글은 이 동영상 플랫폼을 무려 16억 5000달러(약 1조 9000억 원)에 사들

였다.[81]

역사학자 요아힘 라트카우(Joachim Radkau)는 엄청난 오판의 사례를 망라한 책《미래의 역사Geschichte der Zukurrft》를 마무리하며 '예측의 역사는 놀람과 기습의 역사'라고 규정했다.[82] 그가 주목한 것은 예측 오류였다. 나치 독재자는 물론, 일반 정치인들도 제2차 세계대전 이후 독일의 경제 부흥기가 빠르게 도래하리라고는 예상하지 못했다. 경제학자들은 석유파동에 이어 68혁명(1968년 5월 프랑스에서 일어난 사회변혁운동_편집자)과 환경운동이 일어날 때마다 깜짝깜짝 놀라기만 했다. 1960년대 사람들은 얼마 있으면 인간이 달에 가서 광산을 일굴 줄로만 알았다. 1989년 독일은 통일을 이루었다. 하지만 그 몇 달 전까지만 해도 전문가들은 독일 통일이 2015년이나 되어야 가능한 일로 여겼었다.

이처럼 현실주의자들은 자신의 세계관을 구성하는 요소들이 그저 하나의 선택지에 불과하다는 점을 자주 간과한다. 그 세계관 밖에 수많은 다른 가능성이 존재하고, 실제로 예상이 빗나가는 경우가 많은데도 말이다.[83] 현실주의자들은 그걸 '예상치 못한 결과'라고 표현하며 슬쩍 넘어가려 한다. 하지만 한 번쯤은 사실주의와 경험론의 안전망에서 벗어나 예측 불가능한 미래에 대한 믿음을 키워보는 것도 필요하지 않을까. 다시 말해, 아직 정해지지 않은 미래에 자신감을 갖게 하는 확신으로부터 삶의 에너지를 공급받을 필요가 있다는 말이다.

사람들은 왜 자신의 미래에 낙관적인가

이런 이유로 인도의 정신분석학자이자 심리학자인 수디르 카카르(Sudhir Kakar)는 현대인의 '현실 가능성'에 관한 집착이 우울증의 확산과 밀접한 관련이 있다고 본다. "현실은 즐거움의 이유가 되지 않기 때문이다." 카카르는 "지그문트 프로이트도 우울증이었다. 하지만 행동하기 위해선 너무 현실적이어서는 안 된다. 희망 없이는 행동할 수 없다"고 말한다.[84]

독일에서 대학을 나온 이 인도인 출신의 작가이자 상담가는 실행력 있는 희망을 '젊은 활력의 정수'라고 부른다. 인도는 사회 구성원의 3분의 2가 25세 이하다. 카카르는 "그런 사회는 우울할 수가 없다"고 말한다.

실제로 청년기야말로 희망을 빼놓고 논할 수 없는 시기다. 젊은 이들에겐 계속해서 새로운 상황이 닥치게 마련인데, 그에 관한 매뉴얼도 경험적 지식도 아직 갖추지 못한 상태이기 때문이다. 따라서 청소년과 아직 어린 성인들에게 미래에 대한 지대한 신뢰가 필요한 것은 당연한 일이다. 마치 이제 막 쏘아올린 로켓이 중력을 거스르기 위해서는 막대한 추진력이 필요한 것처럼 말이다. 시간이 지나면서 창공을 날던 계획들이 기대를 거스르고 아래로 떨어지기 일쑤고, 실망스러운 결과를 한두 번 맞이하다 보면 넘쳤던 확신이 점차 사그라진다. 그렇다고 해서 장밋빛으로 세상을 바라보던 청년의 시각을 인정히 잃는 것은 아니다. 적어도 자신을 보는 우리의 프리즘은 여전히 장밋빛이다.

많은 사람이 전반적 미래에 관해서는 걱정을 앞세우는 반면, 개인적 미래에 관해서는 완전히 다른 입장을 취하는 경향을 보인다. 개인의 발전 가능성을 두고는 대다수가 통계보다 훨씬 긍정적으로 전망한다. 우리 대부분은 자신이 직업적으로 출세할 가능성이나 기대 수명이 높을 거라고 과대평가한다. 앞으로 일어날 일들은 대개 짜증나기보다는 유쾌할 것이라고, 조만간 성적으로도 더 짜릿한 경험을 하게 되리라고 예견한다. 교통 체증에 걸리게 될 가능성은 실제보다 낮게 보고, 실직이나 이혼을 하거나 중병에 걸릴 확률은 다른 사람보다 훨씬 낮을 것이라 생각한다(이와 관련해 간단한 테스트를 해보자. 당신이 사는 동안 한 번이라도 암 진단을 받을 가능성이 얼마나 된다고 생각하는가. 머릿속에 떠오르는 대로 대강의 수치를 적어보라. 그에 대한 결과는 이 장 말미에서 소개하겠다).

이와 같은 '낙관적 왜곡' 현상은 이스라엘 출신의 뇌과학자 탈리 샤롯(Tali Shrot)이 연구해 밝혀낸 것으로, 오늘날 심리학계에선 낙관적 편향(optimism bias)이란 개념으로 널리 알려져 있다.[85] 이 개념은 우수성 편향(superiority bias)이라고 일컬어지는 사고 착오와 밀접하게 연관되어 있다. 우리는 자신의 미래를 지나치게 낙관적으로 바라본다. 뿐만 아니라 자신이 다른 사람보다 훨씬 나은 존재라고 여긴다. 예를 들면, 자동차 운전자의 93퍼센트가 자신이 평균보다 운전을 잘한다고 생각한다.[86] 교수의 90퍼센트가 자신이 평균보다 우수한 교수법을 갖고 있으며, 85퍼센트가 특별히 인간관계를 잘

맺고 있는 편이라고 확신했다.[87] 대다수 남성들은 자기가 이성을 유혹하는 데 아주 뛰어난 재능이 있다고 여기고, 거의 모든 사람이—남성들은 물론 여성들도—자신의 모습과 가장 흡사하다고 고른 사진은 자신의 외모가 현실적으로 담긴 것이 아니라 조금 더 예쁘게 수정된 쪽이었다.[88]

대부분이 대다수의 타인보다 뛰어나다는 이런 셈법은 일반 논리에 어긋난다. 그런데도 우리는 디테일한 통계 따위는 자의적으로 무시해버리기 일쑤다. 과연 자신이 평균에 속한다고 기꺼이 믿는 사람이 있을까? 따라서 인간은 일반적으로 자신을 평균보다 똑똑하고 훌륭하고 아름답다고 생각한다고 할 수 있겠다. 더불어 평균을 잘 의식하지 않는다는 것도.

낙관주의는 와인과 같다

이처럼 자아상의 낙관적 왜곡은 자신의 장점을 강조하고 상황을 합리화함으로써 앞날이 잘 풀리리라 예상하게 한다. 자신의 미래와 가능성에 확신을 갖고 평가하는 사람은 그 자체로 기대를 실제로 이루어내는 자기실현적 예언의 준비를 마친 셈이다. 예를 들어, 대부분의 남성은 낯선 여성이 자기에게 느낄 매력을 과대평가하는 시스템을 장착하고 있다. 이런 자기기만 덕분에 그들은 여성에게 좀 더 자주 접근할 용기를 얻는다. 그만큼 자신에게 흥미를 보이는 상대를 찾아낼 가능성도 높아진다. 대담한 행보가 득이 되는 건 정치인 또한 마찬가지다. 스스로 대단한 능력의 소유자라 자부하며 자신감을 뿜어내다 보면 유권자들 마음에도 믿음이 생긴다. 평범한 재능을 지닌 배우라도 자기 재능에 대한 확신을 가지고 무명 생활을 견디다 보면 수많은 오디션 끝에 결국 카메라 앞에 설 기회를 얻는다.

하지만 낙관적 편향이 언제나 도움이 되는 건 아니라는 사실을 짚고 넘어가야겠다. 낙관적 왜곡이 지나치면 오히려 그토록 바라던 일에 방해가 될 수도 있다. 자기애가 지나친 마초는 매력적이기보다는 비웃음의 대상이 된다. 자기성찰 능력이 없는 경영진이나 정치인은 교만의 돌부리에 걸려 넘어지기 쉽다. 2011년 박사학위와 관직을 동시에 잃은 카를-테오로드 추 구텐베르크(Karl-Theodor zu Guttenberg)가 대표적이다(당시 차세대 정치인으로 독일 보수층의 사랑을 받았던 구텐베르크 장관은 2006년 제출한 박사논문에 대한 표절 건이 뒤늦게 밝혀지면서 장관직과 하원의원직을 사임하는 동시에 박사학위도 취소됨_옮긴이).

그렇다면 나에 대한 과대평가는 과연 어느 정도가 적당한 것일까? 자신에 대해 낙관하는 경향이 어느 정도일 때 도움이 되고, 어느 정도를 넘어서면 해가 되는 것일까? 이와 관련해 참고가 될 만한 사항은 앞서 말한 퓨리와 로빈슨의 연구에서 다시 찾아볼 수 있다. 이들은 소비자금융조사 결과를 토대로 낙관적 편향과 관련해 사람들을 크게 세 부류로 나누었다. 극단적 낙관주의자, 온건한 낙관주의자, 비관주의자. "당신은 얼마나 오래 살 것이라고 생각합니까?"란 질문에 대한 답변이 분류 기준이었다. 이러한 질문에 대한 개인적 답변을 현재 연령과 성별, 출신, 교육 수준, 흡연 유무 등에 근거해 보험사가 도출한 상대적으로 객관적이라 할 수 있는 예상 수명과 비교했다.

이를 바탕으로 응답자 각자의 과대평가 혹은 과소평가 경향을 나타내는 지표가 만들어졌다.* 자신의 수명을 20년 더 높게 예상한 사람들은 '극단적 낙관주의자'로 분류되었고, 응답자의 5퍼센트 정도가 이에 속했다. 그와 반대로 추정치보다 기대 수명을 짧게 예상한 사람들은 '비관주의자'로 분류되었다. 이 양극단을 제외한 대다수는 '온건한 낙관주의자'로 분류되었는데, 기대 수명을 추정치보다 몇 년 정도 더 길게 예상한 사람들이었다.

이들 중 좋은 결과를 얻은 건 온건한 낙관주의자로 분류된 사람들이었다. 이들은 좀 더 열심히 일하고, 담배를 덜 피고, 더 절약했다. 반면 극단적 낙관주의자들은 게으르고 부주의했다. 이들은 일을 덜 했고, 흡연에도 관대했으며, 돈은 단기간만 저축하거나 손에 들어오는 즉시 써버리곤 했다. 아무래도 괜찮을 거란 과도한 낙관적 믿음을 가지고 되는 대로 살았다. 마치 엠파이어스테이트 빌딩 100층에서 떨어지는데 50층쯤에 이르러서도 "지금까진 괜찮은데!"라고 말했다는 농담 속 주인공처럼.

---

* 기대 수명에 대한 오판이 낙관주의 정도를 가늠하는 척도가 될 수 있다는 사실을 심리학 테스느에 반영시켜 읽어낸 것이나.

긍정적 사고도 과하면 나쁘다는 말이다. 과한 용량의 낙관주의는 도움이 되기는커녕 삶을 망친다. 종종 희망이 거의 없는 것보다 너무 많은 게 더 나쁠 때가 있다. 율리아네 쾨프케가 조금 있으면 구조대가 나를 발견하겠구나 하는 낙관적 믿음에만 매달려 추락 지점에 앉아 그저 기다리기만 했다면 그녀는 죽음을 면치 못했을 것이다. 나는 의심할 여지 없이 건강해서 암 따위에는 걸리지 않을 거라고 믿는 사람은 건강검진을 받지 않는다. 이런 사람일수록 어느 날 암이 상당히 진행된 상태라는 진단을 받을 가능성이 높다. 경제가 꾸준히 성장 중이고, 주가가 계속 오를 것이라고 굳게 믿는 사람은 증시가 폭락했을 때 다른 사람들보다 더 많은 피해를 입을 것이다. 이에 퓨리와 로빈슨은 이렇게 말했다. "낙관주의는 와인과 같다. 하루에 한 잔은 건강에 이롭다. 하지만 하루에 한 병은 건강을 망친다."

탈리 샤롯은 무엇보다 긍정적 미래관이 집단적으로 작용할 때 "그 위험성이 가중된다"고 경고한다. 한눈에 들어오는 작은 집단에서 활동할 때는 낙관주의를 적정 정도로 발전시킬 수 있다. 하지만 금융과 통상이 세계적으로 촘촘하게 얽힌 오늘날에는 낙관주의가 과욕과 과장으로 변질되기 십상이다.

예를 들어, 경제학자들은 2008년 금융위기를 과도한 집단적 낙관주의의 산물이라고 분석했다.[89] 대출로 마련한 주택의 가치가 계속 유지되리라고 믿어 의심치 않는 미국인들이 너무 많았다. 이들에게 대출을 제공한 모기지 은행들 또한 부동산 가격이 꾸준히 상승할 가능성이 높은 것처럼 연기했다. 평가기관과 금융 분석가, 정치인들도 하나같이 긍정적 전망을 내세웠고, 반대의 가능성을 두고는 아무 대비도 하지 않았다. 거품이 꺼질 때까지, 부동산 가격이 곤두박질치고 방만한 대출로 은행들이 도산할 때까지 모두가 무방비 상태였다.

긍정적 공상과 성공 가능성의 상관관계

하지만 와인과 달리 낙관주의의 적정량을 측정하는 건 쉬운 일이 아니다. 너무 많이 마셨다는 것을 무엇으로 알 수 있을까? 그리고 취기에서 깨어나려면 어떻게 해야 할까?

심리학자 가브리엘 외팅겐(Gabriele Oettingen)의 연구는 이와 관련해 훌륭한 기준점을 제시한다. 현재 뉴욕 대학교와 함부르크 대학교를 오가며 학생들을 가르치는 그녀는 낙관주의의 취기에서 깨어났던 경험을 갖고 있다. 1980년대 후반 외팅겐은 긍정심리학의 선구자이자 입안자인 마틴 셀리그만(Martin Seligman) 팀에 속했었다. 하지만 차츰 셀리그만 연구의 전제가 절대적으로 유효한지 의심이 들었던 그녀는 결국 자신만의 연구를 진행하기에 이르렀다.

외팅겐은 무엇보다 희망과 낙관주의, 확신을 구별 없이 다루는 셀리그만의 방식에 혼란을 느꼈다. 그녀가 생각하기론, 사람이 단순히 낙관적으로 모든 것이 잘될 것이라는 믿음으로 아름다운 미래를 꿈꾸는 것과 녹록지 않으리란 예상에도 희망을 잃지 않는 것 사이에는 엄청난 차이가 있었다. 이에 그녀는 긍정적 공상과 소원 이 이뤄질 것이라는 희망의 영향을 연구하기 시작했다.

일단 외팅겐은 긍정적 사고의 전제에 입각해 긍정적 공상이 개인의 희망을 이루는 데 도움이 될 것이란 가정에서 연구를 시작했다. 그러나 비만 여성을 대상으로 체중 감량 프로그램을 실시하고, 그 과정에서 긍정적 사고의 효과를 측정하려던 1991년의 첫 실험에서부터 이 가정은 완전히 뒤집혔다. 프로그램 종료 후 긍정적 상황을 예상했던 참가자들의 체중 감량 정도가 회의론자들에 비해 못한 것으로 나타난 것이었다. 외팅겐은 "처음엔 내가 해석을 잘못했거나 측정을 잘못했다고 생각했다"라고 말했다. "하지만 다음 실험에서도 비슷한 결과가 나왔다. 대학 마지막 학기를 맞은 학생들을 대상으로 졸업 후 멋진 앞날이 펼쳐질 것이라 믿는 부류와 부정적으로 생각하는 부류를 나누고 2년이 지난 다음 소득을 조사해보니 멋진 앞날을 꿈꾼 부류의 소득이 더 낮았다."[90]

이 결과를 어떻게 설명할 수 있을까? 외팅겐은 긍정적이기만 한 꿈은 오히려 역효과를 낸다고 해석했다. "정신적으로 이미 성공을 먼저 맛본 사람은 더 이상 애쓸 필요가 없을 것 같은 기분을 느낀다. 이미 즐거움을 느꼈기 때문이다."

외팅겐은 다음으로 진행한 실험에서 소원이 성취된 순간을 상상하는 동시에 그 길에 버티고 서 있는 장애물도 함께 고려한 피실험자들이 가장 큰 성공을 거뒀다는 사실을 발견했다. 외팅겐은 이를

'정신적 대조(mental contrasting)'라고 표현했다. 이는 목표만이 아니라 그 목표를 이루는 길에 놓인 모든 문제와 내면의 장애물까지도 고려하는 태도를 뜻한다. 그래야 어려움을 극복할 수 있는 방법을 찾을 수 있다. "최선을 희망하되 최악을 대비하라"는 영국 속담과도 딱 맞아떨어진다.

미국에서도 활동한 연구자답게 외팅겐은 이론적 연구에만 머물지 않았다. 그녀는 연구 결과를 자기계발 기술로 발전시키고 접근이 쉽도록 개발했다. 스마트폰 어플리케이션으로도 만나볼 수 있는 '우프(WOOP)'가 바로 그것이다. 'WOOP'는 소원(wish), 결과(outcome), 장애물(obstacle), 계획(plan)의 앞글자를 따서 만든 말이다. 이 프로그램의 의도는 사람들로 하여금 목표뿐 아니라 그 목표를 막아서는 장애물도 함께 파악하게끔 돕는 것이다. 동시에 장애물을 만났을 때 느낄 현실적인 감정도 예상할 수 있게 한다. 이른바 적절한 계획을 세워 장애물을 넘을 수 있도록 도와주는 훈련이다.[91]

확신은 인생이 예측 불허임을 인정하는 것

낙관주의, 긍정적 사고와 관련해 지금까지 소개된 연구 결과를 종합해보면 다음과 같다. 확신적 태도는 흔히 자기실현적 예언처럼 작용한다. 미래를 향한 긍정적 태도는 자연스럽게 소망을 이루는 데 필요한 조치들을 행동으로 옮기도록 만든다. 그렇다고 모든 종류의 낙관주의가 도움이 되는 것은 아니다. 극단적 혹은 과도한 긍정적 사고는 정반대로 작용해 오히려 생산성을 갉아먹는다. 따라서 낙관주의는 와인처럼 적정량만 취하는 게 유익하다. 또한 어려움과 장애물을 정면으로 바라보는 사람만이 목표에 다다를 수 있다.

이를 통해 우리는 다음과 같은 결론을 얻을 수 있다. 책의 서두에서 말한 확신의 정의와도 맞아 떨어지는 결론이다. 확신은 온건한 낙관적 태도이자 '자기 앞에 수많은 적들이 버티고 있다는 가슴 아픈 사실을 아는 것'이라고.

무엇보다 확신의 개념에는 긍정적 사고가 무시하기 쉬운 한 가지 요소가 더 포함되어 있다. 사실 스스로 '긍정적 사고 플러스'라고 하는 외팅겐의 방법론조차 결국 어떤 목표에 매달린다는 점에선 다른 자기계발 훈련과 다를 바가 없다. 모두가 목표에 이르는 것, 장애물을 극복해 결국 성공하는 것에 집중한다. 하지만 문제가 극복할 수 없을 만큼 심각해서 마음을 단단히 먹어도 힘들 때가 있지 않은가? 또는 전력을 다했는데도 결코 이룰 수 없는 목표임을 깨닫게 되는 경우도 있다. 그동안 간절히 바라오던 것이 사실은 전혀 가당치 않은 것이었음을 인정해야 한다는 결론에 이르렀을 때는 어떻게 해야 할까?

야쿠바 사와도고는 일부 몰지각한 사람들 때문에 인생의 역작이 한순간에 망가지는 걸 바로 앞에서 지켜봐야 했다. 스티븐 호킹은 불치의 근육병에 걸렸다는 어쩔 수 없는 현실을 받아들여야 했다.

이런 부분들은 목표 달성에 관한 희망과는 별 상관이 없다. 실패의 요소에도 영향을 받지 않는 보다 근본적인 희망과 관련이 있다. 이들에게는 때로는 불가피한 조건을 수용하고, 필요하다면 원래의 의도와는 다른 목표까지도 받아들여야 하는 긍정적 태도가 요구되었다.

긍정적 사고에 관한 연구는 많지만 이런 종류의 근본적 확신에 관한 연구는 거의 없다. 실패의 가능성이 항상 함께한다는 사실을 인정하는 태도는, 올바른 방법을 따르면 그 어떤 목표도 실현할 수 있다는 약속만큼 화려하지 못하기 때문이다. 특히 경영계에서는 일반적으로 성공담만 듣고 싶어 할 뿐, 우발적 상황에 대해서는 큰 관심을 보이지 않는다. 사람의 인생이란 본래 개방적이고 불확실해서 제아무리 훌륭한 계획이라도 종종 좌절되는 경우가 있다는 사실은 그저 무시될 뿐이다. 하지만 우리의 일상을 돌아보자. 자기계발서, 스포츠 채널, 잡지의 화보가 끝없이 그려내는 승리의 순간보다는 어려운 순간을 마주할 때가 훨씬 많지 않은가. 심지어 매일 중계되는 스포츠의 경우 어느 한쪽은 꼭 패배하게 마련이다. 그렇기에 현실에서는 피상적인 긍정적 사고보다는 근본적 확신이 훨씬 더 유용하다.

그래서 지오반니 마이오(Giovanni Maio)는 가브리엘 외팅겐과는 전혀 다른 방식으로 희망이란 주제를 다루었다. 이탈리아 태생인 그는 현재 독일 프라이부르크 대학교에서 생명의학윤리학과 교수로 재직 중인데, 그가 주장하는 것은 자신의 책 제목이기도 한 '희망의 기술(Die Kunst des Hoffens)'이다.[92] 그 핵심은 '실현 가능성을 깅

요하는 생각에서 신중함의 도덕으로' 사고를 전환해야 한다는 것이다. 그는 현대 의학에 대한 잘못된 종류의 희망이 어떤 결과를 불러오는지를 자주 목격했다. 사람들은 현대 의학으로 그 어떤 병도 고칠 수 있고, 그 어떤 고통도 없앨 수 있다는 희망을 품는다. "우리의 의학은 고도로 효과적이고 완벽주의적이며 행위 지향적이다. 문제가 생기면 제일 먼저 행동주의가 발동한다. 환자들은 모든 병에 효율적인 치료법이 있다고 생각한다."[93]

그래서 병원을 찾는 환자 대부분은 치료를 받으면 현재 겪고 있는 증상이 손바닥 뒤집듯 사라지고 완전히 건강한 모습으로 병원에서 나갈 수 있으리란 희망을 갖는다. 그러나 그 희망이 실현되지 않을 때, 말하자면 치료가 생각보다 길어지거나 통증이 거의(혹은 완전히) 완화되지 않을 때 이 순진한 희망은 산산조각이 나고, 그 자리에는 더 깊은 절망이 둥지를 튼다. 그래서 마이오는 '치료에 대한 편협한 욕심'이 치명적이라고 말한다. "의사는 환자가 병이 치료되지 않는 상황에서도 미래를 그릴 수 있다는 사실을 깨닫게 하고, 인생이 당장 어떻게 되는 것처럼 느끼지 않도록 안내해야 한다."

이른바 '암 정복'은 의학계가 품은 잘못된 희망의 대표 격이다. 장기간 의학계의 도전과제 목록의 최상단을 차지하고 있는 암 정복과 관련해 입에 착 붙는 선전문구들이 끊임없이 만들어져왔다. 미국 대통령 리차드 닉슨은 1971년 '암과의 전쟁'을 공식 선포했다. 그때부터 가능한 치료법 연구와 개발에 흘러들어간 돈이 미국에서만 2000억 달러(약 240조 원)가 넘는 것으로 추정된다. 하지만 닉슨이 암과의 전쟁을 선포한 지 40년이 다 되도록 여전히 암은 정복되지 않았다. 통계학자들의 산출에 따르면 세계적으로 매년 새로 발견되는 암 발병 건수는 1500만 건 정도다. 그리고 매년 800만 명 이상이 악성종양으로 죽는다.[94] 아이러니하게도 의학 기술이 발달하면서 암 문제가 크게 부상했다. 간단한 검사를 통해 암을 조기에 발견할 수 있게 되었기 때문이다. 덕분에 암 진단을 받는 사람도 늘어났다. 건강검진을 받으러 갈 때 '혹시 나도?' 하며 걱정을 해본 사람이 한둘이 아닐 것이다. 자, 이쯤에서 앞서 던진 질문을 상기해보자. 당신이 암 진단을 받을 가능성은 얼마나 될까?

당신이 살면서 암 진단을 받게 될 확률은 50퍼센트다. 당신이 예상한 수치는 얼마였는가? 혹시라도 이렇게 높을 줄 예상했는가? 그나마 위로가 되는 구석은 대부분 고령에 이르러서 암 진단을 받는다는 사실이다. 평균적으로 여성은 69세, 남성은 70세에 암 통보를 받는다. 다행히도 암환자가 생존할 확률 또한 높아지고 있다. 로버트 코흐 연구소(Robert Koch Institute)에 따르면 "지난 30년간 암환자의 생존 확률은 엄청나게 상승해왔다"고 한다.[95]

삶의 마지막까지 희망을 유지할 수 있다면

그간 많은 전문가가 암과의 전쟁에서 언젠가는 인류가 이길 것이라는 희망을 오랫동안 견지해왔다. 이를 두고 노르웨이의 의학

박사인 야를 브라이비크(Jarle Breivik)는 수십 년간 대중을 속여서 믿게 만드는 데 성공해왔지만 "그것도 조만간 들통 날 것"이라고 주장했다. 그는 신문 기고를 통해 그동안 많은 돈을 암 치료 연구에 쏟아 부었지만, 결정적인 암 치료제는 단 한 번도 개발된 적 없다며 이제는 "우리가 암을 정복할 수 없다"는 것을 인정해야 할 때라고 말했다. 비록 관련된 산업이 '모든 수사학적 기교'를 동원해 '그 주제에 대한 정확한 인식을 방해'하고 있을지라도 말이다.[96]

하지만 암에 대한 의학계의 태도는 다르다. 암환자들은 끝에 다다랐음이 확실한 순간에도 부담스러운 항암요법을 재차 권유받는다. 지오반니 마이오는 항암요법을 3차, 4차까지 진행하는 것은 대부분 존재론적 대화를 피하고자 하는 암전문의들의 회피책이라고 비판한다. 그 정도면 의학적으로 조치할 방법이 더 이상 없음을 엄정하게 인정하고 항암요법을 중단해야 한다는 것이 그의 주장이다. 삶의 끝에 다다른 환자들에겐 가족들과 함께 조용히 이별을 받아들일 시간을 갖는 것도 매우 중요하기 때문이다.

하이델베르크 대학병원 산하 의학심리학연구소 소장을 역임한 롤프 페레스(Rolf Verres) 또한 비슷한 의견을 보인다. 암환자, 중환자, 임종 직전의 환자들과의 대화를 통해서 그가 발견한 '결정적으로 중요한 것'은 마지막 순간까지도 '희망을 유지하는' 능력이었다. 다시 건강해지리란 희망을 뜻하는 것이 아니다. 그들이 마지막까지 품은 것은 그보다 훨씬 더 깊은 희망으로 페레스는 이를 '근원적 생의 의지'와 연관된 것으로 해석했다. 더는 회복을 바랄 수 없는 이들에게도 희망이 있었다. "사랑받으리란, 인도될 것이란, 보호받을 것이란, 고통으로부터 해방되리란, 그리고 또 다른 여러 희망이."[97]

결정적으로 중요한 것은, 인생에는 그 어떤 긍정적 상상으로도 도움이 되지 않는 상황이 있음을 분명히 이해해야 한다는 점이다. 확신에 찬 접근법으로도 비관적 현실을 바꿀 수 없을 때가 있다. 불치병이나 가족의 죽음이 그렇다. 그런 순간에서조차 선의랍시고 긍정적 사고를 권하는 사람이 있는데, 슬픔에 빠진 사람들에게는 차갑고 냉정하게 느껴진다. 그런 때는 자연스러운 인간적 반응을 따르는 편이 낫다. 그 사람을 안아주고, 슬픔을 나누고, 어떻게 해줘야 지금 상황을 견디는 데 도움이 될지를 구체적으로 물어보는 것이다. 이럴 땐 그런 단순한 인간적 공감이 최선이다. 그럼으로써 오히려 인간적 온정에 대한 확신이 서서히 퍼져갈 것이다.

꿈꾸는 소년들의 홍보대사, 알리 마흐로드히

ALI MAHLODJI

모두가 대놓고 비웃었다. 열네 살 알리 마흐로드히가 처음으로 원대한 포부를 밝혔을 때, 주변 사람들은 반대부터 하고 나섰다. 소년 마흐로드히는 "안 돼, 안 돼" 또는 "아무도 그런 데 관심 없어"란 말을 귀에 딱지가 앉도록 들었다. 하지만 그는 "그 일이 그렇게 쉬웠으면 이미 누군가 했겠지"라며 그 말들을 귓등으로 넘겼다.

그렇다, 사람들은 그를 잘못 봤다. 소년의 꿈은 오늘날 매출 수백만 유로를 자랑하는 기업으로 실현되었다. 50명이 넘는 다양한 국적의 직원들, 수많은 대기업으로부터 오는 러브콜. 마흐로드히가 설립한 인터넷 기업 '와차두(Whatchado)' 사이트엔 매달 100만 명이 넘는 사람들이 접속해 자신의 진로를 찾는 데 도움을 받고 있다. 그리고 수많은 장애물을 헤치고 자신의 아이디어를 현실로 만든 마흐로드히는 많은 사람의 롤모델이 되었다. 그는 각종 회의에 연사로 초청돼 세계 각국을 누비고 있으며, 2013년부터는 유럽연합이

지정한 '청년대사(Youth Ambassador)'를 맡고 있다. 청년들에게 확신을 전할 수 있는 사람이 있다면 바로 이 남자, 야구 모자에 헐렁한 옷을 입은, 난민 출신의 자퇴생에서 성공한 사업가이자 카운슬러가 된 마흐로드히일 것이다.

이 모든 것은 단순한 생각에서 비롯되었다. "자기가 좋아하는 동물이나 책에 대해 쓰는 문집이나 교환일기 알아요? 내가 생각한 것도 그런 거예요. 저마다 자기 인생 이야기를 풀어놓을 수 있는 엄청 두꺼운 책을 만들자고 생각한 거죠." 다만 거기에 적는 내용은 달랐다. 좋아하는 동물이나 음식이 아니라, 직업이나 관심사와 관련해 자신이 매일 어떤 일을 하는지를 적는 것이었다.[98] 이는 열네 살의 마흐로드히에게 꼭 필요한 일이었다. 그는 이 세상에서 자신에게 알맞은 자리를, 그 자리에 이르기까지 본보기가 될 만한 사람을 찾고 있었다.

1981년 테헤란에서 태어난 마흐로드히의 인생은 일찍부터 뒤죽박죽이 된 상태였고 앞날이 보이지 않았다. 그가 두 살이 되던 해, 부모님은 생명의 위협을 느끼고 이란에서 도망쳐 나왔다. 호메이니 정권에 저항하는 시위에 참여했기 때문이다. 이들 가족은 번듯한 직장과 집을 고스란히 테헤란에 남겨두고 빈털터리 난민이 되어 오스트리아로 들어왔다. 처음엔 난민 수용소에 머물다가 나중에는 빈 외곽의 누추한 집들을 전전했다. 아버지는 슈퍼마켓에서 빈병을 분리수거하는 일을 했다. 어린 알리에겐 정체성도 전망도 없었다.

열두 살 때, 부모가 이혼하자 소년의 세계는 무너져 내렸다. 밀을 더듬기 시작했고, 학교에선 '요주의 인물'로 찍혔다. 진로 적성 수업에서 무엇이 되고 싶으냐는 질문을 받았을 때 아무 생각도 떠오르지 않았다. 그러다 문득 각자의 인생살이를 엮은 핸드북에 관한 아이디어가 떠올랐다. '세상 모든 학교에 한 권씩 그 책을 비치하면 어떨까. 직업이 있는 사람이 저마다 자신의 일과 이력, 생활을 바탕으로 그 직업에 관한 질문에 답변한 내용을 담은 핸드북을.' 이런 책이 있다면 그 안에서 내게 딱 맞는 한 인물을 찾아내는 것이 가능하리란 생각이 들었다. 즉 그가 머릿속에 떠올린 것은 일종의 종합 진로 안내서였다. 그것도 세상의 모든 직업을 담은.

하지만 그의 설명을 들은 교사는 이를 비웃었다. "매우 훌륭한 발상이야, 알리. 하지만 애석하게도 너무 비현실적이구나." 무슨 수로 그 많은 사람들에게 연락할 것이며, 그걸 또 어떻게 인쇄하겠는가? 누구도 현실적으로 가능한 일이라고 생각지 않았다. 오직 알리만이 할 수 있다고 믿었다. 그는 열 살 때 아버지가 해준 조언을 잊은 적이 없었다. 아버지는 알리에게 어른들의 조언은 '기본적으로 그 사람 개인의 과거에서 비롯된 지식에 불과'하니 크게 신경 쓰지 않아도 된다고 말해주었다. 어른들은 자신의 과거를 바탕으로 미래를 예견할 수 있으리라 생각하지만, 세상이 어디 그런가. "당신이 저 세상 바깥으로 나갔을 때 실제로 어떤 일이 벌어질 것인지, 당신 앞에 어떤 기회가 열릴 것인지 알고 싶다면 직접 움직이는 수밖에 없다. 나가서 직접 몸으로 부딪혀야 한다."

알리가 학교의 정규 수업을 실생활과 동떨어진, 재미없는 것으로 받아들인 것도 당연하다. 그는 시간표와 수업 내용을 문제 삼았고, 번번이 교사들과 대립했다. 말을 더듬는 것은 스스로를 실패작으로, '고장 난 시스템'으로 생각하게 만들었다. 졸업을 위한 구두시험에 시험관뿐 아니라 같은 반 학생들도 참석해서 듣는다는 걸 알게 되자 그는 패닉에 빠졌다. 그는 자퇴해 영원한 실패자로 낙인찍히는 길을 선택했다. 알리는 그의 자서전 《그래서 무슨 일 하니Und was machst du so?》를 통해 "이름 알리, 성은 발음할 수 없음. 난민이자 외국인……. 이 많은 트로피도 모자라 '자퇴생'이란 타이틀까지 붙였다"고 당시 상황을 설명했다.[99]

그런 그에게도 남들보다 뛰어난 점이 한 가지 있었다. 직업 경험에 관해서만큼은 알리를 따라올 자가 없었다. 열네 살부터 아르바이트를 시작한 그는 안 해본 것이 없었다. 여름방학엔 공사장에서, 겨울방학엔 패스트푸드점에서, 학교가 쉬는 토요일엔 슈퍼마켓에서, 일요일엔 극장에서 일했다. 우편배달부, 컨베이어벨트 관리인, 청소부, 스포츠 용품 테스터, 판매직원, 객실 관리인 등 그가 경험해본 직업은 마흔 가지가 넘었다. 이런 다양한 일을 통해 그는 새로운 관점을 얻으며 많은 것을 깨달았다.

하지만 자퇴 후에 그는 '세상 최악의 직업'을 경험하게 되었다. 한 제약업체에서 일하게 되었는데, 각종 약품 더미 속에서 지내야 했을 뿐 아니라 사장이 마음 내키는 대로 직원들을 괴롭히는 걸 견뎌야 했다. 무섭고 인권이 유린당하는 현장에서 마흐로드히는 어금니를 꽉 깨물었다. 저녁이면 자기계발서를 읽으며 실리콘밸리에 취직

하는 꿈을 꾸는 낙으로 버텼다.

당시엔 순진하고 터무니없어 보이던 그 꿈이 그의 동력이 되었다. 마흐로드히는 "생각의 창조적 힘이 기업을 탄생시킨다"라는 말에 감명을 받아 "언젠가, 어떻게든 내 꿈을 실현시키리라"는 확신을 키웠다. 이러한 확신 덕에 그는 열정 어린 에너지와 결단력을 발휘할 수 있었고, 마침내 사장의 눈에까지 들게 되었다. 사장은 1년 만에 그를 생산부 대리로 발령을 냈다. 예상치 못한 승진은 알리의 꿈에 날개를 달아주었다. 그는 중단했던 학업을 이어나가기 위해 야간학교에 진학했다. 전공은 소프트웨어 개발이었다.

질투 어린 회사 동료들의 심술궂은 잔소리가 뒤따랐지만, 그는 간단히 무시하고 강한 의지로 풀타임 직장과 야간 학습이라는 두 가지 일을 감당했다. 유일하게 친구 마르쿠스가 버팀목이 되어주었다. 알리와 마르쿠스의 컴퓨터 바탕화면에는 "만약 지옥을 통과하는 중이라면 멈추지 말고 계속 가라"고 한 윈스턴 처칠의 좌우명이 깔려 있었다. 그로부터 3년 후, 마침내 알리는 야간학교를 졸업했다. 거의 동시에 회사에서도 승진 발령이 났다. 하지만 그는 승진 대신 빈전문대학 정보처리학과에 입학해 IT업계에서 직업을 갖겠다는 꿈을 향해 한 발 더 나아가는 쪽을 택했다.

당시 그의 눈엔 미국의 선 마이크로시스템이 세상에서 가장 멋진 IT기업으로 보였다. 그래서 지원서를 보내고 또 보냈다. 관련 경력이 없는 그에게 선 마이크로시스템은 계속해서 낙방을 통보했지만 그는 흔들리지 않았다. "탈락 통보는, 근본적으로 따져보자면,

그 길로는 목표에 다다를 수 없다는 사실을 알려주는 표지판과 같다." 스스로에게 이렇게 말한 그는 묵묵히 계속해서 지원서를 보냈다. 그뿐 아니라 그는 선 마이크로시스템에서 주최하는 모든 무료 행사에 참여하고, 주문할 수 있는 것은 뭐든 주문했다. 제품 설명서가 됐든, 교육용 카탈로그가 됐든. 그리고 받은 것은 무엇이든 상세히 연구했다. 그렇게 언젠가는 그 기업의 일원이 되겠다는 인생의 포부를 지켜나갔다.

그리고 마침내 동화 같은 일이 벌어졌다. 어느 날 선 마이크로시스템 마케팅부로부터 전화가 걸려온 것이다. 전화를 건 마케팅 직원은 빈에 사는 한 미친 팬이 70번이 넘게 입사 지원했다는 사실이 본사에 알려졌다고 전했다. 마흐로드히는 미친 짓을 한 자신을 자책했지만, 직원에게서 나온 다음 말은 예상 밖이었다. 야망 있는 자에게 기회를 주자는 것이 선 마이크로시스템의 경영 철학이니 곧 베를린에서 열릴 박람회에 그를 초대하겠다는 것이었다. 입장료, 숙박료 모두 회사가 부담하는 조건으로. 마드로드히에게 천국의 문이 열린 것이다.

그는 지체 없이 박람회장으로 날아갔다. 그리고 몇 사람과 대화를 나눴고, 바로 그 자리에서 인턴십 제안을 받았다. 일정 기간 근무한 이후 정규직으로 전환되는 조건이었다. 마흐로드히의 적극적인 태도와 열정을 회사가 긍정적으로 받아들인 것이다. 이전의 자퇴생은 이제 제대로 된 출셋길에 올랐다. 그는 승진했고, 지멘스로 한 번 이직했다가, 다시 선 마이크로시스템으로 돌아왔다. 그동안 연봉은 계속 상승했고 성과도 쌓였다. 동시에 적과 스트레스도 늘어났다. 고공행진을 거듭하는 동안 아버지가 세상을 떠났다. 이 일은 그에게 새로운 각성의 계기가 되었다.

그간 자신의 삶을 돌아보니 자신이 얼마나 큰 스트레스에 쌓여 있었는지, 공격적으로 일해온 것이 자신에게 얼마나 큰 부담으로 작용했는지를 알 수 있었다. 이젠 한계라는 생각이 들었다. 자신의 인생이 두툼한 월급봉투와 멋진 자동차보다 더 중요하다고 여겨졌다. 그는 회사의 임원 자리를 내놓았다. 대신 작은 온라인 에이전시에 입사했다. 그곳 사장과는 오래전부터 친하게 지내던 사이였다. 그리고 부업으로 빈의 한 고등학교에서 보조교사로 일했다. 그곳에서 아무 계획 없이 살아가는 청소년들을 만나 가르치는 일을 하다보니, 옛날 자신의 핸드북 아이디어가 다시 떠올랐다.

그런 식의 '인생살이 위키피디아'가 생긴다면 방향을 잃은 청소년들이 직업을 선택하는 데 큰 도움이 되지 않을까. 하지만 또다시 이쪽저쪽에서 실현되지 못할 프로젝트란 평가를 쏟아냈다. 마흐로드히는 이번에도 "그 일이 쉬웠다면 실리콘밸리에서 누군가 벌써 하고도 남았겠지"라며 귓등으로 흘려버렸다. 그는 2011년 오스트리아 창업 경진대회에 이 구상안을 제출했고, '관객상'을 받았다. 상금으로 비디오카메라 한 대를 산 그는 아는 청소년 몇몇을 촬영하기 시작했다. 첫 번째 인터뷰 비디오는 엉망진창이었다. 너무 길고 횡설수설이었다. 하지만 그는 흔들리지 않았다. 파티에서 사람들을 만날 때마다 그는 진담 반 농담 반으로 자신이 세상을 구할 거라고 말하고 다녔다. 사람들 하나하나에게 그들의 미래를 보여줌으로써 한 명씩이라도 인생을 구하겠다고.

이런 마흐로드히의 구상이 오스트리아 국영 라디오(ORF) 직원의 귀에 들어가게 되었고, 보도 제안을 해왔다. 하지만 그때까지도 마흐로드히에겐 구체적이지 않은 구상과 다듬어지지 않은 계획밖에 내보일 게 없었다. 그럼에도 보도 제안에 그는 솔깃했다. 그는 급하게 웹사이트를 하나 만들고 첫 번째 인터뷰 비디오를 업로드했다. 웹사이트 이름은 와차두. '무슨 일을 하니(What do you do)?'라는 뜻의 미국 슬랭에서 따온 것이었다. ORF는 그의 사업을 보도했고, 얼마 지나지 않아 세간으로부터 반응이 왔다. 맥도널드 같은 회사에서 자기 직원들을 웹사이트에 소개하려면 비용이 얼마나 들겠느냐며 문의해오기 시작한 것이다. 그렇게 마흐로드히의 직종 사이트는 갑자기 시작되었다. 처음엔 혼자서 취미 삼아 하던 것이 2012년에는 정식 회사를 차릴 정도로 규모가 커졌다.

오늘날 와차두는 직종에 관한 수천 개의 영상을 제공한다. 매달 백여 개의 영상이 새로 업로드된다. 사이트를 방문한 사람은 먼저 자신이 생각하는 완벽한 직업의 형태를 파악하기 위한 14가지 질문에 답해야 한다. 출장을 많이 다니길 원하는가, 아니면 사무실에 앉아 있는 게 좋은가? 수입이 중요한가, 아니면 일에서 느끼는 재미가 중요한가? 정신적 노동이 나은가, 육체적 노동이 나은가? 응답에 따라 겹치는 게 많은 영상 한 편이 추천된다. 그 사람이 생각하는 완벽한 직업과 가장 비슷한 일을 하고 있는 사람을 화면으로 만나게 되는 것이다.

와차두의 팔레트에는 우주비행사에서부터 유튜버, 마술사에 이르기까지 매우 다양한 직업군이 담겨 있다. 3~5분짜리 영상에 등장하는 인물들은 모두 똑같은 일곱 가지 질문에 대한 답을 한다. 열네 살의 나에게 세 가지 충고를 한다면? 나의 직업에선 무엇이 가장 중요한가? 나의 명함에는 무엇이라고 적혀 있는가? 나의 직업에서 가장 멋진 점은? 나의 직업에서 애로사항은 무엇인가? 나의 이력은 어떠한가? 다른 일을 하게 된다면? 인터뷰이는 꾸밈없이 진솔하게 정보를 전달하고 자신의 직업적 일상을 설명해준다. 모든 인터뷰는 특정 개인에 관한 것일 뿐 특정 기업을 광고하는 용도로는 쓰이지 않는다.

2015년에 마흐로드히는 오랜 친구이자 공동 창업자인 유빈 호나르파르(Jubin Honarfar)에게 CEO 자리를 넘겨주고, 자신은 '대표 스토리텔러(Chief Storyteller)'로 전 세계를 돌아다니는 편을 택했다. 끊임없이 이곳저곳을 돌아다니며 때론 고위급 경영자들을 상대로, 때론 일반 학생들 앞에서 강연을 한다. 우리에게는 저마다 생각지 못한 잠재력이 있으며, 가끔은 그게 어디 있는지조차 알지 못할 때가 있지만 결국 찾을 수 있다는 이야기를 들려주는 것이다. 마흐로드히는 직접 업로드한 와차두 영상을 통해 자신의 소명은 사람들이 스스로 도울 길을 찾도록 도와주는 데 있다고 밝혔다.[100]

요즘 마흐로드히는 '사람들에게 영감을 주고 행동하게 만드는 일'을 하고 있다. 그의 자유분방한 옷차림과 진솔한 태도, 유머러스하고 낙천적인 면들은 하나같이 청소년들에게 다가가기에 안성맞춤이다. 언젠가 강연을 했던 학교의 학생들로부터 받은 감사편지에는 누군가로부터 이해받는 느낌이었다는 내용이 적혀 있었다고 한다. 이전의 자퇴생이 지금은 명실상부한 확신의 홍보대사가 된 것이다.

4장

창의력은 불확실성 속에서 발휘된다

당신이 지금껏 알리 마흐로드히란 이름을 들어본 적이 없었다고 해도 이 이야기 자체는 익숙하게 느낄 수 있다. 웃음거리이던 아웃사이더가 큰 꿈을 좇아서 사람들의 생각과는 다른 방향으로 걸어간 끝에 마침내 훌륭한 본보기가 되었다는 스토리는 전형적인 성공신화다. 그만큼 성공과 혁신은 그 어떤 것에도, 그 누구에 의해서도 흔들리지 않는 강한 확신에서 비롯된다는 뜻이기도 할 것이다.

최고의 아이디어는 소년기 혹은 청년기에 품었던 꿈에서 나올 때가 있다. 이때의 발상을 기반으로 평생의 삶을 꾸려가는 경우도 있다. 이는 편견 없이 매사를 새롭게 바라볼 수 있는 젊음의 장점 때문이다. 그래서 수많은 혁신이 젊은이들 머릿속에서 싹을 틔울 수 있었다. 덕분에 실리콘밸리가 지금의 명성을 누릴 수 있게 된 것이다. 스티브 잡스는 스물한 살에 스물다섯 살의 스티브 워즈니악과 함께 애플을 창업했다. 빌 게이츠는 스무 살이 채 되지도 않았을 때 마이크로소프트 사를 설립했다. 휘트니 울프(Whitney Wolfe)는 스물두 살에 데이팅 앱 틴더(Tinder)를 개발해 대성공을 거두었다.

휘트니 울프는 다른 인물들과는 달리 아직 덜 알려진 편이지만, 알고 보면 그녀 역시 흥미로운 역사를 갖고 있다. 울프는 틴더를 개발한 지 2년 만에 회사를 떠났다. 자신이 세운 회사에서 성적인 모욕과 차별을 당했기 때문이다.

회사를 떠난 바로 그해, 스물네 살의 그녀는 새로운 데이팅 앱 범블(Bumble)을 내놓았다. 범블은 상대방에 대한 접근 권한을 여성에게만 허락해 여성이 외설적이고 성차별적으로 관찰되는 상황을 막았다. 출시된 지 얼마 되지 않아 범블은 미국에서 가장 빨리 성장한 데이팅 앱으로 인정받았고, 그 사이 결혼을 해 '허드(Herd)'란 성을 추가한 휘트니 울프는 '디지털 데이팅 업계의 여왕'이라는 찬사를 받게 되었다.[101]

그녀는 경멸적 댓글이 얼마나 쉽게 상대방을 망치며 동요하게 하는지를 경험을 통해 알고 있었다. 울프는 "다른 사람들이 그런 경험을 하지 않게 도와주고 싶었다. 그렇게 하려면 자기결정이 정말 중요한 역할을 한다고 생각했다"라고 말했다. 그녀는 "그것이 무엇인지 확실하지 않을 때부터 항상 어떤 식으로든 세상을 위한 역할을 하는 것"을 꿈꿔왔다. 그리고 일단 길을 나서니 목표가 눈에 들어왔다. 양성이 동등한 권리를 누리는 세상이라는 목표.[102]

청년기에 신대륙을 발견한 사람들

　예술 혹은 창작 분야에서도 이와 비슷한 일이 일어난다. 비틀스의 성공은 열일곱 살 존 레논이 만든 학교 밴드에 열다섯 살 폴 매카트니가 들어오면서 시작되었다. 롤링스톤스의 믹 재거와 키스 리처드는 열일곱 살 때 만나 함께 음악을 하기로 마음먹었다. 팝의 아이콘 마돈나가 작곡가 스티브 브레이를 만나 데뷔곡을 받았을 때 그녀 나이 열여덟 살이었다. 스티브 브레이는 이후로도 마돈나를 위해 몇 곡을 더 썼고, 모두 히트를 기록했다.

　학계에서도 비슷한 예를 찾을 수 있다. 알베르트 아인슈타인은 스물여섯에 상대성이론으로 물리학계에 혁명을 일으켰고, 같은 해 획기적 연구 결과를 세 건 더 발표했다. 이후로도 이해하기 까다로운 양자물리학의 연구 성과는 대부분 저돌적인 젊은 연구자들의 몫이었다. 베르너 하이젠베르크(Werner Heisenberg)는 스물네 살이 되기도 전에 처음으로 양자물리학을 수학적 형식으로 풀어내는 데 성공했다. 불과 2년 전에는 실험물리학에 대한 지식 부족으로 박사 학위 시험에서 거의 낙제할 뻔했는데도 말이다. 당시 시험 감독관이자 지도교수였던 아르놀트 조머펠트(Arnold Sommerfeld)로 인해 겨우 구제받을 수 있었다. 하지만 기존의 방식으로부터 큰 영향을 받지 않았다는 것은 하이젠베르크에게 장점이 되었다. 그는 자신의 회고록에서 이렇게 밝혔다. "실질적 신세계는 어떤 결정적인 시점에서 지금까지의 과학이 의존하고 있었던 토대를 박차고 허공으로 짐

프할 각오가 되어 있을 때에만 다다를 수 있다."[103]

하이젠베르크는 이러한 과정을 크리스토퍼 콜럼버스의 신대륙 발견에 빗대어 설명했다. 콜럼버스가 미 대륙을 발견할 수 있었던 것은 세심한 준비나 선박의 전문 장비 때문만은 아니었다. 역사적 항해를 가능하게 한 것은 바로 그의 결단이었다. '이제껏 알려진 육로가 아닌 배를 타고 멀리 서쪽으로 향하는, 일단 출발하고 나면 기존의 방식으로는 갈 수 없게 만든' 결단 말이다.

짐이 가벼운 사람일수록 '허공으로 점프하기'가 쉬운 법이다. 한 사람이 인생을 살면서 쌓게 되는 지식과 신념 같은 '정신적 소유물' 또한 이러한 짐에 해당한다. 어떤 것이 옳다, 그르다 혹은 된다, 안 된다를 미리 재단하는 것은 새로운 해법을 찾아나서는 길을 막아서는 강력한 브레이크가 되기 때문이다.

물리학자 댄 셰흐트만(Dan Shechtman)에 관한 일화가 그런 전형을 보여준다. 그는 1980년대 초에 주기성을 가지고 매우 질서 있게 배치된 결정(結晶, crystal)과 무질서하게 배치된 비정질(非晶質, amorphous) 중간에 속하는 물질을 발견했다. 하지만 이러한 '준결정(準結晶, quasicrystal)'의 존재는 그때까지의 결정학 이론에 반하는 것이어서 아무도 그의 발견을 믿지 않았다. 노벨화학상을 두 번이나 받은 리누스 파울링(Linus Pauling)은 사적인 자리에서 "준결정이란 건 없다. 준과학자만 있을 뿐"이라는 말로 셰흐트만을 바보로 만들어버렸다. 셰흐트만이 속한 연구단체 회장은 그에게 결정학 교과서를 한 번 더 읽어보라고 채근하듯 권하기도 했으며, 연구단체 이름에 먹칠하지 말고 나가달라고 압박까지 했다.[104] 그로부터 30년 후, 셰흐트만은 독보적인 발견의 공로를 인정받아 노벨상을 수상했다. 이는 기존의 권위적 사고가 새로운 발견을 이끄는 시각을 흐릴 수 있음을 보여주는 대표적인 사례다.

야성적이고 얽매이지 않는 에너지

미지의 영역으로 떠나려는 사람은 이미 만들어진 생각의 구조에서 벗어날 수 있어야 한다. 지금까지 불가능해 보였다고 해서 모든 길이 근본적으로 차단되었다는 뜻은 아니기 때문이다. 세상은 매일 변하고 있다. 어제까진 맞았던 사실이 내일부터는 터무니없는 것이 될 수도 있다. 따라서 새로운 것을 구상하거나 어떤 사안을 구조적으로 변화시키고자 하는 사람에게는 자기 능력에 대한 자신감과 새로운 일에 대한 호기심, 미래에 대한 열린 태도가 필요하다. 모든 것이 이미 정해졌고, 바꿀 수 없다고 생각하는 사람은 그저 현실이라는 핑계에 발목이 잡혀 그 자리에 주저앉아 과거만 추억하며 살 뿐이다. 앞서 수디르 카카르가 말한 대로다. "행동하기 위해선 너무 현실적이어서는 안 된다."

로널드 웨인이 '너무 현실적이어서 행동할 수 없었던' 인물의 전형이다. 그는 1976년 스티브 잡스, 스티브 워즈니악과 함께 사업을 시작한, 그러나 사람들에게 잊히기 일쑤인 애플의 '세 번째 창립멤

버'다.

당시 마흔 두 살이었던 웨인은 셋 중에 가장 경력이 많았던 관계로 그의 눈에 '애들'과 다름없었던 잡스와 워즈니악 사이에서 완충제 역할을 했다. 그 대가로 그는 지분 10퍼센트를 받았는데, 당시 가치로는 800달러 정도였다. 그리고 불과 12일 후 그는 그 지분을 다시 넘겼는데, 스티브 잡스가 뛰어난 언변으로 아직 존재하지도 않은 컴퓨터 몇십 대를 팔아 그 대금으로 1500달러어치 어음을 받아왔기 때문이다. 웨인은 그 사실을 알고 두려워졌다. 그에겐 이미 회사를 차렸다가 망해서 몇 년이나 빚을 갚아야 했던 경험이 두 번이나 있었기 때문이다. 그는 애플도 그렇게 되어서 자기 지분을 잃게 될까 두려웠다. 하지만 그건 엄청난 착오였다. 당시 웨인이 넘긴 800달러가 현재는 약 350억 달러(약 42조 원) 정도 된다. 웨인이 그 10퍼센트의 지분을 아직까지 갖고 있었다면 그는 백만장자가 몇 번은 되고도 남았을 것이다.

이렇듯 경험이 항상 소중한 보물이 되는 것은 아니다. 때로는 무거운 짐으로도 작용한다. 나중에 웨인은 애플의 혁신과 관련해 자신은 "그러기엔 나이가 너무 많았다"라고 시인했다. 반면 잡스와 워즈니악은 "허리케인처럼 보였다"고 했다. 당시를 회상하며 그는 "마치 호랑이의 꼬리를 잡고 산책시키는 기분이었다"고 고백했다.[105]

모두의 반대와 기존의 생각에 맞서 자신의 뜻을 펼치기 위해서는 이런 식의 야성적이고 얽매이지 않는 에너지가 필요하게 마련이다. 하지만 그것만으로는 아무것도 할 수 없다. 회사를 설립하고 혁신적인 연구를 하고 새로운 장르를 개척하는 데는 섬세함도 요구된다. 또한 인내심과 고된 노동도 필요하다. 거기에 운도 무시할 수 없다. 하지만 그 모든 게 다 갖추어져도 단호한 결단과 자신이 옳은 쪽으로 가고 있다는 믿음 없이는 아무것도 되지 않는다. 새로운 무언가를 세상에 실질적으로 내놓으려면 엄청나게 끈질긴 힘과 맞서 싸워야 한다. 일반적으로 그 일을 가능케 하는 건 어느 정도 과잉된 자신감이다. 이러한 자신감에 대한 생생한 사례를 담은 걸작 다큐멘터리가 있다. 바로 〈맨 온 와이어Man on Wire〉다.

1974년 8월 7일, 맨해튼 거리에서 수천 명의 사람들이 믿지 못하겠다는 듯이 서서 고개를 들고 공중 위에서 펼쳐지는 놀랄 만한 공연을 지켜보았다. 웬 남자가 쌍둥이 빌딩인 월드트레이드센터의 두 꼭대기를 연결한, 높이 412미터의 줄 위에서 걷고 있었던 것이다. 그는 45분간 말 그대로 하늘과 땅 사이에서 균형을 잡고 걷다가 경찰에 체포되었다. 〈맨 온 와이어〉는 바로 그 줄 위를 걸은 필리페 페팃(Philippe Petit)과 그걸 도운 친구들의 이야기를 담았다. 물론 두 빌딩을 연결하는 와이어를 묶은 것도, 그 위를 걷는 것도 불법이었다. 남몰래 숨어든 데다 자살방조죄가 적용될 수 있었다.

영상을 보면 페팃이 어린 시절을 회상하는 장면이 나오는데, 그역시 마흐로드히처럼 반항아에 자퇴생이었다. 또한 영상은 그가 친구들과 몇 년간 미친 줄타기를 준비하는 과정도 보여준다. 그들은 한없이 순진하고 매우 섬세했다. 때론 절망하기도 했지만, 그들이 꾸는 꿈의 위대함에 도취되어 계속해나갈 수 있는 에너지를 얻었다. 그들은 서로를 비웃다가도 소중히 여겼고, 끝없이 토론하다가도 의기소침해 나가떨어지기도 했으며, 말도 안 되는 이야기로 시시덕거리다가도 진지하게 목표를 향한 계획을 세웠다. 이러한 계획을 바탕으로 페팃은 뉴욕으로 가서 기자를 사칭, 월드트레이드센터의 보안 상황을 염탐하고 건설 책임자를 인터뷰하는 데 성공했다. 칭찬에 우쭐해진 책임자는 기꺼이 많은 정보를 제공했다.

마치 아이들 술래잡기처럼 진행된 프로젝트는 언제라도 무산될 것처럼 아슬아슬했다. 하지만 미치거나 터무니없어 보이는 이 일의 특성상 페팃과 그 친구들은 안 될 것이란 부담감으로부터 자유로울 수 있었다. 이미 정해진 상황의 힘은 막강한 법이다. 우리는 우리도 모르는 사이에 대세에 순응하고 기존 질서에 적응하라는 압력에 굴복한다. 그래서 알리 마흐로드히는 '열네 살의 나에게' 다음과 같이 조언한다. "세상의 어떤 규칙이 아무 의미 없다고 생각된다면 위반해도 괜찮다. 법은 안 되지만 규칙은 어겨도 된다. 그렇지 않고선 세상에 새로운 게 생겨날 수 없을 테니까."[106]

변화가 두렵도록 진화된 인간

규칙을 깨는 저항적인 태도가 유독 청소년기에 도드라지는 건 자연스러운 현상이다. 나이가 들어서까지 삐딱하고 괴팍하게 성질을 부리는 사람도 있긴 하지만. 청소년들은 오만 방자하게도 어른들이 검증해서 안전하다고 권하는 것이면 무엇이든 일단 퇴짜를 놓고 본다. 자신들만의 언어와 음악을 만들고, 새로운 패션과 사고방식을 시도한다. 자기과신과 자기회의 사이를 오가며, 언제는 생각 깊은 어른인 척 굴다가도 금세 철없는 아이로 돌변해 부모들을 돌아버리게 만든다.

때문에 소위 게으르고 쓸모없는 청소년들을 향한 비난의 역사는 인류의 역사만큼이나 오래되었다. 기원전 400년경의 그리스 철학자 소크라테스마저도 요즘 애들은 버릇이 없다며, 예의와 존경심이 부족한 청년들을 책망하는 글을 남겼다. 고대 그리스 비극에서도 무례한 젊은 남성의 전형을 향한 비난이 자주 나온다.[107] 영국의 고대 역사가 매튜 십톤(Matthew Shipton)에 따르면, 그리스 비극은 끊임없이 노소간의 갈등을 주제로 삼아 세대에 관한 고정관념을 거듭해 설파했다고 한다. 오늘날 우리는 그 내용에 선뜻 동의하기 어려워 보인다. 그리스 비극 중 "모든 것이 점점 나빠져 지금은 사상 최악의 시대가 되었다. 아이들은 더 이상 부모를 존경하지 않는다"라는 대목이 있다. 그 어떤 세대든 최소한 자기 세대부터 내리막이라고 생각하는 게 분명하다.[108]

사회학자 데이비드 핀켈호르(David Finkelhor)는 이런 현상을 '주버노이아(Juvenoia)'라는 말로 개념화했다. '청소년(juvenile)'과 '공포(paranoia)'의 합성어로 청소년을 향한, 그리고 청소년을 둘러싼 두려움을 뜻한다.[109] '사회적 변화가 아이들에게 미칠 영향에 대한 과강된 염려'가 대표적인 '주비노이아'에 속한다. "우리는 그것이 무료

건 우리 아이들에게 나쁘게 작용해, 결국은 우리 사회에도 유해한 영향을 미칠 거라고 쉽게 단정해버린다." 핀켈호르는 그 뿌리를 우리의 진화 과정에서 찾았다. 우리 종(種)은 오랜 시간에 걸쳐 안정된 상태를 추구해왔고, 변화란 조건에 두려움을 갖도록 진화되어왔다. 그래서 인간은 새로움과 그 영향에 대해 일단 방어적 자세를 취하고 본다. 그리고 모든 세대가 스스로를 특정한 가치의 수호자로 인식하고 공격에 맞서 그 가치를 지켜내고자 한다. 외부 변화의 흐름이 거셀수록 방어적 반응도 강해지며, 자신들의 테두리에서 벗어난 청소년들의 생각에 대해서도 격하게 반응한다.

불확실성에 대한 수용

철학자 나탈리 크납(Natalie Knapp)은 청소년들의 무례한 태도를 완전히 다른 시각으로 바라본다. 청소년들의 변덕스러운 태도와 내적 저항성을 좋은 의미로 받아들인다. 그녀는 청소년들의 사춘기를 그들이 '고난도 기술'을 배우는 과정, 즉 자신만의 정체성, 자신만의 또래집단, 자신만의 문화, 자신만의 인생을 찾는 기술을 배우는 '창의적 실험실'이라고 규정했다. 이 시기에 청소년들은 부모의 요구는 잊고 유연성과 실험 정신을 발휘하며 고유의 능력 등을 즉흥적으로 시도해볼 수 있는 기회를 갖는다. 엄청난 혼란 속에서도 여유롭게 굴거나 필요에 따라 이런저런 상태를 오가기도 한다.

이처럼 미완성의 상태, 체계가 덜 잡힌 상황에서 청소년들은 인생의 불확실한 시간을 견뎌내는 법을 배운다. 크냅은 이렇게 말한다. "이들은 불확실한 상황이나 정답이 확실치 않은 문제들에 오래 견뎌야 하는 입장에 놓여 있다. 따라서 불확실성에 대한 수용이 높은 편이다. 모호한 것을 참고 풀리지 않는 문제들을 견디고 모든 입장이 되어볼 수 있는 능력이 생긴다."[110] 그런데 이 '불확실성에 대한 수용'이 아이도 아닌, 그렇다고 어른도 아닌 과도기 상태의 청소년들에게만 도움이 되는 것은 아니다. 이 '불확실성에 대한 수용'은 모든 창의적 작업에 매우 중요하게 작용한다.

그런데도 막상 어른이 되고 나면, 이리저리 둥둥 떠다니는 것 같은 불확실한 상태를 견디기 힘들어한다. 대신 확실한 것을 추구해야 한다는 강박을 느낀다. 잘 알고 검증된 환경에서만 안정감을 느끼고, 새로운 일을 시도하기보다는 확인된 길을 가는 편을 선호한다. 하지만 '불확실하고 불분명하고 모순되는 상황 속'에서 우리의 숨어 있는 창조적 능력이 발휘된다. 크냅은 자신의 저서 《불확실한 날들의 철학Der unendliche Augenblick》에서 애매한 시간을 짜증나게 생각할 것이 아니라 창의성을 살릴 유의미한 시간으로 받아들이고 "불확실성과 친구가 되어야 한다"고 주장한다.

사회학자이자 과학연구자인 헬가 노보트니(Helga Nowotny) 또한 비슷한 주장을 펼친다. 전 세계 10개 대학에서 학생들을 가르쳤고, 유럽연합에서 가장 유력한 과학진흥기관인 유럽연구이사회 이사장을 역임한 이 세계적 석학은 "불확실성을 끌어안아야 한다"고 말하다. 노보트니는 이미 오래전에 취리히 연방공과대학 교수직에서 정년퇴임했지만, 현 세대가 당면한 도전과제를 분석하는 명철한 시각만큼은 여든이 넘은 지금도 여전하다.

최근의 도전들은 우리가 지금껏 경험했던 것보다 더 큰 유연성을 가지고 새로움과 불확실성을 다루어나가길 요구한다. 이에 노보트니는 우리가 "오랜 규칙을 고수하는 대신 새로운 상황과 비선형적 진행에 열린 자세를 가져야 한다"고 주장한다. 다만 독일인들은 이러한 태도 전환을 힘들어하는데, "독일의 정치와 관료주의는 규칙에 의존하는 경향이 강하기 때문이다. 아마도 지금까지는 그것이 훌륭하게 작동했을 테지만, 이제 그렇게 하다가는 시대에 뒤떨어지기 십상이다."[111]

세계화와 디지털화의 진전으로 복잡성이 더욱 증가한 탓이다. "구조적으로, 세계적으로, 그리고 미디어적으로 여러 사안이 이전보다 훨씬 긴밀하게 얽혀 있다." 예를 들어, 몇 초 사이에 수십억 유로가 지구 이쪽저쪽을 오갈 수 있는 세계화된 금융 시스템 때문에 미국 부동산 거품이 꺼진 날 전 세계가 다 함께 주저앉는 상황이 벌어졌다. 시리아의 시민혁명으로 수백만 명이 피난길에 오르자 유럽 공동체가 산산조각 날 위기에 몰리기도 했다. 노보트니는 "우리가 당연하게 여겼던 많은 것이 갑자기 변한다. 규칙성과 개방성 간에 새로운 균형이 필요하다"고 역설했다.

하지만 이는 누구보다 서구 사회의 시민들에게는 어려운 일이다. 노보트니의 말처럼 "다른 방식으로 굴러가던 과거의 유산을 너무 많이 안고 있기 때문"이다. "우리의 제도는 지금과는 다른 시대의 문제를 해결하기 위해 고안된 것이다." 우리는 그간 확실하다고 여겼던 많은 것들이 쓸모없어지고, 안정적이라고 판단했던 것들이 얼마나 깨지기 쉬운지를 매일같이 깨달으며 살아가는 중이다. 따라서 우리 개개인은 물론이고 사회 전체가 "그간의 규칙을 잊고, 외부적 제약이라고 여겨졌던 것들도 제쳐두고, 앞으로 어떻게 될지 확실히 모르는 상태에서도 어떤 새로운 것을 시도해보는 법"을 배워야만 한다.

최근 새로운 골칫거리로 떠오르긴 했지만, 난민들은 이런 일이 가능하다는 것을 보여주는 산 증인들이다. 이들은 익숙함을 뒤로하고 불확실성을 끌어안는 법을 부득이하게 습득해야만 했다. 알리 마흐로드히는 이란에서 피난한 이후 그와 그의 가족들에게 불확실성은 일상적 요소를 넘어 '최고의 친구'가 되었다고 말했다. 그는 자서전에서 "확실성으로 가득한 삶을 산 사람은 불확실성을 맞닥뜨리게 되면 끝도 없이 무너져 내린다. 하지만 불확실성을 삶의 일부로 알고 지낸 사람은 기존의 세계가 갑작스레 변한다고 해서 크게 힘겨워하지 않는다."

마흐로드히는 어렸을 때부터 피난과 가난을 경험한 것이 좋은 환경에서 자란 동급생들에 비해 어떤 면에선 장점이라고 생각했다. 유복한 아이들에게 매일 똑같은 옷만 입는다고 놀림을 받으면서도 그는 어렴풋이 '걔들은 모든 것을 가졌지만 내 삶이 얼마나 풍족한지는 모르는구나'라고 생각했다고 한다. 나중에야 그는 시작부터 특권을 누리는 삶의 주인공들은 상실의 두려움을 감내하는 법을 모른다는 사실을 알게 되었다. "그들은 자신들의 높은 생활수준을 잃게 될지 모른다는 두려움에 시달리는 탓에 충분히 자유롭지 못한 것처럼 보였다." 게다가 이들에겐 '그런 확실성이 사라진 삶의 모습은 어떨지 상상할 수 있는' 능력도 없었다. 마흐로드히에게 불확실성은 그리 두려운 대상이 아니었다. 오히려 인생이 자신을 어떻게 놀라게 할지 기대하는 마음마저 있었다. "일이 잘 풀리면 주변 그 누구보다 내가 더 기뻐했다. 그러다 일이 잘못되면 받아들이기도 쉬웠다."[112]

확신이 현실에서 생기를 얻을 때

마흐로드히와 청년들이 가진 공통의 가치는 최근 역사적 격동기를 통과하고 있는 우리 모두에게 관련 있다. 모든 것이 유동적인 요즘 같은 시대에는 익숙하고 확실한 것에 필사적으로 매달리는 일은 무의미하다. 그보다는 변화를 받아들이고 불확실성 속에서 새로운 무언가가 나오리라고 믿는 편이 훨씬 유익하다.

"내 발을 허공에 디뎠더니 공기가 나를 받쳐주었다." 제2차 세계대전을 겪은 시인 힐데 도민(Hilde Domin)이 자신의 탈출 경험을 표현한 말이다. 유대인이었던 그녀는 갖고 있던 모든 걸 포기하고 다시 처음부터 시작하는 일을 반복해야 했다. 1939년에 남편과 함께

160

이탈리아를 벗어나 영국으로, 거기서 다시 캐나다로, 또다시 도미니카 공화국으로 피신한 그녀는 매번 새로운 인생을 살아야 했다. 만약 그녀가 익숙한 것을 고집했다면 살아남지 못했을 것이다. 하지만 그녀에겐 확신이 있었고, 덕분에 맨땅에 새로운 발을 내딛는 삶을 거듭 받아들일 수 있었다. 그녀의 첫 시집 제목처럼 그녀는 '한 송이 장미에 기대어(Nur eine Rose als Stütze)' 그 시간을 견뎠다.[113]

망명하는 동안 힐데 도민은 엄청난 고독감에 시달렸다. 마침 남편과의 관계가 소원해진 탓도 있었다. 그래서 글을 쓰기 시작했다. 집을 잃고 떠도는 마음을 단어로 묶어 표현하고, 형언하기 어려운 것들을 시적인 심상으로 표현해내려고 애썼다. 그녀는 언젠가 이를 두고 '자살의 대안'이었다고 말했다. 그렇게 해서 그녀는 몇 권의 시집과 한 편의 소설, 몇 편의 수필을 발표했다. 1953년에 남편과 함께 독일로 돌아온 그녀는 많은 상을 받았고, 2006년 사망하기 얼마 전에 도미니카 공화국으로부터 최고 공로상을 받았다. 독일의 일간지 《타게스슈피겔Tagesspiegel》은 그녀의 사망 소식을 전하며 그녀가 대중적으로도 큰 성공을 거둔 것에 대해 이렇게 논평했다. "그녀의 은유가 이해하기 쉬웠던 덕분만은 아니다. 그보다는 그녀의 기본적 태도가 확신에 차 있었기 때문이다. 그녀 인생의 동반자였던 파울 첼란(Paul Celan)이 부정적이었던 것과 명백하게 대비된다."[114]

하지만 이러한 확신과 '공기가 받쳐주는 경험'은 익숙하고 확실한 것과 인정된 기반을 일단 떠나본 후에야 얻을 수 있다. 그리고 보통 우리는 떠나길 강요받는 상황이 되어서야 비로소 익숙한 것들과 이별하는 기회를 맞이할 수 있다. 예를 들면 정치적 망명, 이혼, 질병, 가족의 죽음, 실직 등 현 상태를 위협하는 위기는 우리로 하여금 새로운 인생을 찾지 않으면 안 되는 상황에 놓이게 한다. 일반적인 생애 주기에 따라 인생의 새로운 전기를 맞이할 때도 그간 눈에 보이지 않던 확신이 현실에서 생기를 얻는다. 이는 성인이 되어가는 과도기의 청소년이나 오랜 직장을 떠나야 하는 은퇴자, 새 아이를 얻은 부모에게도 해당된다.

출산은 그 자체로 불확실성이 가득한 사건이다. 물론 모든 상상력을 동원해 미리 준비할 수는 있다. 병원에서 검사를 받고, 예비 부모학교에 다니고, 주변 사람들에게 조언을 얻을 수도 있다. 하지만 그 어떤 여성도 아이를 출산하는 과정이 실제로 어떻게 진행될지 알 수가 없다. 진통이 얼마나 오래 갈지, 아이를 낳을 때 얼마나 힘들지 혹은 생각보다 괜찮을지, 큰 위험은 없을지, 아이가 태어나기 전까지는 알 수가 없다. 의학적으로 아무리 치밀하게 준비한다고 한들, 제왕절개수술을 하기로 결정하지 않은 이상 출산 과정에서 벌어지는 일들은 외부에서 제어할 수 있는 부분이 많지 않기 때문이다. 산모는 그저 무엇이 필요하고 어떻게 해야 할지는 이미 자신의 몸과 태어날 아이가 알고 있다고 믿어야만 한다.

아이가 커가는 과정에서도 부모는 모든 순간에 믿음을 가져야 한다. 결국 아이는 그 누구도 어떻게 되리라 단정할 수 없는 미래를 향해 성장하는 중이기 때문이다. 부모는 불확실한 길을 함께 걸어가며, 그게 길인지 아닌지를 알 수 없을 때조차 아이를 지지하고 용기를 줘야 한다. 이는 확신과 불확실성에 대한 수용이 충분할 때 가능한 일이다.

정신적 민첩성이 떨어지지 않도록

불확실성을 받아들이는 일은 머릿속 젊음을 유지하고 예상치 못한 일들에 적응할 수 있도록 도움을 준다. 하지만 하루하루를 천편일률적으로 보내다 보면 예상치 못한 상황에 필요한 정신적 민첩성이 떨어질 수 있다. 혹시 반복되는 일상의 편안함에 젖어 있는가. 그렇다면 기존의 관념을 조금 바꾸거나 신경의 끄트머리를 살짝 건드려보는 것도 좋겠다. 그것만으로도 변화는 시작된다. 예방치료학에서는 익숙한 길에서 벗어나거나 새로운 경험을 의도적으로 탐색할 것을 권한다. 그렇다고 거창한 여행을 떠날 필요는 없다. 일상의 작은 변화만으로도 충분하다.

다음은 정신적 민첩성을 키우는 데 도움이 되는 방법들이다.

- 가끔은 다른 길로 출근해본다. 둘러가는 길이라도 상관없다.
- 오른손잡이라면 왼손으로, 왼손잡이라면 오른손으로 해본다. 또는 익숙한 행동 순서를 바꿔본다. 옷 입는 순서를 바꿔본다든지 하는 식이다.

- 회의실이나 단골술집에서 늘 앉던 자리가 아닌 새로운 자리에 앉아본다. 그리고 시선을 새로운 방향으로 돌려본다.
- 새로운 식당을 찾아가거나 잘 모르는 메뉴를 선택해본다.
- 자신과 나이 차이가 많이 나는 연령대의 사람과 접촉해본다.
- 양말을 짝짝이로 신어보거나 낯선 사람들에게 말을 걸어보는 등 일상적 패턴을 깨는 시도를 해본다.

자기계발코치인 옌스 코르센이 추천한 방법은 자주 다니는 길에서서 양팔을 높이 들고 시계 바늘처럼 움직이며 '뻐꾹뻐꾹' 소리를 내는 것이다. 일반적으로 '적절하다'고 생각되는 행동을 벗어나서 획일적인 암묵의 법칙을 거슬러보는 것이다. 이렇게 한다고 해서 사람이 다치지도, 법에 저촉되지도 않는다. 이러한 작은 시도가 내면의 저항성을 길러 정해진 관습에 적응하려는 잠재적 강박에서 벗어날 수 있도록 도와준다. 편안한 마음으로 시도해보길 바란다. 뻐꾸기시계 흉내를 냄으로써 일어날 가장 나쁜 일은 기껏해야 지나가는 사람들로부터 이상한 시선을 받는 것뿐이다.

이처럼 익숙한 일상에서 작은 일탈을 경험해보는 것은 우리 자신에게 익숙한 사고방식에서 탈피해볼 기회를 줄 뿐 아니라, 다른 사람의 일탈 행동을 받아들일 수 있는 포용력을 길러준다. 예를 들면, 애송이 같은 청소년들이 미친 듯이 허세를 부리는 모습을 보고 짜증을 내기보다는, 모순되고 불확실한 세계에 살고 있는 그들이 자신만의 규칙과 가치를 찾기 위해 노력하는 중이라고 이해할 수 있게 된다. 계속 스마트폰을 손에 쥐고 SNS 안에서 키득거리는 그들의 모습을 봐도 해로운 것에 중독되었다고 혀를 차기보다는, 디지털 세계에서 새로운 소통의 방법과 조직의 형식을 시도하고 있다고 해석하게 된다(그렇다고 해도 총질하는 게임은 다시 생각해봐야 할 것이다).

십대들의 행진에서 발견한 희망

2018년 3월 24일, 백만 명의 미국 학생들을 워싱턴 거리로 모이게 한 '우리의 생명을 위한 행진(March for Our Lives)'은 지극히 평범한 학생들의 위대한 잠재력을 보여주었다. 이 총기규제 시위는 그 전달 플로리다 주 파크랜드 시의 한 고등학교에서 벌어진 총기 난사 사건이 도화선이 되었다. 열아홉 살짜리 퇴학생이 쏘아댄 총에 열일곱 명이 사망하고 열네 명이 부상을 입었다. 그런데 트럼프 대통령은 강력하게 총기를 규제하는 대신 교원들이 중무장할 것을 권했다. 이런 실망스런 정치권의 반응에 학생들이 이례적으로 저항운동을 조직한 것이다.

참극의 현장이었던 마조리 스톤맨 더글러스(Marjory Stoneman Douglas) 고등학교의 생존자들은 다시없어야 할 MSD 사건, 즉 '네버 어게인 MSD(Never Again MSD)' 단체를 결성하고 총기 사고에 대한 조치를 강력히 요구했다. 총기 소유에 대한 강력한 규제와 미국총기협회의 정치적 영향력을 제한할 것을 촉구한 것이다. 이진

만 하더라도 이런 학생운동은 끽해야 지역에서 벌어진 사건 정도로
마무리되었을 것이다. 하지만 트위터와 페이스북으로 연결된 세상
에서 이들의 활동은 엄청난 반향을 불러일으켰다. 학생들은 TV에
출연하고, 스티븐 스필버그, 조지 클루니, 오프라 윈프리 같은 유명
인사들은 수백만 달러를 기부했다.

스무 명 남짓한 10대 학생들이 시작한 이 운동은 점차 전국으로
확산되었다. 학생들뿐 아니라 다수의 국민이 이들을 지지하면서 정
치권이 진퇴양난에 부딪혔다. 학생들이 특정 정당의 입장을 옹호한
것이 아니라, 평화를 향한 순전한(혹은 순진무구한naive)' 소망을 표현
했기 때문이다.

그 소망을 전달하는 이들의 방식 또한 깊은 울림을 준다. MSD
사건의 생존자이자 '우리 생명을 위한 행진'에 참여해 워싱턴 국회
의사당 앞 단상으로 올라가 연설을 한 열여덟 살 엠마 곤잘레스
(Emma Gonzáles). 그녀는 열일곱 명의 희생자들 이름을 하나하나
호명한 다음 6분 20초간 침묵했다. 6분 20초는 바로 사건이 벌어진
시간이었다. 엠마가 수많은 청중 앞에서, 그리고 전 세계로 송출되
는 수많은 카메라 앞에서 침묵하는 동안 분위기는 매우 엄숙해졌
다. 많은 사람이 함께하는 공간을 침묵과 애도의 자리로 만든 그녀
의 방식은 그 어떤 백 마디 말보다 뛰어났다. 이후 그녀는 그 짧은
시간 안에 많은 사람의 삶이 변했다며, "타인의 일로 넘기기 전에
나 자신의 삶을 위해 싸우라"고 연설을 마무리했다. 이 숙연하면서
도 감동적인 연설을 꼭 한 번 직접 보길 바란다.[115]

이들이 비단 특별하거나 비범해서 이런 일을 벌인 것은 아닐 것이다. 이들 대부분은 그저 평범한 일상을 사는 학생들이었을 뿐이다. 하지만 그들의 삶과 존재를 위협하는 사건을 맞닥뜨리게 되자 가만있지 않고 그들의 능력을 발휘했다. 기본적 가치를 지키고, 자신들의 의견을 전달할 조직과 창구를 만들고, 효과적으로 전달하는 데 힘썼다. 이런 일이 가능하리라고 예견한 어른들이 과연 얼마나 있었을까. 이를 두고 독일의 《디 차이트》는 "미국의 아이들이 나라를 구할 마지막 희망"[116]이라고 논평했다.

때로는 유토피아적 이상이 필요하다

일본 다음으로 세계에서 평균 연령이 가장 높은 고령사회인 독일에선 청년들의 확신이 정말로 소중한 사회적 자산이다. 아직 남은 인생이 많은 사람은 "달리 뭘 할 수 있겠어" 하는 식의 체념 섞인 나태함의 유혹을 쉽게 물리칠 수 있다. 게다가 경험이 적다는 건 실패의 경험 또한 적다는 장점이 있다. 청년들이 이번엔 성공할지도 모른다는 희망을 가지고 이미 많은 사람이 도전했다 실패한 곳을 향해 돌진할 수 있는 까닭이 여기에 있다. 인류 역사의 새 장은 항상 그런 식으로 열렸다.

기업들 또한 오늘의 청년들 생각이 내일의 미래를 결정한다는 사실을 잘 알고 있다. 그래서 이를 경영에 반영할 방법을 모색 중이다. 독일 최대의 미디어 기업인 악셀 슈프링어는 '청년위원회 (Jüngstenrat)'를 설치했다. 30세 이하 청년 여섯 명으로 구성된 이 위원회는 한 달에 한두 번 임원진과 만나 사업 전략과 투자, 새로운 기술 등을 두고 심도 있게 토론한다.[117] 다른 기업들도 이와 유사한 모델을 실험 중이다. 청년들은 기업이 과거의 영광에 얽매이지 않고 미래 지향적이고 혁신적인 기조를 유지하도록 감시한다. 기업뿐 아니라 정치권에도 권하고 싶은 아이디어인데, 독창적인 미래상을 용감하게 발전시키기보다는 기존의 것을 붙들고 과거 지향적으로 일하려는 경향이 보이기 때문이다.

그렇다고 미래를 향한 구상이 아예 없다는 얘기는 아니다. 중고시장, 공유경제, 조건 없는 기본 소득, 지속 가능한 경제 시스템, 더 깨끗한 환경을 위한 기술적 해법 등 새로운 사회 모델은 도처에서 구상되고 있다. 몇 년 전 베를린에선 '소수를 위한 역사'란 구호 아래 '제2의 미래 재단'이 발족되었다. 대안을 제시하고 본보기가 될 만한 새로운 프로젝트를 소개하는 것이 재단의 목표다. 사회심리학자 하랄트 벨처(Harald Welzer)가 주축이 된 이 재단은 일상적 비즈니스에 대한 대안과 '미래에 유효하고 후대에 적합한 열린사회'[118]로 가는 길을 모색하기 위해 각종 행사와 프로젝트, 연대 활동 등을 기획 중이다.

스위스에선 유포리아(Euforia)란 단체가 '세상을 더 나은 곳으로' 만들기 위해 청년들이 아이디어를 발산하고 혁신적 능력을 갖추도록 돕고 있다. 유포리아는 사회적·생태적 사업에 관한 계획을 돕는

워크숍을 개최해 희망에 찬 이상을 가진 사회 개선가들과 경험 많은 캠페인 전문가들을 연결시켜주고, 사회 혁신가와 변혁적 지도자를 양성한다.[119]

젊은 유럽인들의 모임(Young European Collective)은 온라인 청원이나 디지털 운동을 현실 정치에 접목하는 시도를 벌이는 중이다. 그중 #무료인터레일패스(#FreeInterrail) 캠페인이 큰 성공을 거두었다. 이 캠페인은 '유럽'이란 추상적인 개념을 실재와 연결 지을 수 있도록 유럽연합위원회가 유럽의 청년들에게 무료로 인터레일패스를 지원하는 행사였다.[120] 빈센트-임마뉴엘 헤르(Vincent-Immanuel Herr)와 마르틴 스페르(Martin Sperr)가 처음으로 기획한 프로젝트로, 이들은 다음 캠페인인 #하자우리무언가(#TunWirWas)을 통해 청년 세대들에게 적극적으로 정치에 참여해줄 것을 호소했다.[121]

런던에서는 실용적 변화를 위한 도모하는 영국국립과학기술예술재단(National Endowment for Science, Technology and the Arts)이 설립되었다. NESTA에서는 무엇보다 인터넷을 비롯한 여타의 거대한 정보자원을 활용해 가능한 모든 영역에서 실질적 개선을 이룰 수 있는 방법을 연구하고 있다. 그 일환으로 NESTA에서는 응급 상황이 발생했을 때 근처에서 의학 교육을 받은 인력을 호출할 수 있는 어플리케이션을 개발했다. 마드리드에선 현 민주주의 시스템의 보완책으로 새로운 시민 참여 플랫폼을 시도하고 있다. 시민 개개인이 새로운 법안을 제안할 수 있고, 그 제안이 충분한 동의를 받으면 입법을 위한 표결을 실시할 수 있는 시스템이다.[122]

베를린에서 활동 중인 라오스 출신의 건축가 반 보 르-멘첼(Van Bo Le-Mentzel) 또한 늘 사람들을 놀라게 하는 비범한 아이디어를 내놓는다. 그의 작품 중에서도 저예산에 맞춰 조립형 가구로 만든 '기초생활수급자 가구(Hartz IV-Möbel)' 컬렉션은 이미 꽤나 유명하다. 게다가 르-멘첼은 '100유로의 집'이란 프로젝트를 펼쳐 적은 돈으로 안락한 주거지를 구현해내기도 했다. 그는 이 프로젝트를 통해 6.4제곱미터(약 2평)에 방과 부엌, 욕실과 사무실, 침실과 거실을 넣은 최소 주택, 트레일러와 연결하거나 더 큰 주택과 통합할 수 있는 이동형 소형주택 타이니 하우스(Tiny Houses) 등 다양한 모델을 제시했다.[123]

반 보 르-멘첼 역시 알리 마흐로드히처럼 난민이었다. 독일에 정착한 그는 힘든 청소년기를 보냈다. 그리고 불안정한 상황에서 키운 창의적 아이디어를 건축이란 장에서 꽃피웠다. 정해진 주거지가 반드시 필요할까? 오늘날에도 국적이 필요할까? 르-멘첼은 "세계화된 세상에서는 국적 대신 내가 갖고 있는 생각으로 나의 소속을 증명하는 게 어떨까?"라는 질문을 던지며 신분증명서 대신 '생각증명서'를 이상적 대안으로 제시했다. "신분증이나 거주지 등록증을 아이디어 카드나 개성 등록증으로 대체할 수 있다. 인격이나 가족관, 생태적 의식 등을 기록하는 것이다. 그런 것들에 대한 생각을 확인하다 보면, 내가 이 세상 모든 공동체에 소속된 것 같은 기분이 들 것이다."[124]

허무맹랑한 소리처럼 들리는가? 아마도 그럴 것이다. 그런데 오늘날에 지극히 당연한 것으로 여겨지는 수많은 유토피아적 이상도 그걸 처음 들은 동시대인들의 귀에는 헛소리로 들렸다. 많은 이들이 고통스럽게 두려워하는 미래에 대한 긍정적 관심을 되살리기 위해서는 바로 이러한 유토피아적 이상이 필요하다. 이를 통해 더 나은 사회를 위한 구상과 설계가 최소한 존재는 하고 있다는 사실을 확인할 수 있기 때문이다. 이런 일들은 보통 위에서 시작되지 않는다. 정부 혹은 정당 차원에서 시작되지 않는다. 더 나은 사회를 위한 아이디어는 아래에서 비롯된다. 지역 운동으로부터, 개인 활동으로부터, 위대한 변화의 씨앗을 심기 위해 구체적 사례와 실험으로 무장한 사람들의 모임으로부터 시작된다.

그렇다고 모든 씨앗에서 싹이 트는 것은 아니다. 비참한 실패로 끝나는 유토피아도 적지 않다. 하지만 그마저도 발전의 일환이다. 알리 마흐로드히의 꿈이 그랬듯 혁신가 대부분이 처음에는 비웃음을 사게 마련이다. 그렇다 하더라도 많은 사람이 변화의 희망을 안고, 허무맹랑해 보이는 생각도 언젠가 현실이 될 수 있다는 믿음으로 다시 한 번 노력을 기울인다. 나의 행동이 의미 있다는 확신을 잃지 않았던 바츨라프 하벨을 기억한다면, 절망적 상황을 이겨내는 데 도움이 될 것이다. 이런 사람은 얼마가 걸리든 간에 마침내 그 소망을 이루고 마는 법이니까 말이다.

창세기의 커플, 렐리아와 세바스치앙 살가두

LÉLIA & SEBASTIÃO SALGADO

그는 참혹한 인간의 고통과 함께했다. 한 인간이 감당할 수 없을 만큼 많은 불행을 목격했다. 그래서 스스로 파멸 직전까지 갔다. 하지만 더 큰 손길이 그를 건져냈다. 아내의 사랑이 깊은 우울증에서 그를 건져냈고, 둘은 함께 희망의 프로젝트를 시작했다. 부부의 프로젝트를 통해 전 세계인이 영감을 얻는다. 이는 확신에 관한 이야기일 뿐 아니라 사랑의 힘과 자연의 아름다움, 삶의 재생력에 관한 이야기이기도 하다.

'이 행성에 바치는 러브 스토리.' 렐리아와 세바스치앙 살가두 부부는 2004년부터 2011년까지 진행된 자신들의 프로젝트 '제네시스(Genesis)'에 이런 별칭을 붙였다. '제네시스'는 풍경, 동물, 원주민 등 창조의 첫날에 존재했을 법한 모습이 남아 있는 지구상 최후의 미개척지를 찾아 찍는 연대기적 사진 르포르타주다.[125] 인구 밀도가 높은 도시에서는 아직 남아 있으리라 상상하지도 못한 풍경이나 동물, 부족들이 현대 문명의 길고, 때로는 파괴적이기까지 한 손아귀를 피해 존재하고 있었다. 사람의 발길이 거의 닿지 않는 광활한 사막 한가운데나 꽁꽁 얼어붙은 남극, 혹은 접근이 불가능한 산악 지대나 열대우림 깊은 곳에서 살고 있었다. 살가두 부부는 "엄청난 종의 다양성을 유지하며 남아 있는 그 영역은 놀랍게도 지구의 절반 가까이를 차지하고 있었다"라고 기록했다. '태초에 관한 책'에 담긴 심장을 멎게 하는 사진들은 그러한 순결함과 생명의 영원한 순환을 포착했다.

세바스치앙은, 종종 렐리아도 함께, 이 프로젝트를 위해 8년간 전 세계를 돌아다녔다. 때론 걸어서, 때론 배를 타고, 때론 경비행기나 기구(氣球)를 타고서. 그는 사진 한 장에 비정상적일 만큼 정성을 쏟았다. 사진을 선별하고 배치하는 작업은 렐리아에게 맡겼다. 그렇게 장대한 흑백사진 시리즈가 세상에 나왔다. 박물관에 전시되었을 때 옛 거장의 회화들과 견주어도 손색이 없었다. 빛과 그림자로 그림을 그리듯 사진을 구상하는 일에 탁월했던 세바스치앙은 '사진계의 렘브란트'로 불리었다. 묘하게도 사진(Photograph)은 그리스어로 '빛(phos)'과 '그림(graphos)'의 합성어다.

그의 모든 사진은 상징적 의미를 품고 있다. 그래서 보는 사람의 기억 속에 오래 남는다. 세바스치앙이 세계적 명성을 누리게 된 것은 이 때문이다. 무엇보다 그를 유명하게 만든 것은 자연을 담은 사진이 아니라 사회 비판적 사진이었다. 수십 년간 세바스치앙은 재난 지역을 찾아다니며 인간이 참혹상을 기록했다. 앙골라의 전쟁

희생자들,[126] 사헬 지역의 무시무시한 기아,[127] 세계 곳곳을 비참하게 떠도는 난민 행렬이나 세르비아 내전의 참혹한 결과를 사진에 담았다. 걸프전 당시 한 치의 망설임도 없이 쿠웨이트로 떠나 불타는 유전에 카메라 초점을 맞췄고,[128] 인종 학살이 벌어진 르완다 내전의 희생자들도 렌즈에 담았다. 인간이란 존재에게 드리워진 어두움을 포착하기 위한 이런 여정으로 인해 그 자신이 거의 죽을 지경에 이르렀다.

무엇이 그를 그렇게 만들었는가. 그리고 무엇이 그를 구원해냈는가. 그걸 알기 위해서는 세바스치앙의 아내 렐리아에 대해서 알아볼 필요가 있다. 그의 곁에서 50년이 넘도록 일과 생활 모든 면에서 손발을 맞추어온 아내를 빼놓고선 그의 작업을 이해할 수 없기 때문이다.

세바스치앙에게 렐리아는 인생의 동반자이자 두 아들의 엄마를 넘어서서, 그의 기발한 프로젝트에 영감을 불어넣어주고, 함께 기획하며, 그가 작업을 끝낸 후에는 마케팅을 담당하는 동업자다. 무엇보다 그의 손에 처음으로 카메라를 들려준 사람이 바로 렐리아다. 렐리아 역시 "내가 아니었다면 세바스치앙은 은행가가 되었을 것"이라고 말한다.[129] 1967년 상파울로에서 그들이 결혼식을 올릴 당시, 세바스치앙은 금융업에 종사하고 있었기 때문이다. 렐리아는 피아노를 전공하는 음대생이었다. 예술적 재능이 있던 렐리아가 먼저 카메라를 한 대 산 것을 계기로 세바스치앙이 사진을 찍기 시작했던 것이다.

당시에도 이미 그들의 인생은 역동적이었다. 브라질 대농장주의 외동아들로 태어난 세바스치앙은 여자형제만 일곱이었다. 그가 자란 브라질 우림지대의 대평야는 그의 말대로 '축복받은 아름다운 곳'이었다. "나는 환상적인 새와 동물들 사이에서 자랐다. 작은 개울에서 악어와 함께 헤엄쳤다." 농장에 속한 서른다섯 가구는 농장에서 생산된 것들로 거의 자급자족이 가능했다. 거대한 소떼만이 예외였다. 그들은 1년에 한 번씩 일주일 넘게 소떼를 몰고 도축장으로 갔다.

열다섯 살이 되자, 세바스치앙에게 이 낙원은 너무 좁게 느껴졌다. 그는 학업을 위해 더 큰 도시로 떠났다. 그곳에서 인생과 정치를 배운 그는 좌파 운동가가 될 생각으로 대학 공부를 시작했다. 그러다 그가 '내 인생에서 가장 중요한 사건'이라고 표현한 일이 일어났다. "내 인생 최고의 여자친구이자 오늘날까지 내가 하는 모든 일의 지지자가 되어준, 숨이 멎도록 아름다운 소녀를 만난 것"이다. 열일곱의 렐리아 델루이즈 와니크는 그런 듯 아름다웠다.

하지만 당시 브라질은 군부독재 치하에 놓여 있었고, 학생운동에 가담했던 두 사람에겐 얼마 지나지 않아 결정의 순간이 다가왔다. 지하로 숨어들거나 해외로 도피하거나. 둘은 후자를 선택하고 파리로 건너갔다. 세바스치앙은 경제학 박사 논문을 쓰고 렐리아는 건축 공부를 시작했다. 그리고 라이카 카메라 한 대를 샀다. 렐리아는 "나는 학업을 위해 카메라를 샀을 뿐, 세바스치앙이 사진에 열정을 보이리라곤 생각지도 않았다. 하지만 그것이 우리의 인생을 바꾸었다"라고 말했다.

세바스치앙의 첫 직장은 어느 투자은행이었다. 그는 세계은행의 개발 사업을 담당했고, 아프리카 출장이 잦았다. 그는 항상 카메라를 들고 다녔다. 사진에 흠뻑 빠진 그는 마침내 1973년, 벌이가 좋은 금융계를 떠나 사진작가가 되기로 결심했다. 그의 결정에 따라온 가족이 처음부터 다시 시작해야 했기에 대단한 용기가 필요한 일이었다. 더욱이 다음 해인 1974년에는 아들 줄리아노가 태어나 돌봐야 할 식구가 하나 더 늘기도 했다.

하지만 그들은 똘똘 뭉쳐 어려운 시기를 견뎌냈고, 마침내 사진작가로서 세바스치앙의 이름이 알려지기 시작했다. 처음엔 시그마 에이전시 소속으로 사진을 찍다가 감마 에이전시를 거쳐 세계 최고의 보도사진작가협회 매그넘에 영입되었다. 그는 아프리카, 유럽, 남미 등 세계 전역을 돌며 그를 유명세에 올려놓은 장기 프로젝트를 시작했다.

그는 피사체와 몇 주씩 함께 지내며 사진을 찍는 방식으로 유명하다. 그러면서 그 사람의 인생과 고통, 희망을 함께 나누는 것이다. 세바스치앙은 이렇게 말한다. "사람들은 나를 보고 사진작가라고 부른다. 내 사진을 두고 인류학적 사진 혹은 활동주의 사진이라고 칭한다. 하지만 내가 하는 건 그 이상이다. 나는 사진을 내 인생으로 만들었다."[130] 그는 그저 센 그림을 찾으려고 노력하지 않았다. 대신 경제학적 지식을 바탕으로 정치경제적 맥락까지 사진에 담고자 했다. 모티프를 넘어서 공명하는 듯한 그의 상징적 작품들은 그

렇게 탄생했다.[131]

1986년에 세바스치앙은 브라질 세라 펠라다 금광의 광부들에 관한 르포르타주 사진을 찍었다. 거대한 땅굴에서 5만 명의 사람이 오로지 근육의 힘으로 땅을 쪼개고 있었다. 그 광경을 처음 봤을 때 그는 머리카락이 모두 곤두서는 기분이었다. "몇 초 사이에 피라미드부터 바벨탑, 솔로몬 왕의 광산까지 유사한 인류의 역사가 내 눈 앞에 펼쳐졌다." 인간의 호들갑과 금을 향한 욕망, 도구의 궁색함 앞에 그는 마치 '태초의 시간'으로 돌아간 듯한 느낌을 받았다. 세라 펠라다를 찍은 그의 사진은 이런 고고학적 감성을 고스란히 담고 있었고, 후에 이 사진을 보고 감명받은 다큐멘터리 영화 감독 빔 벤더스(Wim Wenders)는 세바스치앙을 주인공으로 한 영화를 만들었다.[132]

이 무렵 세바스치앙은 몇 달씩 집에 들어오지 않았다. 집에서 사진을 정리하고 가정을 꾸리는 건 모두 렐리아의 몫이었다. 1981년에 태어난 둘째 로드리고는 다운증후군이었다. 그녀는 가끔 힘이 들 때도 있었다고 고백했다. 하지만 스스로를 피해자로 여기지는 않았다. 그녀는 "함께할 수 있어 정말 좋았다. 살면서 같은 목표를 갖는다는 건 정말 멋진 일이다"라고 말했다. 렐리아는 부부관계를 상호 보완적인 것으로 생각한다. "사진작가들은 지원이 필요하다. 사진을 찍으러 멀리 떠나면 생활을 돌봐줄 누군가가 있어야 한다." 그래서 그녀는 그 일을 맡았다. 게다가 건축 공부를 한 그녀에겐 책과 전시회 구성을 담당할 만한 감각이 있었다. 그녀는 "건축이니 건시 모두 공간을 기획하는 일이다"라고 말했다.

그렇게 1980년대에 들어 렐리아는 도시 계획에서 사진으로 진로를 바꾸었다. 아이를 키우는 동시에 파리의 매그넘 갤러리 관장을 맡아 남편의 첫 대형 전시회도 기획했다. 남편이 오랫동안 부재중이었던 사실은 그녀에게 아무 문제도 되지 않았다. 그녀는 "나는 나의 독립성을 매우 사랑한다. 우리는 나의 독립성으로 그의 작업에 기여할 좋은 길을 찾은 셈이다"라고 말했다.[133]

1990년대, 세계적으로 유명해진 세바스치앙은 난민에 관한 대규모 사진 르포르타주 작업을 시작했다. 6년간 40개국을 돌아다니며 피난 중이거나 수용소 혹은 슬럼에 사는 사람들을 사진에 담았다.[134] 정치나 세계적 흐름으로 인해 위기에 내몰려 절망에 빠진 사람들의 모습을 찍었다. 빼빼 마른 난민들이 피골이 상접한 노인을 등에 업거나 죽은 아이를 팔에 안고서 끝없이 길을 걷거나 종종걸음으로 절벽을 넘어가는 장면을 포착했다. 이러한 사진들에 영향을 받은 건 보는 사람만이 아니었다. 세바스치앙 자신도 영향을 받았다. 르완다에서 참혹한 내전을 목격했을 때, 그는 인생의 가장 힘든 시기를 맞았다. "매일 수천 구의 시체를 보았다. 그리고 인간성에 대한 신뢰를 잃었다." 더불어 그의 면역체계도 이상해졌다. 포도상구균의 공격을 받은 세바스치앙은 온몸에 염증이 생기고 고통에 시달렸다. "아내와 사랑을 나눌 때 내 몸에서 정액이 아니라 피가 나오기 시작했다."

그는 중병이라는 진단을 예상하고 의사를 찾아갔으나, 의사는

178

생리학적으로 아무 문제가 없다고 했다. 문제는 다른 데에 있었다. "당신은 병에 걸린 게 아니라 이미 죽었다." 사람들의 죽음을 너무 많이 본 탓에 그의 몸이 시체처럼 변하기 시작했다는 것이었다. 그는 당장 카메라를 손에서 놓아야 했다. 의사는 그에게 "그렇게 하지 않으면 당신도 사진 속 사람들과 함께 죽을 테니 당장 그만두라"고 지시했다.

그렇게 사진을 놓게 된 세바스치앙은 깊은 절망에 빠졌다. 그토록 많은 불행을 허락한 세상 전체에 화가 치밀었다. 인간의 미래에 대한 그 어떤 희망도 가질 수 없었다. 그때, 그런 그를 붙든 것은 아내의 사랑과 가족의 지지였다.

어느 순간 세바스치앙 마음속엔 자기가 태어난 곳, 유년 시절의 낙원으로 돌아가고 싶다는 마음이 싹텄다. 마침 나이가 든 세바스치앙의 부모가 그에게 농장을 상속하고자 했다. 세바스치앙과 렐리아는 브라질로 떠났다. 하지만 예전의 낙원은 더 이상 없었다. 벌목과 지반 침하로 지역의 절반을 차지하던 우림의 비율이 0.5퍼센트로 떨어졌다. 이전의 비옥했던 땅은 생명력을 잃은 황무지가 되었다. 황폐한 땅은 새 주인의 영혼과 닮아 있었다. 세바스치앙은 그 땅을 "마치 나처럼 죽었다"고 느꼈다.

아마 렐리아가 곁에 없었더라면 그런 상황에 놓인 세바스치앙은 끝없는 나락으로 떨어지고 말았을 것이다. 렐리아는 확신을 가지고 세바스치앙에게는 정신 나간 것처럼 들리는 제안을 했다. "당신이 우림을 예전처럼 만들면 어때요? 낙원을 다시 만들어보비요!"

그리고 그녀 자신이 그렇게 하기 시작했다. 그녀는 농업 전문가를 찾아가 우림을 다시 조성할 수 있는 방법에 관해 조언을 구했다. 수백 종류의 서로 다른 나무를 심어야 한다는 것을 알고는 그 일을 시작했다. 렐리아는 다른 사람의 도움을 받아 나무를 한 그루, 한 그루씩 심어나갔다. 첫해엔 그중 대부분이 죽었다. 다음 해는 좀 덜 죽었다. 몇 년이 지나자 점차 땅이 푸르게 변하기 시작했다. 새와 나비, 열대의 꽃들이 그 땅을 다시 찾았다. 우기에 폭우가 쏟아져도 산사태가 일어나지 않았다. 땅으로 흡수된 빗물이 호수와 하천으로 흘렀다. 마침내 악어까지 돌아왔다.

살가두 부부는 농장을 거대한 자연보호 프로젝트로 변모시키는 동안 자연의 놀라운 치유력을 경험했다.[135] 동시에 세바스치앙의 몸도 생명의 자연 치유력을 맛보았다. 병의 증세가 줄어들자 그도 다시 확신이 생겼다. 카메라를 다시 잡고 싶단 소망도 생겼다. 하지만 지금껏 평생을 바쳐 찍어온 인간들은 더 이상 찍고 싶지 않았다. 그는 이 행성에 살고 있는 다른 거주자들, 동물과 자연 그리고 자연과 균형을 이루며 살아가는 공동체를 찍기로 마음먹었다.[136]

그렇게 해서 2004년부터 세바스치앙은 렐리아와 함께 '제네시스' 작업에 들어갔다. 애초에 이들은 이 프로젝트를 지구를 유린하는 행태에 대한 저항으로 생각했다. 이 행성의 오염과 파괴를 기록하려는 시도라고. 하지만 점차 생명의 압도적인 재생력 쪽으로 초점이 옮겨갔다. "수십만 그루의 어린 나무와 우리에게 주어진 새로운 생명이 일깨운 확신을 바탕으로" 지구의 고통 대신 아름다움을 기록하기로 결심했다.

세바스치앙은 다시 여행을 떠났다. 지구상에서 가장 외딴 곳들을 찾아다녔다. 이번엔 혼자이기보다는 렐리아나 줄리아노와 함께일 때가 많았다. 그것은 생명의 근원으로 떠나는 시간 여행이었다. 지구의 표면을 형성한 근원을 찾아 화산과 지진의 현장을 찾아다니고, 인간의 손을 타지 않은 오래된 종의 동물을 따라다녔다. 원시적 생활방식을 오늘날까지 고수하며 세상과 떨어져 사는 부족도 만났다. 9년의 작업 끝에 사진 250장을 묶은 두툼한 사진첩이 세상에 나왔다. 우리의 지구가 얼마나 경이로운지를 보여주는, 삼라만상의 놀라움을 담은 책이었다.

때로 세바스치앙은 키치의 극단이란 비난을 받기도 했다. 실제로 그의 사진은 흉측함을 드러낼 때조차 미학적 효과가 두드러진다. 인간 경험의 실존적 깊이가 거기서 드러난다고 믿기 때문이다. '제네시스' 또한 낭만적 기획은 아니었다. 그건 자연의 압도적 힘을 포착하고, 같은 재료로 새로운 것을 만들어내는 자연의 측량할 수 없는 능력을 형상화해보려는 시도였다. 작업을 마친 세바스치앙은 이 여정을 통해 인생은 짧다는 것을 깨닫고, 2000년을 넘게 산 나무는 어떤 경험을 했을지 상상해봤다고 말했는데, 종교적 뉘앙스마저 느껴졌다.

세바스치앙 살가두처럼 많은 것을 보고 많은 고통을 경험한 사람에겐 자신만의 세상을 보는 시각이 생기게 마련일 것이다. 그리고 그린 삶의 끝엔 체념이나 확신이나 하는 선택만이 남이 있을 것이다.

인간의 잔인함과 우둔함 앞에 절망할 수도 있다. 하지만 그럼에도 다시금 꽃피우는 생명에, 지구상에 남아 있는 아름다움과 사랑에, 나 자신이 그 위대한 순환의 일부라는 사실에 감동할 수도 있다.

5장

절망에서 벗어나는 확신의 도구

당신은 지금 투옥됐다. 제대로 된 기소 절차도 없이 권위주의 정권의 전횡으로 감옥에 보내졌다. 언제 풀려날지 기약도 없다. 그 어떤 굳은 확신이 있더라도 이런 상황은 가혹한 시련이다. 인간은 이러한 강압적 상황을 어떻게 받아들여야 할까? 이처럼 절망적인 상황에서 인간은 무엇을 의지할 수 있을까?

터키에서 367일간 끔찍한 수감 생활을 견뎌야 했던 데니즈 유셀(Deniz Yücel)은 매일같이 이러한 질문에 마주했다. 그가 독일 일간지 《디 차이트》에 기고한 기사가 에르도안 정부의 심기를 거스른게 화근이었다. 그는 "테러 단체를 옹호하는 프로파간다를 퍼뜨렸다"는 죄목을 뒤집어썼다. 이는 터키에서 언론인을 탄압하는 데 사용하는 전형적인 질책성 표현이었다. 매일같이 함께 갇혔던 사람들에 관한 비극적 소식이 들려왔고, 그때마다 걷잡을 수 없는 무력감과 싸워야 했다.

다행히 독일에서 데니즈 유셀을 구명하기 위한 운동이 전개되었다. '데니즈를 석방하라(free Deniz)'는 광범위한 연대운동이 일어났고, 그의 사건에 대중적 관심이 모아졌다. 뒤로는 독일 정부가 외교적 노력을 기울인 끝에 마침내 그는 수감된 지 1년 만에 석방될 수 있었다. 두 가지 의미에서 세상과 단절되었던 이 언론인은 수감 생활 동안 어떤 경험을 했을까? 고립된 환경에서도 그가 용기를 잃지 않도록 붙잡아준 것은 무엇이었을까?

유셀을 버티게 했던 가장 큰 힘은 두 가지였다. 첫째, 자신은 결백하며 그렇기에 굴복하지 않겠다는 결심. 둘째, 자신이 경험한 모든 것을 기록하고 증언하겠다는 소망. 그는 유치장에 갇혔을 때를 이렇게 언급했다. "제일 먼저 흡연이 금지되었다. 이스탄불의 경찰서 유치장에서 13일을 보내는 동안 최악은 그것이었다. 곧장 형편없는 식사가 나왔고, 온갖 횡포가 뒤따랐다. 심지어는 종이와 필기구 소지도 금지되었다. 하지만 이 모든 것이 나를 침묵하게 하지는 못했다. 말할 게 너무나도 많았으니까."[137]

감옥에서도 자유를 경험한 데니즈 유셀

실제로 유셀은 감시를 따돌리고 글을 쓰는 데 성공했다. 처음엔 부러진 플라스틱 포크를 펜촉으로, 밥 먹다가 남긴 붉은 소스를 잉크로 삼았다. 하지만 소스엔 기름이 너무 많았고, 포크 끝은 너무 거칠었다. 그러던 어느 날, 그는 의사 면담을 갔다가 예기치 않게 '코앞에 놓인 볼펜 한 자루'를 발견했다. 감시가 소홀한 틈을 타 그걸 손에 넣은 유셀은 다행히 몸수색도 통과해 무사히 볼펜을 반입했다. 종이가 없는 건 마찬가지였지만, 그에게는 책이 한 권 있었다. 아내 딜렉이 변호사를 통해 넣어준 터키어판 《어린 왕자》가.

책장을 넘기며 유셀은 "생텍쥐페리가 텍스트와 삽화를 넣은 위아래로 충분한 여백을 남겨둔 것이 내게 얼마나 의미 있는 도움을 주었는지"를 확인했다. 그는 진료실에서 가져온 볼펜으로 "이불 속에 숨어서 흐릿한 불빛에 의지해" 책의 여백에 수기를 남겼다. 그런 다음 책을 더러운 빨래더미에 숨겨 변호사에게 넘겼다. "변호사는 자신이 다 신은 양말 꾸러미와 함께 무엇을 반출하고 있는지를 알지 못했다."

이를 통해 유셀은 두 가지 자유를 경험했다. 먼저 감시를 따돌리는 것으로 자율성과 자기결정감을 되찾았다. 다음으로 글을 쓰는 행위를 통해 외적으로 무의미해 보였던 수감 생활에 내적 의미를 부여했다. 유셀은 다음과 같이 기록했다. "내가 여기서 알게 된 모든 사람들, 쿠르드 해방 운동가, 브로커, 지적과 공무원, 수감된 판사와 경찰관, 조직 폭력배 등이 입을 모아 내게 말했다. '데니즈, 이모든 걸 기록해야 해.' 나는 말했다. '물론이지. 내가 글로 남길 거야. 무엇보다 그게 내 일이니까. 우리 모두 여기에 재미로 온 건 아니잖아.'"

이러한 유셀의 수기는 《우리 모두 여기에 재미로 오지는 않았다 Wir sind ja nicht zum Spaß hier》라는 책으로 출간되었다. 그의 첫 글이 2017년 2월 26일 독일 일간지 《디 벨트Die Welt》의 주말 섹션에 실린 지 1년여 만에 그의 르포르타주와 관찰기, 풍자 에세이가 한 권의 책으로 묶여 나온 것이다.[138] 이 책에서 유셀은 자신과 같은 역경을 견뎌냈던 터키의 신문 기자인 일한 셀축(Ilhan Selçuk)을 떠올렸다. "1971년 군사 쿠데타 직후 그는 비밀 감옥에 투옥됐다. 고문을 조직적으로 일삼던 곳이었다. 편지를 쓸 수 있었지만 검열을 거쳐야 했다. 고문했다는 기록이 검열을 통과할 방법을 찾아야 했다. 그는 '아크로스틱(Acrostic)'*으로 평범해 보이는 편지를 썼다. 그렇게 셀축은 고문을 물리쳤다."

그렇지만 유셀은 비밀리에 작성한 글을 몰래 유출하면서 "승리 감만을 느끼지는 않았다." 그는 "그보다 더 깊고 진실한 행복"을 느꼈다. 그는 검열을 피했을 뿐 아니라, 터키의 사법 체계가 그에게서 빼앗으려고 했던 것, 즉 자신에게는 행동할 수 있고 변화를 가져올 수 있는 능력이 있다는 기운을 되찾았다. 유셀은 나짐 히크메트(Nazim Hikmet)의 시를 인용했다. 히크메트는 1938년부터 1950년까지 정치적 이유로 터키에서 감옥살이를 했는데, 그 경험을 시로 남겼다. "붙잡혀 있다는 사실은 중요하지 않습니다 / 굴복하지 않는 것이 중요합니다."

2장에서 소개한 에픽테토스의 사상이 다시금 떠오른다. 녹록

---

* 각 행이나 단어의 첫 글자 또는 끝 글자를 맞추면 특정한 어구가 되는 그리스 시법의 하나로, 알파벳 시 또는 글자 수수께끼라고도 한다. 예를 들어 '데어 엘레판트 니크트 임마 쥐뤽(Der Elefant nickt immer zurück)'은 '그 코끼리는 언제나 머리를 끄덕여 답한다'는 문장이지만, 원뜻과 무관하게 앞글자만 따면 'Deniz'란 의미가 된다.

치 않은 외부의 상황을 대하는 것 또한 내적 태도에 달렸다. 억압적 상황에 굴복해 체념부터 할 것인가, 아니면 정신적 저항력을 발휘해 스스로 자유를 지켜나갈 것인가? 여기서 저항 행위의 정도는 그리 중요하지 않다. 유셀이 감옥에서 글을 50쪽을 썼든 500쪽을 썼든 상관없는 것처럼. 그보다 중요한 것은, 비유적으로 말하자면, 감방 문에 발끝을 집어넣어 열 수 있는 틈을 만들어내는 것이다.

아주 작은 틈만 만들어낼 수 있어도 억압적이거나 절망적인 상황에서 벗어날 수 있다. 완전히 궁지에 몰린 듯한 느낌은 사라지고, 어떻게든 해볼 수 있을 것 같은 자신감이 들기 시작한다. 그러기 위해선 자신이 가치 있는 존재라는 믿음과 확신을 굳건히 지키려는 노력이 필요하다.

두려움을 길들이는 치유의 글쓰기

유셀의 이야기는 에픽테토스의 가르침을 되살리는 데서 끝나지 않고, 글쓰기란 행위의 위대한 힘을 보여준다. 사람들은 글쓰기를, 특히 언론인의 글쓰기를 일상적인 일로 생각하는 경향이 있다. 하지만 언론인의 작업이든, 일반적 사실에 대한 기술이든 간에 자신의 경험을 기록하는 일은 그 자체로 의미가 있다. 힘들고 답이 없어 보이는 상황에서도 글쓰기는 치유 효과를 발휘한다.

경험은 글로 표현하는 과정에서 이미 인식의 변화가 일어나기 때문이다. 프랑스의 철학자 롤랑 바르트는 어머니를 잃고 난 후에 쓴 《애도 일기》에서 이렇게 말했다. "나의 슬픈 마음을 표현할 수가 없다. 하지만 그럼에도 말로 할 수는 있다. 내가 언어로 '견딜 수 없는'이라는 단어를 사용하고 있다는 사실이 즉시 참을 만한 것으로 만들어준다."[139]

자신의 감정 혹은 경험을 명명하고 글로 설명하는 것은 자연스럽게 내적 거리를 만들어낸다. 경험에 사로잡히는 대신, 관점의 변화를 통해 자신의 고통을 외부에서 객관적으로 들여다볼 수 있는 것이다. 의사가 환자의 고통을 보면서도 치료의 가능성을 고려하는 것과 비슷하다. 또한 글을 쓰는 동안 자기 경험을 다른 맥락에 세워놓고 다르게 생각하는 실험을 해볼 수도 있다. 그런다고 고통이 사라지진 않지만 참을 만하게는 된다. 소설가 헤르타 뮐러(Herta Müller)는 "두려움은 글쓰기를 통해 길들여진다"고 했다. 창작 동기에 대한 질문을 받을 때면 그녀는 "나는 문학을 쓰는 게 아니라 기댈 곳을 찾는 것이다"라고 답했다.[140]

그런 점에서 글쓰기는, 옥중 서신이나 병상 일기 같은 것이 아니더라도, 간단하면서도 효과적인 확신의 도구라 할 수 있다. 사용된 단어 하나하나의 가장 진실한 의미를 알고 그 이야기의 통제권을 갖는 건 바로 글을 쓰는 당사자이기 때문이다. 적어도 이야기를 어떻게 풀어갈 것인지, 그 방식과 종류는 글 쓰는 사람에 의해 정해진다. 프란츠 카프카의 《아버지께 드리는 편지》부터 칼 오베 크나우스고르(Karl Ove Knausgård)의 자전적 연작소설 《나의 투쟁Min

Kamp》에 이르기까지 수많은 문학작품이 이러한 메커니즘 덕분에 존재할 수 있었다.[141]

특히 소설가 안드레아스 알트만(Andreas Altmann)은 언어의 치유적 기능을 인상적으로 확인시켜준다. 그 역시 같은 노르웨이 출신 작가 크나우스고르처럼 힘겨운 인생사를 글의 소재로 삼았다. 알트만의 전기는 제목이 모든 것을 말해준다. 그는 2011년 《개 같은 시절Das Scheissleben meines Vaters, das Scheissleben meiner Mutter und meine eigene Scheissjugend》을 출간했다.[142] 독실한 가톨릭 신자인 알트만의 아버지는 독일 남부의 작은 도시 알트외팅에서 묵주를 팔며 살았다. 하지만 그는 집에서는 전제적이고 폭력적이기 그지없었다. 알트만은 이런 아버지 밑에서 유년 시절 내내 폭력에 시달렸다. 수십 년간 알트만은 자신을 '완전한 실패자'로 인식했다. "수십 개의 직업을 전전하고, 세 번이나 대학을 들어갔다 나오고, 열세 번의 심리 치료를 실패한 끝에" 스스로 내린 결론이었다.

하지만 이런 상황에서도 그를 구원한 한 가지가 있었다. "나는 미로처럼 얽히고설킨 무의식과 인생의 굽은 길 위에서 언어를 발견했다. 그건 내 상처 위에 바르는 연고였다. 내게 언어는 구명보트였고 인공호흡기였으며 화염방사기였다." 그는 인생에 역겨움을 느꼈다. 그건 "사랑으로도 심리 치료로도 로또 당첨으로도" 무마될 수 없었다. "오직 언어만이 방향을 잃고 사라져가던 내 존재를 늪에서 구해낼 능력이 있었다."[143]

수년간 그는 하루하루를 견디기 위해 심리 치료를 받았다. 치료사 없이는 '살아 있음'을 견딜 수 없었다. 하지만 글을 쓰기 시작하면서 심리 치료를 중단했다. 알트만의 인생에 전환기가 찾아온 것은 중국을 여행하면서 쓴 글이 국제적 월간지 《게오GEO》에 실리면서부터다. 불안정한 여행자는 한순간에 유명 작가가 되었고, 더 많은 신문과 잡지에 글을 싣게 되었다. 알트만은 "다른 사람들이 내 성과를 인정해줬다는 데서 오는 오롯한 환희 그리고 그에 따른 금전적 혜택"이 자기 삶을 구원했다고 느낀다. 그 역시 글로부터 '빼앗기지 않는 집'을 찾은 것이다.

그렇다고 글쓰기의 이익을 누리기 위해 모든 사람이 기자가 되거나 돈을 받고 자기 이야기를 팔 필요는 없다. 그저 일기를 쓰는 것만으로도 글의 치유력을 경험하고 내면의 확신을 강화할 수 있다. 약속 시간을 깜빡하거나, 서류가방이 뒤죽박죽되거나, 열쇠가 어디론가 사라져버린 날의 짜증스러운 불운들을 글로 옮기면서 한 발짝 떨어져 바라보면 하나같이 재미있는 이야깃거리가 된다. 빈 종이에 써보거나 친구에게 간단히 이메일이나 메시지를 보내보는 것도 우울한 사건을 코미디로 받아들이는 데 도움이 된다.

나도 젊었을 때 비슷한 경험을 한 적이 있다. 어떤 어여쁜 아가씨에게 반해 몇 주간 데이트 신청을 했지만 매번 거절당하고 있었다. 이번이 마지막이야, 하고 한 번 더 용맹하게 돌진했다가 장렬하게 전사했던 날 저녁, 나는 와인 한 병을 들고 책상에 앉아 친구에게 고통을 호소하는 편지를 쓰기 시작했다. 그런데 구구절절 써내려갈수록(그리고 와인 병이 점점 비어갈수록) 비통한 드라마는 소년 S의 오묘한 고통에 관한 희극적 보고서가 되어갔다. 결국 모든 게 남의 일인 것처럼 한바탕 웃어버리고 말았다. 그리고 친구에게 편지를 보내기 전, 즉흥적으로 한 부를 더 복사해 그 아가씨에게도 보냈다. "이걸 보면 당신도 웃길 거예요"라는 메모까지 적어서. 그녀는 자조 가득한 편지에 엄청난 감동을 받았고(혹은 기분이 으쓱해졌고), 우리는 결국 만나서 연인이 되었다.

연애뿐 아니다. 엄청난 재앙도 그걸 소재로 글을 쓰다 보면 한결 견디기 쉬워진다. 글을 쓰는 동안 무의식적으로 누군가와 연대하고 있는 듯한 기분이 들기 때문이다. 그 대상이 가상으로만 존재하는 미래의 독자라 할지라도 연대감은 느껴진다.

글쓰기가 얼마나 사람들에게 이점이 있는지 처음으로 연구한 심리학자는 텍사스 대학교의 제임스 페니베이커(James Pennebaker)다. 그는 1980년대에 표현적 글쓰기(expressive writing)라고 하는 심리 치료법을 내놓았다. 삶에 큰 영향을 준 충격적 경험에 대한 내면의 감정을 글로 표현하는 것이 고통 완화와 치유 효과가 있다는 것이다.

이를 증명하기 위해 페니베이커는 학생 50명을 대상으로 실험을 진행했다. 실험군과 통제군으로 나뉜 학생들은 나흘간 15분씩 글을 쓰도록 요청받았다. 실험군은 삶에서 비롯된 감정이나 생각, 또는 털어놓지 못한 마음의 상처에 대해, 통제군은 일상적이거나 피상적인 주제에 대해 글을 쓸 것을 주문받았다. 실험군의 학생들은 대부분 자기감정을 글로 표현하며, 가장 끔찍했던 경험과 사건에 대해서도 솔직하게 적었다. 몇몇은 사랑하는 사람을 잃어서 힘든 마음을 털어놓았고, 누군가는 사고나 병마와 싸운 기억을 이야기했으며, 누군가는 어려운 가정형편을 말하기도 했다. 성폭력을 당한 고백까지 있었다.

실험군의 학생들은 글을 쓰는 시간마다 북받치는 감정 때문에 눈물바다를 이루곤 했다. 실제로 이들은 글을 쓴 직후 혈압이 상승하기도 했다. 부정적 감정과 대면하는 경우도 잦았다. 하지만 장기적으로 실험군의 학생들에게 글쓰기는 유익했다. 6개월 후 학생들을 추적 연구를 한 결과, 고통스러운 기억을 진솔하게 기술했던 실험군의 학생들은 그와 무관하게 일상적인 글을 썼던 통제군의 학생들에 비해 병원에 가는 비율이 현저히 낮았다. 이 같은 결과를 확인한 페니베이커는 글쓰기의 치유적 효과를 좀 더 자세히 연구하기로 결심했다.[144]

페니베이커는 이후 글쓰기가 건강에 미치는 영향에 대한 실험을 150건 진행했고, 자기주장의 논거를 확실히 마련했다.[145] 글쓰기의 긍정적 효과는 신체 건강 면에서 더 확연히 나타났다. 연구에 따르면, 글쓰기는 면역 활성화를 돕고, 스트레스와 다양한 병의 증상을 완화시켰다. 《디 차이트》의 건강 섹션에서는 그의 연구 결과를 "다양한 사례가 인상적이었으며, 그것들이 증명한 효과가 놀라웠다"라고 논평했다.[146]

물론 모든 사람이 안드레아스 알트만과 같은 글쓰기의 효과를 경험할 수는 없는 노릇이다. 또한 모든 상황에서 글쓰기가 심리 치료를 대체할 수 있는 것도 아니다. 하지만 글쓰기만큼 간단하고 시도하기 쉽고 부작용 없는 방법도 없다. 언제나, 누구나, 어디서든 부담 없이 시도해볼 만하다. 필요하다면 관련 도서의 도움을 받는 것도 좋다. 서점에 가면 '치유의 글쓰기'에 관한 책들이 많이 나와 있다. 아니면 그냥 직접 시도해보는 것도 괜찮다. 나의 경험을 글로 풀어내는 것이 도움이 되는지, 된다면 어떻게 되는지 일단 해보는 것이다. 어차피 우리가 상업 소설을 내는 것도 아니지 않은가.

존엄성과 내적 자유를 강화하는 자기효능감

글쓰기는 자기효능감을 경험하는 한 방편이다. 자기효능감이란 자신이 어떤 일을 성공적으로 해낼 수 있는 능력이 있다고 믿는 것을 말한다. 자기효능감은 특히 어려운 상황에 처했을 때 매우 중요하다. 어쩔 수 없는 상황에 처한 사람이 적어도 한 가지라도 스스로 결정권을 가지고 효능감을 발휘한다면 이미 그 어려운 상황의 절반은 이겨낸 셈이다. 자기효능감은 자신의 존엄성과 내적 자유를 강화할 뿐 아니라 기쁨을 느끼게 하고, 심지어는 데니즈 유셀이 경험한 '보다 더 깊고 진정한 행복'에까지 이르게 하기 때문이다. 이러한 긍정적 감정은 두려움, 걱정, 좌절 등과 같은 부정적 감정의 가장 큰 저항제가 된다. 따라서 자기효능감을 느끼는 순간 사람은 두려움이 아닌 확신을 갖게 된다.

문론 자기효능감을 느끼는 방법은 글쓰기 외에도 많다. 어든 일곱 살의 우리 어머니는 일반적인 노화 증상을 이겨내기 위해 하루에도 몇 번씩 정원을 가꾼다. 새로운 모종을 심고, 잘 익은 토마토를 따고, 직접 기른 채소를 거둔다. 그럴 때마다 어머니는 확고한 자기효능감을 경험한다. 갈수록 점점 더 많은 것들이 힘들어지는 것을 자각하면서도 텃밭에 나가 있을 때는 마치 모든 통증을 잊은 것처럼 활발히 움직인다.

그림 그리기나 시 쓰기, 음악 연주 같은 예술적 활동을 할 때도 자기효능감이 두 날개를 펼치는 게 느껴진다. 요리나 바느질, 집 수리 같은 집안일을 하면서도 자기효능감을 느낄 수 있다. 독일에서 기계 정비소와 카페를 합친 '정비소 카페(reparaturcafe)'가 인기 있는 것도 이런 이유에서다.

사람들은 디지털 세계화 시대를 맞아 다양한 발전에 무방비로 노출되고 거대한 기계 속 작은 톱니바퀴로 존재하는 것 같은 기분을 느낀다. 이럴 때 다양한 경로로 자기효능감을 경험하는 것은 정신건강에 유익하다. 누군가는 만들기나 요리, 텃밭 가꾸기는 너무한 거 아니냐고 비웃을지도 모르겠다. 하지만 이런 활동이 TV 앞에 앉아 수동적인 소비를 경험하는 것보다는 훨씬 긍정적이다.

세상에서 일어나는 일에 눈을 감고 자신만의 정원으로 숨어들라는 뜻은 아니다. 오히려 그 반대다. 갖가지 사건 사고나 당면한 문제가 많은 혼란스러운 세상 속에서도 자기효능감을 발휘하고 유지할 줄 아는 사람은 더욱 적극적으로 세상 속에 뛰어들 줄 안다. 자신의 목소리를 높이고 사회적 활동이나 정치적 활동에 건설적으로 참여한다. 그런 것 없이 어떻게 이 세상을 살아갈 수 있겠는가. 이 세상 어떤 일에도 내가 영향을 미칠 수 없다면 결국 모든 건 허사라는 말인데, 무력감에 빠져 체념하거나 세상을 향해 실망 어린 분노를 터뜨리는 것 외에 과연 무엇을 더 할 수 있을까?

이러한 암울한 생각은 현대의 네트워크가 가진 특유의 역동성에 의해 더욱 강화된다. 이른바 '사회적'이라고 하는 디지털 매체들이 피드백을 매우 즉각적으로 제공하기 때문이다. 그리고 대개 긍정적 반응보다는 부정적 반응에 더 빠른 관심을 보인다. 인터넷 전문가 재런 러니어(Jaron Lanier)는 그렇기에 디지털 매체는 "부정적 감정을 강조하는" 경향을 띄고, 네트워크 안에는 "부정성의 파도가 일렁이기 쉽다"고 설명한다.[147] "부정적 감정은 더 빨리 일어나고 천천히 잦아든다. 사람은 두려움을 느끼는 데는 매우 빠르지만, 다시 평정을 되찾는 데는 오래 걸린다. 또한 신뢰를 형성하는 데는 매우 긴 시간이 필요하지만, 그걸 다시 잃어버리는 것은 금방이다."

'가상현실(VR)'이란 개념을 탄생시킨 러니어 본인도 이와 관련된 인상적인 경험을 한 적이 있다. 그는 "이미 오래전에 인터넷 게시판에만 들어가면 내가 나쁜 놈이 된 듯한 경향이 느껴졌다"고 말했다. 디지털 세상의 부정적 성향이 그의 감정에 직접적 영향을 미친 것이다. 그는 《지금 당장 당신의 SNS 계정을 삭제해야 할 10가지 이유Ten Arguments for Deleting Your Social Media Accounts Right Now》라는 책을 집필했는데,[148] 이런 '부정적 감정의 물결'이 제일 큰 원인이 되었다.

그러니 자기효능감을 갖거나 높이고 싶다면 온라인 게시판을 들락거리며 다른 사람의 부정적 의견을 읽는 것보다는 공자의 가르침에 귀를 기울이는 것이 훨씬 더 도움이 된다. 공자는 "어둠을 저주하는 것보다 작은 초 하나를 켜는 것이 낫다"고 했다. 즉 온라인 게시판에 로그인하거나 식탁 의자에 앉아서 길고 장황하게 이 세상의 불행과 불공평함에 대해서 논하는 것보다는, 그리고 있느라 아무것도 안 하는 것보다는, 차라리 한 가지라도, 아주 작고 사소한 것일지라도 실제로 행동하는 것이 훨씬 의미 있다는 얘기다. 그렇게 하면 이 세상이 아주 조금이나마 좋아질 뿐 아니라 그 사람의 기분도 한결 나아질 것이다.

공자의 말이 너무 멀게 느껴진다면 운전하는 것을 생각해보자. 운전하는 도중에 갑자기 예기치 못한 장애물, 다시 말해 쓰러진 큰 나무나 나동그라진 자동차 같은 걸 마주쳤는데 브레이크를 밟기에 너무 늦었다면 어떻게 해야 할까? 아마도 운전학원 강사들은 장애물에 집중하기보다는 돌아갈 길이 있는지 찾으라고 말할 것이다. 충돌할 것 같은 포인트만 바라보다 보면 두려움에 사로잡힌 나머지 영락없이 들이박게 마련이다. 재빨리 곁눈질로 빠져나갈 구멍을 찾는 사람이 그나마 충돌을 피할 기회를 얻을 수 있다.[149]

재앙이나 부정적 사건에만 눈길을 두는 사람도 마찬가지다. 이런 사람들은 항상 그런 것만 신경 쓰다가 결국엔 모든 생각을 부정적으로 하게 된다. 그러다 보면 마치 마법의 주문처럼 현실의 불행을 야기할 수도 있다.

요즘 문제가 되는 가짜뉴스를 받아들이는 과정도 이와 비슷하다. 잘못된 주장에 반박하기 위해 오류를 찾아내려고 그 내용을 계속해서 반복적으로 들여다본다. 그러다가 오히려 가짜뉴스를 믿는 일이 벌어지기도 한다. 한 연구 결과에 따르면, 반박은 금세 잊히는 반면 반복 언급된 오류는 사람들의 머릿속에 계속 남는다고 한다.[150] 종교개혁가 마틴 루터는 인터넷이나 소셜미디어가 발명되기 아주 오래전에 이미 이러한 사실을 깨닫고 "거짓말은 눈덩이와 같다. 오래 굴릴수록 더 커진다"라는 말을 남겼다.

나쁜 뉴스, 때로는 위험한 뉴스로 가득 찬 세상에서 다른 포인트를 찾는 일은 매우 중요하다. 부정적 감정과 불안에 계속 시달리기보다는 긍정적인 방향, 빠져나갈 구멍을 찾아 곁눈질을 해보는 편이 훨씬 의미 있다.

아우슈비츠에서 만난 영혼의 친구

독서 또한 우리를 구원하고 치유를 돕는다. 이스라엘 작가 데이비드 그로스만(David Grossman)은 "문학은, 그것이 정말 훌륭하다면, 독자들에게 내적 공간에 이르는 길을 보여준다"고 했다. "그 공간이 인간의 이성과 직관, 경험의 토대와 맞닿아 있기" 때문에 읽는 행위가 구원이 된다는 것이다. 또한 그는 '탈진실적' 거짓말이 판치는 시대에 한 편의 좋은 이야기는 우리를 "다시금 한 치의 흔들림도 없는 진실과 손잡게 하고, 무엇이 선이고 무엇이 악인가에 관한 실체적 앎으로 인도한다"며 "무엇이 순수하고 깨끗하며, 무엇이 부정하고 탁하며, 무엇이 밝고 어두운지를 알게 한다"고 했다.[151]

문학뿐 아니라 음악에서도 탈출구를 발견할 수 있다. 절박하고 괴로운 극한의 상황 속에서 음악으로 엄청난 자유를 경험한 사람이 있다. 어린 나이에 아우슈비츠 수용소로 끌려갔지만 손에 쥔 악보 한 장과 함께 살아남은 체코의 전설적 쳄발리스트 주자나 루치지코바(Zuzana Růžičková)다. 그 악보는 열다섯 살 루치지코바가 베껴 적은 바흐의 '사라반드(Sarabande)-1717년에 작곡된 영국 조곡' 도입부였다. 그녀는 "단순하고 슬프지만 내겐 정말 사랑스러웠던" 그 작품에 완전히 매료되어 있었다.

나치는 그녀와 그녀의 어머니를 가축 운반용 차량에 실어 어딘지도 모를 곳으로 데려갔다. "먹을 것도 마실 것도 없이 끔찍한 갈증에 시달리며" 그녀는 사흘간이나 차량 안에 갇혀 있었다. 아흔 살에 세상을 떠난 루치지코바는 죽기 전까지 당시를 생생하게 기억했다. "나는 어머니와 나란히 앉아 사라반드 악보에서 눈을 떼지 않은 채 계속해서 머릿속으로 그 곡을 연주했다."[152]

수용소에 도착한 그녀를 맞이한 건 "무섭게 짖어대는 개 소리와 나치 친위대의 고함"이었다. 하지만 그녀는 악보를 놓지 않았다. 그녀는 어머니와 떨어져 화물차에 타게 되었는데, 그때 바람이 불어와 손에 쥐고 있던 악보가 날아갔다. "사랑하는 내 어머니가 그게 내게 얼마나 큰 의미가 있는지를 알았기에 악보를 주우러 달려갔다. 내 뒤를 이어 화물차를 탄 다른 소녀들이 어머니가 나를 따라올 거라며 차 안 깊이 나를 밀어 넣었다." 그렇게 루치지코바는 소녀들과 함께 있게 되었다. 루치지코바는 수용소에서 이들과 함께 노래도 부르고 연주도 하며 지냈다. 그리고 이들을 보살피는 '돌봄도우미'로 임명되었다. 이 직책 덕에 그녀는 끝까지 목숨을 구할 수 있었다.

전쟁이 끝나고서도 루치지코바는 변함없이 바흐의 음악과 함께했다. 그녀에겐 위대한 작곡가와 그의 고뇌가 남처럼 여겨지지 않았다. 그녀가 '영혼의 친구'인 바흐의 작품에서 느낀 것은 "다른 것들과는 비교가 되지 않는 비애"였다. 아울러 그녀는 자신의 감정을 전달하는 통로로 바흐의 작품을 활용했다. "여기에 지금 당신은 땅 위의 작은 벌레처럼 있다. 하지만 당신을 초월하는 보다 높은 어떤 것도 하나의 질서로 존재한다. 그 질서는 당신을 위해 거기에 있으며, 인간적인 것을 정신적인 것으로 구원해낸다."

그리고 1972년 3월 31일. 마침내 그녀는 바흐의 생일에 맞춰 수용소에서 부적처럼 품고 살았던 '사라반드-영국 조곡'을 녹음했다. 그녀는 악보에 따라 연주했지만, 곡의 맨 마지막에 딱 한 번, 해석의 자유를 부여해 바흐가 쓰지 않은 음으로 연주했다. 그녀가 연주한 '사라반드-영국 조곡'의 마지막 음은 원본의 단음계가 아닌 희망을 나타내는 E장조였다.

인간을 인간답게 하는 공감 능력

루치지코바의 감동적인 이야기는 그 어떤 확신의 근거도 없어 보일 때조차 우리를 삶에 붙들어 매는 어떤 힘이 있다는 것을 인상 깊게 보여준다. 그 힘은 공감받고 있다는 느낌에서 나온다. 공감은 모든 물리적 안정이 사라졌을지라도 내가 다른 무언가와 연결되어 있는 것처럼 느끼게 해준다.

독일어로 공감을 뜻하는 단어 레조난츠(resonanz)는 메아리를 뜻하는 라틴어 레조나레(resonare)에서 유래했다. 원래는 어떤 음이 현의 고유 진동수에 가까워질 때 현이 함께 떨리는 공명 현상을 뜻하는 음향학 용어다. 사회학자 하르무트 로자(Harmut Rosa)는 이 공명 현상이 인간들 사이에도 적용될 수 있다고 주장했다. 로자는 "우리를 하나의 종으로 묶는 것은 사회적 감각, 즉 다른 사람의 입장이 되어 생각해보는 능력이다"라고 말한다. "그리고 그런 기분을 느낄 때 우리는 가장 행복하다고 느낀다. 그건 마치 '우리는 같은 주파수로 움직이고 있다'고 누군가 내게 말해주는 것 같은 기분이다. 우리는 모든 동물 중 가장 뛰어난 공감 능력을 지닌 종이라고 말할 수 있다."[153]

하르무트 로자에 따르면, 이러한 '세상의 메아리'는 삶의 기본적 요소다. 우리는 내 자신이 특별히 매력적이며 다른 사람에게 내가 '중요하다'는 느낌을 받을 때, 다른 사람이 내 말에 귀를 기울이고 무력감이 아닌 효능감을 느낄 때 '공감받는 상황'을 경험하기 때문이다. 무엇보다 우리는 사랑할 때 강렬한 공감을 경험한다. 사랑을 하면 두 사람 사이에 있던 일상적 균열과 적대감은 사라지고, 깊은 신뢰와 연대의 감정이 그 자리를 차지한다.

그림이나 시, 악기 연주 같은 예술에서도 공감을 경험할 수 있다. 루치지코바가 바흐의 음악에서 경험한 것도 공감이다. 어떤 사람들은 숲이나 바다 혹은 산과 같은 자연에서 연대의 감정을 느끼기도 한다. 종교는 당연히 거대한 공감의 원천 중 하나다. 하르무트 로자는 "성경 전체가 큰 소리로 외치는 응답을 적어놓은 기록이다. 그리고 모든 종교적 전통이 다양한 공감의 방식을 알고 있다. 그것이 종교가 사라지지 않는 이유이기도 하다"고 말한다.

어디서 어떻게 공감을 경험하는지는 그리 중요하지 않다. 중요한 것은 우리 모두 저마다의 방식으로 공감을 경험하고 있다는 사실이다. 공감 없이는 오래 살 수 없다. 특히 어린아이들에게 공감은 매우 중요하다. 아이들은 부모의 관심과 이해, 존중 없이는 성장할 수도, 자기를 신뢰할 수도, 정체성을 계발할 수도 없다. 처음엔 타인을 모방하고 주변의 공감을 받아들이는 것으로 시작하지만, 점차 이러한 것들을 바탕으로 평생 지속될 자신만의 개성을 만들어나가고 자존감을 형성해나가기 때문이다.[154]

로자는 이런 자신의 '공감 이론'[155]을 바탕으로 성인이 되어서도 다양한 방식으로 공감을 얻도록 노력해야 한다고 주장한다. 우리는 항상 이 세상의 무언가가 '나와 밀접하게 연결돼 있고, 그 관계 안에서 내가 중요하다고 여겨지고 변화될 수 있을 때' 닿아 있음을 느낀다. 이러한 공감의 경험이 없다면 우리는 공허하고 소외된 기분과 더불어 내가 그 삶에 '적합하지 않다'고까지 느끼게 된다.

합창은 효과적인 확신의 도구

공감을 경험할 수 있는 가장 좋은 방식은 아마도 노래일 것이다. 단순하면서도 구체적이기 때문이다. 노래를 부를 때면 우리는 몸 안에 퍼지는 공명을 느낄 수 있다. 이 느낌은 다른 사람과 함께할 때 더 강하고 짙어진다. 그래서 그 어떤 문화와 종교에도 합창은 있다. 축구장에서도 군대 막사에서도 사람들은 함께 노래한다.

함께 노래하는 것만큼 연대감과 소속감을 끌어올리는 것은 없다. 리버풀FC의 엠블럼과 응원가를 떠올려보라. 축구 경기장에 모인 수많은 리버풀 팬들이 왜 열정을 다해 〈당신은 결코 혼자 걷지 않을 거야You'll never walk alone〉를 합창하겠는가. 리버풀에서부터 함부르크와 상 파울리까지, 그 많은 축구 팬들이 그저 골이 들어가는 장면을 직접 보기 위해 토요일마다 이 경기장, 저 경기장을 돌아다니는 건 아닐 것이다. 연대와 공감에서 오는 행복감을 경험하기 위해서도 축구장을 찾는 것이다. 일요일마다 교회에 모여 〈예수, 나의 좋은 친구〉를 노래하는 교인들도 마찬가지다.

합창이 얼마나 놀라운 힘을 발휘하는지 밝혀낸 학문적 연구 결과도 많다. 옥스퍼드 대학교의 심리학자들은 합창에 '마음열기 효과(Icebreaking Effect)'가 있음을 밝혀냈다. 노래는 다른 단체 활동보다 더 강하게 공동체 의식을 강화시킨다. 로빈 던바(Robin Dunbar) 교수의 공동 연구팀은 7개월 동안 7개 형식의 취미활동 수업에 배석했다. 합창, 목공, 글쓰기 등. 그리고 취미활동을 마친 사람들에게 일정한 질문을 하고, 혈중 엔도르핀 농도를 측정했다. 엔도르핀은 긍정적 경험을 할 때 우리 몸이 분비하는 호르몬으로 고통을 완화시키는 작용을 한다. 7개월 후, 모든 평가를 종합한 결과 합창에 참여한 사람들이 다른 수업에 참여한 사람들보다 더 빨리 서로를 신뢰하게 되었고, 더 즐거운 경험을 한 것으로 나타났다.[156]

노래는 환자들의 행복감을 늘리고 두려움을 줄이는 데도 도움이 된다.[157] 오스트레일리아에서 발표된 한 연구에 따르면, 합창은 실제로 고통을 완화시키는 효과가 있었다. 시드니 대학교의 심리학자들은 통증클리닉을 찾은 환자들을 두 그룹으로 나누었다. 한 그룹은 30분씩 9회에 걸쳐 적극적으로 노래를 부르게 하고, 다른 그룹은 그저 수동적으로 노래를 들으면서 스포츠 활동을 하도록 했다. 6개월 후, 두 그룹 모두 상태가 호전되었지만 합창 그룹이 스포츠 그룹보다 통증이 더 많이 경감한 것을 확인할 수 있었다.[158]

노래가, 특히 합창이 효과적인 확신의 도구라는 사실은 그리 놀랍지도 않다. 넬슨 만델라의 인상 깊은 일화에서도 이를 알 수 있다. 그가 처음 아프리카민족회의 정당의 다른 지도자들과 함께 체포되었을 때, 재판이 열릴 때까지 몇 주간을 그저 기다릴 수밖에 없었다. 그래서 만델라는 투옥된 사람들과 함께 매인 자유의 노래를 부르기 시작했다. 만델라는 "노래가 우리의 분위기를 끌어올렸다"면서 당시 노래를 "정말로 힘차게 불렀다"고 말했다.[159]

하루는 누군가가 전설적인 줄루족(Zulu) 전사들의 찬가를 부르기 시작했다. 사람들은 하나둘씩 그 노래를 따라 불렀고, 그러다 누군가가 춤을 추기 시작했다. 마침내 모두가 하나가 되어 춤추고 노래하게 되었다. "몇몇은 우아하게 몸을 움직였고, 몇몇은 마치 얼음을 떨어버리려고 애쓰는 등반가처럼 몸을 부르르 떨었다. 모두가 흥에 겨워 열정적으로 춤을 췄다." 춤을 추고 또 추는 동안 그들 사이의 구별이 사라졌다. "우리에겐 더 이상 우파도 좌파도, 종교 지도자도 정치 지도자도 존재하지 않았다." 그보다는 모두가 "우리 공동의 역사, 우리의 문화, 우리의 땅, 우리의 민족에 연결된 것처럼" 느껴졌다. 그렇게 함께 노래하고 춤추는 것은 말로 전달할 수 있는 범위를 넘어서서 공감의 경험으로 그들을 이끌었다. 만델라는 "그 순간 우리는, 우리를 우리 되게 만든 거대한 과거의 손길을 느꼈다"고 말했다. 동시에 "우리 모두를 묶고 있는 위대한 것의 힘도 느꼈다"고 했다.

물론 감옥생활이 노래하고 춤추는 것으로 끝나지는 않았다. 재판이 열렸고, 만델라는 총 27년을 철창 안에서 보내야만 했다. 그의 인생에서 절반 가까운 시간을 언제 다시 풀려날지도 모른 채 지내야만 했던 것이다. 이럴 때 많은 사람이 그 어떤 용기도, 그 어떤 확신도 잃게 된다. 하지만 만델라는 무너지지 않았다. 오히려 그 반대였다. 감옥살이를 하는 동안 그의 내면은 오히려 성장하고 강해져서 많은 이들의 본보기가 되었다. 그리고 자유의 몸이 되고 1990년에는 남아프리카공화국 최초의 흑인 대통령이 되었다.

오늘날 넬슨 만델라는 강한 확신을 지닌 인물의 전형으로 평가받는다. 어려운 외부 환경에도 불구하고 그는 체념하지 않았다. 그어떤 긍정적 예측이 불가능한 상황에서도 자신이 추구하는 것의가치를 믿었다. 어떻게 이런 일이 가능했을까? 여러 가지 이유가 있겠지만, 정의를 향한 굳건한 신념과 수감생활을 같이한 동지들과의끈끈한 연대도 한몫했을 것이다.

만델라는 무너지지 않기 위해 처음부터 정신을 집중하고 주의깊게 자신을 성찰해나갔다. 그는 "교도소는 그 어떤 독립성도, 그어떤 개인성도 용납하지 않는 전제국가의 순수한 전형 그 자체"라며, "독립 운동가이자 한 인간인 수감자로부터 이러한 가치들을 빼앗으려는 교도소의 횡포에 맞서 싸워야 했다"고 서술했다.[160] 그는교도소의 온갖 악행에도 불구하고 교도관에게 화를 내거나 무례를 범하는 일이 없었다. 대신 학구열 높은 변호사답게 자세히 연구한 교도소 규정집을 펼쳐 이성적으로 자신의 권리를 주장했다. 다른 수감자들의 서명을 받아 노역 경감이나 신문 구독의 권리, 면회권을 협상했다. 그렇게 그는 양측 모두를 존중하면서 오랫동안 조금씩 개선해나갔다.

그러면서 그도 데니즈 유셀처럼 교도관들의 눈을 피할 길을 계속 찾아냈다. 이따금 독방에 감금되거나 대화 금지령이 내려진 와중에도 만델라는 동지들과 비밀리에 교신을 하곤 했다. 수감자 최

장실이나 성냥갑 속에 쪽지를 숨기는 방식이었다. 시간이 지나면서 다른 동에 있는 일반 수감자들과도 연락을 취하게 되었다. 마침내는 식당 직원을 통해 바깥소식도 전해들을 수 있었다. 이렇게 만델라는 독방에 갇혔을 때조차 혼자 있지 않았다. 동지들의 지지와 성원이 그에게 전해졌다. 다른 말로 하자면 그는 일종의 사회적 공감을 경험했고, 그것이 그에게 결정적으로 작용했다.

넬슨 만델라는 회고록에서 이렇게 술회했다. "교도소의 최대 실수는 우리를 단결하게 만든 것이다. 함께함으로써 우리의 결단력이 더욱 커졌기 때문이다. 우리는 무엇을 배우든 무엇을 깨닫든 항상 함께 나눴다. 그리고 서로 나눔으로써 우리 한 사람, 한 사람의 용기가 몇 배로 커졌다."[161]

인생은 선물이란 사실을 기억하라

하지만 우리의 현실은 이러한 '사회적 공감'의 가치가 제대로 된 평가를 받지 못하고 있는 실정이다. 사람은 다른 사람과 연결되어 있고, 사람들로부터 지지를 받고 있다고 느낄 때 놀라울 정도로 많은 것을 참고 견뎌낼 수 있다. 반대로 이런 감정을 느끼지 못하면, 예를 들어 어디론가 보내져 홀로 남게 되면 극심한 외로움에 시달릴 뿐 아니라 살아갈 용기마저 잃게 된다. 더 살아야 할 이유가 없다고 느끼기 때문이다. 따라서 사회적 관계 속에서 공감을 경험하는 것은 삶의 의미를 찾는 데 있어서도 매우 중요하다.

하지만 이러한 공감은 꼭 외부적으로만 얻을 수 있는 것은 아니다. 아주 특별한 형식의 공감도 있다. 그것은 바로 평온에서 오는 공감이다. 언제 어디서나 느낄 수 있는 이 공감은, 이상하게 들릴 수도 있지만, 엄청난 힘의 원천이 된다.

먼저 평온에서 오는 공감에 이르기 위해서는 인내심과 일정한 훈련이 필요하다. 평정과 정적을 처음 접하다 보면 방해하는 것도 많고 심지어 불안해질 수도 있다. 갑자기 머릿속으로 생각이 밀려오고, 온몸에 불안감이 퍼진다. 이것 말고 더 좋은 게 있지 않을까? 아직 해야 할 일이 많이 남았는데? 이러다 다른 일을 할 시간을 허비하는 건 아닐까?

하지만 바로 그때, 머릿속에서 온갖 것들이 춤추고 말 그대로 정신을 어디에 뒀는지도 모를 그때, 그 모든 것을 진정시키는 것은 매우 도움이 된다. 평온을 맛보고 머릿속에 돌아가는 회전목마를 세워본 사람은 어떻게 그 많은 것들을 스스로 분류하고 우선순위를 다시 정할 것인지 명확히 알 수 있게 된다. 동시에 평온 속에 있으려면 현재에 고도로 집중해야 한다. 이는 미래에 대한 초조함과 싸워야 할 때, 앞으로 일어날 위험에 대한 걱정으로 내면의 안목이 흐려졌을 때 특히 큰 치유력을 발휘한다.

"미래는 위험하고 불안한 장소였고, 내게 두려움을 주었다. 그래서 오랫동안 과거에 머물렀더니 회한에 잠기게 되었다."〈포레스트 검프〉로 세계적으로 유명해진 미국의 영화감독 로버트 저메키스도 여느 사람처럼 자기 자신과 자신의 걱정, 자신의 책임과 끊임없이 싸워야 했다. 그러던 어느 날, 깨달음이 찾아왔다. "그러므로 내게 최선은 현재에 주목하는 것이었다. 내가 내적 평정과 여유를 찾을 수 있는 단 한 장소는 바로 지금, 여기에 있었다."[162]

현재에 초점을 맞춘 사람만이 더 깊은 두려움과 걱정으로 파고 들어가는 강박적 삽질을 멈출 수 있다. 이러한 삽질에는 사실 에너지도 많이 소모된다. 또한 현재 순간에 집중하면 단순하면서도 특별한 경험을 할 수 있다. 온전히 '여기 있음'의 기적이다. 우리가 바로 지금의 삶 속에 있다는 자명한 사실은 일상적 분주함에 쉽게 묻혀버리고 만다. 불치병이나 사고, 전쟁 혹은 다른 재해 등으로 우리 삶이 위협받는 일이 생기고 나서야 비로소 살아 있다는 것이 얼마나 큰 행복인지를 실감하게 된다.

따라서 현재에 집중하는 일은 그저 두려움에 대한 극복법이나 우울증에 대한 치료법, 그 이상이다.[163] 인생이 선물이란 사실을 언제나 기억하고 싶은 사람이라면 이 방법을 추천한다. 원한다면 명상과 집중에 관한 서적들을 찾아봐도 좋다. 하지만 아주 간단한 방법으로도 할 수 있다. 자신의 호흡을 의식하면서 어떻게 '그것'을 내쉬고 들이마시는지 주목하는 것이다. 호흡은 항상 우리와 함께하는 것이기에 우리는 그것을 의식적으로 '할' 필요도 없었고 그러지도 않았을 것이다. 그런 만큼 호흡에 집중하는 것은 내 자신에 공감하고 자신의 삶으로 돌아올 수 있게 하는 가장 좋은 방법이다.

아주 손쉽게도 호흡을 의식하는 일은 언제 어디서나 할 수 있다.

지하철에서도, 슈퍼마켓에서도, 감옥에서도, 심지어 병상에서도 할 수 있다. 자기 호흡의 리듬에 익숙해질 때 내면은 평안해지고 온전히 현재의 순간으로 흡수된다. 이런 깊은 영적 경험은 종교가 무엇이든 간에 신학에서 말하는 '현재적 존재'에 해당한다. 그것이 정확하게 무엇을 의미하는지는 말로 똑 떨어지게 표현할 길은 없지만, 누구나 직접 경험할 수 있는 것만은 확실하다. 그냥 한번 시도해보지 않겠는가.

지옥에서 살아남은 영혼의 의사, 빅터 프랭클

VIKTOR FRANKL

빅터 프랭클은 참 이상한 사람이다. 어떤 사람에게 그는 세계적으로 유명한, 전설적인 인물이다. 그런데 어떤 사람에게는 이름 한 번 들어본 적 없는 무명인사이기도 하다. 또 어떤 사람은 그를 20세기의 가장 영향력 있는 심리학자 중 하나로 꼽는다. 어떤 사람은 프랭클이 발전시킨 '로고테라피(Logotherapy, 의미치료)'를 미신의 일종으로 취급하기도 한다.

프랭클에 대한 이런 다양한 시각과 논쟁은 그의 신념이 널리 알려지기에는 너무 급진적이기 때문이다. 그와 개인적으로도 교류가 있었던 지그문트 프로이트와는 달리, 프랭클의 사상은 한두 가지 간단한 키워드로 축약해내기가 어렵다. 충동, 억압, 오이디푸스 콤플렉스 등 프로이트 하면 떠오르는 용어나 개념들이 있다. 하지만 프랭클에게는 그런 식으로 대중화된 용어나 개념들이 없다.

게다가 프랭클이 주로 다룬 의미와 확신이란 주제가 20세기 후반에는 그리 환영받지 못했다. 정치적 토론의 장에서는 물론이고 학계에서도 그의 비판적 능력을 의심했다. 20세기는 사람들이 이전의 신조와 양심을 기꺼이 해체하고 모든 전통적 관습으로부터 스스로를 해방시키려던 시절이었다. 프랭클처럼 의미나 희망 등의 개념을 말하는 삶은 가망 없을 정도로 순진하거나 시대에 뒤떨어진 것으로 여겨졌다.

프랭클의 사상이 재평가를 받은 것은 비교적 최근의 일이다. 모든 가치가 해체되고 더 이상 그 어떤 것도 확실하지 않고 믿을 수 없어 보이는 시대가 되자, 사람들은 심리학에서는 물론이고 경영학에서도 의미의 중요성을 다시금 발견했다. 몇 년 전 경제전문 잡지에는 이런 글이 실리기도 했다. "(빅터 프랭클로부터 비롯된) 의미는 가장 핵심적이고, 가장 지속 가능하며, 가장 효과적인 동기부여책이다. 이와 비교하면 그 밖의 다른 것들은 그 중요성이 훨씬 덜하다."[164]

비단 경영자들만이 프랭클의 가르침을 흥미롭게 여긴 것은 아니다. 힘든 시간 속에서도 살아갈 용기와 확신을 주는 것이 과연 무엇인지를 알고자 하는 사람 모두가 그의 가르침에 관심을 보였다. 1905년 오스트리아 빈에서 태어난 의사이자 정신의학자인 프랭클은, 전문적 이론가이자 실천적 의사로서는 물론이고 한 인간으로서도 그 해답을 줄 수 있는 적임자이기 때문이다.

유대인인 그는 제2차 세계대전 동안 나치에 의해 고향에서 추방당했고, 3년간 강제수용소 이곳저곳을 전전하며 살아야 했다. 전쟁이 끝났어도 수용소 생존자들 상당수가 그때의 경험이 트라우마로 남아 평생토록 공포나 악몽, 그 밖의 심리적 병증에 시달렸다. 프랭클 또한 그가 경험한 부당한 일을 떨쳐버릴 수는 없었지만, 그 때문에 무너지지는 않았다. 전쟁 직후 그는 빈으로 돌아와 폴리클리닉의 신경과 과장직을 맡았고, 심리 치료를 위한 의사협회를 설립했다. 프랭클은 32권의 책을 썼고, 빈 대학교와 하버드 대학교에서 강의를 했으며, 전 세계 29개 대학에서 명예 박사학위를 받았다. 열정적인 등반가로 활동적이기도 했던 그는 예순일곱이라는 나이에 비행기 조종사 자격증을 취득하기도 했다.

그가 평생에 걸쳐 품고 산 확신은, 인간에겐 그 어떤 상황이 닥쳐도 삶의 의미와 희망을 찾을 수 있는 능력이 있다는 것이었다. 본인 스스로가 수용소라는 비인간적 환경 속에 놓여 있었지만, 이때의 경험을 토대로 쓴 책 제목처럼 '그럼에도 불구하고 삶에 예, 라고 말하는' 삶을 살았다(빅터 프랭클의 유명한 저서 《죽음의 수용소에서》의 원제 '트로트뎀 야 쭘 레벤 자겐…trotzdem Ja zum Leben sagen'은 이러한 뜻을 담고 있음_편집자).

프랭클은 이 책에서 이미 여러 번 언급한 그리스 철학자 에픽테토스의 사상을 끝까지 밀고 나갔다. 프랭클에게 인간이란 고통과 죽음 속에서도 자유를 지킬 수 있는 존재다. 그는 자신의 저서를 통해 "인간의 모든 것을 빼앗아 갈 수 있어도 단 한 가지, 자유롭게 자신의 행동을 선택할 수 있는 마지막 자유만큼은 빼앗아갈 수 없다"고 말했다.[165] 적어도 자신이 경험한 개별 사례 안에서는 이러한 사실이 여러 번 증명되었다고 기록했다. 배고픔과 수면 부족, 비인간적 처우 그리고 죽음에 대한 계속된 공포. 그럼에도 여전히 "수감자의 전형"으로 살 것인가, 아니면 "이곳에서도 인간으로 존재하고 인격을 유지하는 한 인간으로 살 것"인가에 관한 "어떤 결정"을 내릴 수 있었다. 그리고 이러한 정신적 자유가 있었기에 "마지막 숨을 내쉴 때까지 자신의 인생을 의미 있게 꾸려나가기 위한 기회를 찾는 일"이 허락되었다.

이런 생각은 프랭클에게 전혀 낯선 것이 아니었다. 아주 어릴 때부터 그는 올바른 삶의 태도와 넓은 관점에서 삶의 의미를 묻는 질문에 사로잡혀 있었다. 그는 회고록에서 이미 네 살 때 선잠을 자다가 "언젠가 나도 죽어야만 한다는 생각이 갑자기 떠올라" 놀라서 깨어난 경험을 밝혔다. 하지만 그때 그를 괴롭혔던 건 죽음에 대한 공포가 아니었다. "삶의 허무함이 삶의 의미를 파괴하지 않을까 하는 의문"이었다. 그리고 이때, "죽음이야말로 처음부터 삶을 의미 있게" 만든다는 것을 깨달았다.[166]

이런 질문에 천착하다 보니 당연히 성격도 범상치 않았다. 훗날 한 심리학자는 프랭클을 두고 "그처럼 한편으로는 극단적인 현실성을, 다른 한편으로는 깊은 감성을 보이는 넓은 스펙트럼의 소유자를 본 적이 없다"고 말하기도 했다. 프랭클은 이런 자신의 성향을 두고 어머니와 아버지로부터 각기 다른 영향을 받았기 때문이라고 했다. 아버지는 그에게 '스파르타식 인생관과 의무감'을 실천해 보이며 그를 '완벽주의자'로 양육했다. 하지만 그가 "이렇고 선하다"고 표현한 어머니 덕분에 그는 냉혈한이 아닌 인정 많은 완벽주의자로 성장할 수 있었다.

프랭클은 어렸을 때부터 의사가 되고자 했다. 특히 당시 빈에서 번성했던 정신분석이 그를 매료시켰다. 빈 고등학교를 다니던 시절부터 이미 그는 '정신분석 입문' 수업을 들었다. "그리고 그 수업으로부터 영감을 받아 〈정신분석학의 관점에서 본 긍정과 부정의 움직임에 대하여Über die mimische Bejahung und Verneinung aus Sicht der Psychoanalyse〉란 논문을 써서 지그문트 프로이트에게 보냈다. 고등학생의 연구에 무척 감동을 받은 프로이트는 이 논문을 자신이 발간하는 《국제 정신분석학 저널The international journal of Psychoanalysis》에 실었다."

1924년 의대에 들어간 프랭클은 특히 우울증과 자살의 원인이 되는 심리적 고통에 관심을 가졌다. 또한 청소년 상담도 꾸준히 진행하며 1930년에는 학생들의 자살률을 줄이기 위한 특별 단체를 조직했다. 이 단체는 실로 놀라운 성과를 거두었고 프랭클의 이름이 빈 전역에 알려지게 되었다. 대학 졸업 후에는 정신과 전문의로 일하면서 매년 3천 명 이상의 자살 위험성이 있는 여성들을 돌보는 '자살자 구호단체(Selbstmörderpavillon)'를 이끌었다.

그러는 동안 의미에 대한 문제가 그의 연구에서 차지하는 비중이 점점 더 커졌다. 마침내 그는 의미, 내용을 뜻하는 그리스어 로고스(logos)와 치료를 뜻하는 테라피(therapy)를 결합한 '로고테라피'를 주창하며, 당시의 영향력 있는, 그리고 그에게도 영향을 끼친 두

명의 심리학자 지그문트 프로이트와 알프레드 아들러와는 다른 독
자적인 노선을 걷기 시작했다.

프로이트는 성적 억압이 주는 영향에 주목하며 인간의 모든 동
기는 쾌락을 찾고자 하는 의지에 달려 있다고 주장했다. 그에 반
해 아들러는 인간을 추동하게 하는 것은 인간 존재의 보편적인 열
등감을 극복하려는 의지라고 보았다. 프랭클은 이 두 주장을 모
두 반박하며 인간에게서 무엇보다 두드러지는 건 '의미를 찾으려
는 의지'라고 주장했다. 프랭클은 호모 사피엔스는 이상과 가치
를 발전시키고 현 존재를 넘어서는 어떤 의미를 위해 인생을 바칠
수도 있는 유일한 생명체라고 주장했다. 이렇게 프로이트와 아들
러 이어 프랭클의 '제3의 빈 정신치료 학파(Third Viennese School of
Psychotherapy)'가 생겨난 것이다. 이러한 프랭클의 '의미를 찾으려는
의지'와 삶을 긍정하는 태도는 오스트리아 정권이 나치에 이양되면
서 시험대에 오르게 되었다.

1938년 오스트리아가 합병된 이후, 유대인이었던 프랭클에겐 '아
리아인' 환자의 치료가 금지되었다. 그는 외국으로 피신하는 대신
유대인을 치료하는 로스차일드 병원으로 옮겨 진료를 계속했다. 살
아 계신 부모님을 빈에 남겨두고 떠날 수는 없었기 때문이다. 하지
만 1942년 9월, 결국 그의 집에도 나치가 들이닥쳤다. 막 몇 주 전
에 결혼한 프랭클은 아내 틸리, 부모님, 장모님, 동생 발터와 함께
테레지엔슈타트의 게토로 이송되었다. 시련을 견디지 못한 아버지
는 테레지엔슈타트에서 병으로 세상을 떠났다. 이후 그의 장모기

아우슈비츠로 이송되어 가스실에서 사망했다. 몇 개월 후 프랭클과 부인도 아우슈비츠로 이송되었다. 그의 아내는 다시 베르겐벨젠 수용소로 이송되어 그곳에서 숨을 거뒀고, 어머니와 동생도 아우슈비츠로 옮겨져 어머니는 가스실에서, 동생은 노역하는 도중에 숨을 거두고 말았다. 그만이 홀로 아우슈비츠에 살아남아 막사 이곳저곳을 전전하게 되었다.

그는 수용소 생활을 담아낸 책에서 개인적 경험과 객관적 분석을 혼합한 인상적인 기술법을 보여준다. 프랭클은 종종 거리를 두고 자신을 관찰하며 '119104번 수감자'가 극단적 상황에서 어떻게 반응하는지를 놀라움과 호기심을 가지고 기록해나갔다. 예를 들면, 그는 사람이 일정 시간 이상 잠을 자지 않으면 죽는다는 의학서의 주장은 거짓이라고 말했다. "완전히 틀린 말"이라고, 불편한 가운데서도 잠시 안식을 취할 수 있는 시간을 가졌던 경험을 토대로 그는 이렇게 말했다. 또한 그는 처음 아우슈비츠에 옮겨지던 날 그를 감싼 이름 모를 공포에 대해, 그리고 점차 그 공포에 무감각해진 과정에 대해 매우 자세히 기록했다. "감정의 마비, 내면의 무감각과 초연함"을 경험한 그는 "곧 매일, 시시각각 얻어맞는 일에도 무감각해지게" 되었다. 심리학자로서 그는 이러한 감각의 둔화를 "수감자의 영혼을 그때그때 감싸는 데 꼭 필요한 철갑"이라고 해석했다.

수용소 생활에 대한 프랭클의 두렵고 놀라운 감정은 항상 냉담한 궁금증과 뒤섞여 나타났다. 어느 날 그가 등산을 하다가 사고를 당했을 때 떠올랐던 의문과 같은 종류의 것이었다. 그 순간 그는 말

짱한 정신으로 자신에게 이렇게 물었다. "내가 살아날 수 있을까? 두개골이 박살날까, 아니면 다른 부상을 당할까?"

프랭클은 "고열에 시달리며 헛소리를 해대는 환자들 가운데 누웠던" 경험을 묘사하기도 했다. 방금 사람이 죽었는데, 남은 사람들은 죽은 사람을 애도하기는커녕 죽은 사람이 남기고 간 나막신과 옷가지 혹은 숨겨둔 감자 몇 알을 가져가며 좋아하고 있었다. 프랭클은 간호사가 시체를 질질 끌고 울퉁불퉁한 바닥을 지나 막사 입구에 있는 두 개의 계단을 힘겹게 오르는 걸 무심하게 바라보았다. "머리가 괴상한 소리를 내며 위로 올라갔다." 마침 그때 스프 냄비가 막사로 들어오고 배급이 시작되었다. "수프가 담긴 그릇을 들고 맛있게 먹다가 우연히 창밖을 보게 되었다. 방금 전에 밖으로 옮겨진 시체가 텅 빈 눈으로 나를 바라보고 있었다. 두 시간 전만 해도 나와 대화했던 사람이었다. 그러나 나는 곧 다시 수프를 먹기 시작했다. 만약 그때 내가 정신과 의사로서 직업의식을 가지고 내 감정 결핍에 대해 관심을 기울이지 않았다면, 나는 지금 이 일을 기억해 내지도 못했을 것이다. 왜냐하면 당시 그 일이 내게 아무런 감정도 불러일으키지 않았기 때문이다."

이런 '직업의식'이 프랭클에게 계속해서 살아갈 용기를 준 자극제가 되었다. 그가 항상 자신을 '흥미로운 심리적, 학문적 연구의 대상'으로 인식하게끔 도와주었다. 그렇게 그는 '그 상황과 현재 그리고 자신의 고통'을 단기적인 것으로 이해했다. 심지어 미래의 어느 날에는 관중들이 기를 쭝곳 세우고 앉아 있는 "밝은 조명이 있는 아름답고 따뜻하고 커다란 강단의 연단에 서서" 수용소에서의 경험을 이야기할 수 있으리라 상상했다.

이러한 상상의 기술이 비단 두렵고 무서운 일상 속에서 피난처 역할만 한 것은 아니었다. 상상하는 행위 자체가 비인간적 상황 속에 놓인 그의 존재에 의미를 부여하는 시간이 되었다. 그리고 프랭클의 관찰에 따르면, 그것이 결과적으로 그의 생존을 보장했다. 그는 "살아남은 대부분의 사람들을 버티게 한 것은 미래에 대한 기대였다"라고 말했다. 인간은 "미래라는 기대가 있어야만 가장 어려운 순간에도 존재할 수 있기" 때문이다. 수용소에서 미래의 목표를 찾을 수 없는 사람들은 말 그대로 길을 잃었다. "더는 삶의 목표가 없는 사람이나 살 이유가 없는 사람은 병이 들었다." 미래에 대한 믿음을 잃어버리는 순간 몸과 영혼이 함께 허물어졌고, 그런 사람들은 금세 죽어버리곤 했다.

프랭클이 생존하도록 버티게 만든 또 다른 요인은 아내 틸리를 향한 사랑이었다. 아내와 강제로 헤어지고, 그런 아내가 어디에 있는지 모를 때조차 사랑은 힘을 발휘했다. 하루는 프랭클이 새벽 여명이 밝기도 전에 다른 수감자들과 함께 노동을 하러 얼음장 같은 추위 속을 5열 종대로 걸어가고 있었다. 감시병들은 고함을 치고 수감자들을 개머리판으로 때려가며 발길을 재촉했다. 상처투성이 발로 몇 미터나 계속되는 웅덩이 위를 절룩이며 걸어가고 있는데, 갑자기 그의 눈앞에 아내의 형상이 나타났다. 그때의 '무척이나 생생한 환상'은 이전에는 결코 경험해보지 못한 것이었다.

프랭클은 아내와 대화를 나눴다. "그녀의 대답을 들었고, 그녀가 웃는 것을 보았다. 그녀가 살아 있든 아니든 그녀의 눈빛은 이제 막 떠오르기 시작한 태양보다도 밝게 빛났다." 그리고 그 참혹하고 명백한 비극 속에서 그는 생애 처음으로 어떤 '진리'를 깨닫게 된다. "그렇게 많은 사상가가 지혜의 최고봉이라 말하고, 그렇게 많은 시인이 노래한 하나의 진리, 바로 사랑이야말로 인간 존재가 추구해야 할 가장 궁극적이고 지고한 목표라는 것"이었다.

아내가 죽었을지 모른다는 생각을 하게 되었을 때조차 이러한 깨달음의 효과는 여전히 강력했다. 사랑은 육신을 초월한 '영적인 존재'임을 분명히 깨달았기 때문이다. 아내가 살았는지 죽었는지 "더이상 따질 필요가 없었다." 아내의 생사 여부는 프랭클의 사랑하는 마음과 사랑하는 시각에 "아무런 영향을 끼치지 못했다."[167]

이렇게 내면세계를 극대화시키는 방법은 억압적인 수용소 생활을 견디는 데 적잖이 도움이 되었다. 그는 영적 활동이 활발한 감수성 예민한 사람들이 "비참한 환경에서 벗어나 영적 자유를 누리는 세계로 도피하는 일"이 훨씬 쉽다는 것을 깨달았다. "보다 연약한 구성원들에겐 이 모순적 상황을 이해하는 유일한 길은 거친 야생보다는 수용소 생활이 더 견디기 수월할지 모른다는 생각이었다."

수용소 생활을 하며 가장 견디기 힘들었던 것은 '미래의 상실'이었다. 일반 죄수와 달리 수용소 수감자들에겐 정해진 출소일이 없었다. 그렇다면 이런 상황에서조차 내면의 자유를 허락하는 버팀목은 무엇일까? 프랭클은 이 질문을 끊임없이 되풀이한 결과, 다음과 같은 다소 급진적 결론에 이르렀다. 확신은 삶이 고통으로 가득할 때조차도 의미가 있다는 신념에서 온다는 것. 심지어 "고통은 내면의 성취를 가져온다"고 말하기도 했다. 이러한 관점에서는 이룬 것이 있거나 즐거운 인생만이 의미를 갖는 게 아니다. "삶에 의미가 있다면 고통에도 의미가 있게 마련이기" 때문이다. 죽음 또한 우리 삶에서 빼놓을 수 없는 일부분이다. "인간이란 존재는 고통과 죽음이 있어야 완성될 수 있다."

이러한 생각을 바탕으로 프랭클은 마침내 로고테라피의 핵심이 되는 "정말 중요한 것은 우리가 삶으로부터 무엇을 기대하는가가 아니라 삶이 우리로부터 무엇을 기대하는가 하는 것이다"라는 원칙을 완성했다. 프랭클은 "삶의 의미에 대해 질문을 던지기보다는 삶으로부터 질문을 받고 있는 우리 자신에 대해 매일 매시간 생각해야 한다"며 의미를 찾는 일에 '코페르니쿠스적 전환'을 시도했다.

이렇게 그에게 수용소 생활은 '내적 성찰의 계기'이자 '내면이 스스로 성장할 수 있는' 기회가 되었다. 물론 프랭클도 인정하다시피 이런 사람은 극히 드물다. 그럼에도 몇몇 사람은 "절망적인 외적 환경 속에서도, 심지어 죽음을 통해서도 평범한 환경에서는 도달하지 못할 인간적 위대함을 이루어낸다."

모든 독자가 프랭클의 이런 급진적 주장을 받아들일 수도 없고, 또 그러기도 쉽지 않을 것이다. 평화로운 세상에서 사는 우리들이 강제수용소에 수감되었던 사람의 심리적 상황을 어찌 제대로 이해할 수 있으랴. 프랭클의 감동적인 책을 읽고 최소한 당시의 상황을 알게는 되더라도 실감하긴 어렵다. 하지만 프랭클에 대해 어떤 생각을 가졌든지 간에 그가 의미를 찾기 위해 기울인 노력에는 주목할 필요가 있을 것이다. 그런 사상과 그런 내적 지지가 없었다면 빅터 프랭클은 몇 년에 걸친 수용소 생활을 견뎌내지 못했을 것이다.

1945년 4월에 자유의 몸이 된 후, 그는 자신이 얻은 교훈대로 살았다. 빈으로 돌아와 다시 정신과 의사로 진료를 시작했다. 오스트리아 작가 한스 바이겔(Hans Weigel)은 "그는 그 어떤 복수와 보복의 충동에서도 자유로웠다"라고 말했다. "그는 선한 것을 보았고, 그로 인해 몇 갑절이나 되는 악을 이겨냈다. 그의 동포들이 그를 깎아내리고 괴롭혔지만 …… 그는 수감복을 의사 가운으로 갈아입고 영혼을 치료하는 의사로서 그들을 도왔다."[168]

수용소에서 풀려난 다음에야 프랭클은 남편과 함께 호주로 이민을 간 여동생을 제외한 다른 모든 가족이 결국 나치 치하에서 목숨을 부지하지 못했다는 소식을 들었다. 우울증과 절망에 빠지지 않기 위해 프랭클은 글쓰기에 매진했다. 그리고 폐허가 된 빈에 돌아온 지 얼마 되지 않아 그는 중요한 저서 두 권을 완성했다.

먼저 수용소에서부터 쓰기 시작한 《영혼을 치료하는 의사Ärztliche Seelsorge》를 다시 쓰기 시작했다. 그는 이 원고를 윗도리 내피에 숨겼지만 아우슈비츠의 소독실에서 압수당했다. 그리고 이 책을 다 마무리하기도 전에 〈정신과 의사 강제 수용소를 경험하다Ein Psychologeerlebt das Konzentrationslager〉란 보고서를 아흐레 만에 완성했다. 오스트리아에서 출간된 이 책이 1세는 서점 가판대에서 뮤

묵히 자리만 지켰다. 책이 팔리기 시작한 것은 영어권에서 '삶의 의미를 찾아서(Man's Search for Meaning)'라는 제목으로 번역 출간된 이후였다. 독일어 제목도 '그럼에도 불구하고 삶에 예, 라고 말하라'로 바뀌었다. 이 책은 전 세계 26개국 언어로 번역되었으면 미국에서만 900만 부가 판매되었다. 1991년에는 미국의회도서관에서 실시한 설문조사에서 '미국에서 가장 영향력 있는 10대 도서'에 선정되기도 했다.

이렇게 빅터 프랭클은 "의미란 우리가 삶으로부터 기대할 수 있는 것이 아니라 삶의 도전에 우리가 어떻게 대답하느냐로 만들어나가는 것"이라는 자신의 주장을 증명하는 최고의 사례가 되었다.

6장

삶의 의미를 찾아서

성공한 인생을 만드는 것은 무엇일까? 우리가 어떤 식으로든 인생이 성공했고 의미 있다고 느끼기 위해서는 무엇이 필요할까? 아마 이런 질문에 대해 구체적이고 집요하게 생각해본 사람은 그리 많지 않을 것이다. 하지만 이런 질문들이 우리의 모든 생각과 신념의 근간을 이루고 우리가 하는 행동에 은밀한 추진력을 부여한다. 따라서 이제 이에 대해 가능한 답을 모색해보고자 한다.

그 전에, 잠시 과거로 눈을 돌려보자. 저 멀리 중세 시대 사람들에게는 인생의 성공을 묻는 일이 그리 중요하지는 않았다. 어째서일까? 그건 종교와 전통이 답을 미리 정해두었기 때문이다. 그 시대에 인생의 의미란 이미 정해진 구조에 맞춰 선량한 그리스도인으로 내세를 소망하며 사는 것이었다. 더 이상의 성찰은 원칙적으로 금지되었다. 개인의 삶은 대체적으로 미리 정해져 있었고, 대부분 다른 선택은 존재하지 않았다. 농부로 태어난 이는 평생 농부로 살아야 했고, 대장장이의 아들은 역시 대장장이가 되게 마련이었다. 여성에겐 아이와 부엌, 교회 외엔 다른 선택지가 없었다. 개별적인 미래 계획이나 의미에 대해 물어볼 수 있는 여지 자체가 거의 없었다.

하지만 근대와 계몽주의 시대로 들어서면서 모든 것이 달라졌다. 종교와 전통은 순식간에 그 힘을 잃었다. '스스로 묶여 있는 미성년 상태로부터 벗어나는 것'이 주창되면서 인생의 진로를 결정하고 의미를 묻는 일이 점점 개인의 몫으로 돌아왔다. '모든 사람은 자기 운명의 건축가'란 계몽주의 구호 그대로였다. 현대에 들어와서는 새로운 기술의 발전과 과학적 발견으로 개인의 자유와 선택권이 끊임없이 확대되었다.

이제 모든 것이 가능하고 그 무엇에도 얽매이지 않는 시대가 되었다. 이러한 발전의 이면 또한 우리는 잘 알고 있다. 현대의 개인은 거의 모든 것을 결정할 수 있다. 직업, 진로, 정치적 성향, 하물며 성적 취향까지도 개인이 선택할 수 있다. 하지만 이 말은 곧 모든 것을 개인이 책임져야 한다는 뜻이기도 하다. 더 이상 누군가가 정해주지 않는다. 무엇을 바랄 것인지, 무엇을 열망할 것인지 개인이 결정해야 한다.

인생의 의미와 행복을 묻는 질문에 대해서도 마찬가지다. 종교나 전통 같은 상위 원칙에 근거해 판단하던 예전의 방식은 더 이상 유효하지 않다. 그렇게 하려는 사람도 물론 없다. 이러한 상황에서 우리가 속한 세계는 하루가 멀다 하고 급변하고 있다. 당연히 지금 시대에 맞는 성공의 의미를 새로이 찾아야 한다.

삶의 의미를 안다는 것 ─────────────

하지만 오늘날 사람들은 그런 질문에 답을 구하는 일을 점점 더 힘들어한다. 독일의 한 설문 조사에 따르면, 전 국민의 약 3분의 1가량이 자기 존재의 의미를 발견하지 못한 것 같다고 답했다. 그중에서도 가장 눈길을 끄는 부분은 청년들이 의미를 찾는 일에 속수무책이란 점이었다. 절반에 해당하는 청년들이 자기 인생을 의미 있게 여기지 않았고, 인생의 의미를 묻는 질문에도 관심이 없다고 답했다.[169]

의미에 대한 현대적 인식을 경험적으로 연구하는 오스트리아 인스부르크 대학교의 심리학자 타티야나 슈넬(Tatjana Schnell)은 이런 사람들을 '존재적 무관심층'으로 분류했다. 이들은 자기 인생을 스스로 통제할 수 없다고 느끼는 경향이 강하다. 개인사는 물론이고 다른 사람의 일에 대해서도 열정을 보이거나 관여하는 경우가 드물다. 슈넬은 "이들의 삶은 피상적이란 표현을 넘어선다"며 "어떤 이들은 '의미'가 무엇인지조차 도무지 알지 못한다"고 말했다. 그녀는 이토록 많은 사람이 의미에 대한 질문을 등한시 하는 이유를 간단하게 설명한다. 성과와 경쟁에 대한 일상적 스트레스, 일자리와 승긴 기회를 둘러싼 각축으로 인해 "개인이 스스로를 음미해볼 기회가 점점 줄어들었기 때문"이다.[170] 달리 말해, 많은 사람들이 매일같이 다람쥐 쳇바퀴를 굴리느라 바쁜 나머지 도대체 그 쳇바퀴가 어디로 굴러가고 있는지 물을 시간이 부족하다는 뜻이다.

하지만 놀랍게도 이들 중 공허함에 시달리는 사람은 극소수였다. 슈넬의 조사 결과, 응답자 중 5퍼센트만이 우울증, 초조함, 자살과 같은 '가치 혼란'의 증상을 보였다. '존재적 무관심층' 대부분은 그 주제와 관련해서는 그저 아무래도 상관없다는 태도를 보였다. 의미를 크게 고민하지도 않고, 의미가 없다고 심리적으로 불안해하는 일 없이 그럭저럭 태평한 삶을 꾸려가고 있었다. 다만 긍정적 감정이 굉장히 부족했다. 자신의 인생을 가치 있게 여기는 사람들에 비해 이들은 전체적으로 덜 행복하고, 덜 만족스러우며, 더 기분이 나쁜 경향을 보였다.

존재적 공허함은 무엇보다 힘든 시기에 도드라진다. 직장을 잃거나 가족 중 누군가가 세상을 떠나거나 혹은 생활환경이 근본적으로 변화하게 되면, 그 누구라도 이 모든 일의 의미를 물을 수밖에 없게 된다. 그리고 그 답을 찾지 못하면 살아갈 용기를 잃고 쉽게 우울증에 빠진다.

빅터 프랭클의 수용소 생활을 되돌아보자. 프랭클은 "더는 삶의 목표가 없는 사람이나 살 이유가 없는 사람은 병이 들었다"라고 기록했다. 최근 연구에 따르면, 인생의 의미를 아는 것은 심리적 스트레스를 해소시킨다고 한다. 자기 삶의 의미를 아는 사람은 불행을 겪은 후라도 더 빨리 회복할 수 있고, 일상을 좀 더 여유롭게 누리며, 스트레스에 잘 대처하는 것으로 나타났다.[171] 프랭클 역시 이 점을 깨닫고 니체의 유명한 경구를 빌려왔다. "삶의 의미를 아는 사람은 삶의 그 어떠함도 견딜 수 있다."[172]

삶의 의미를 아는 것은 건강상으로도 중요하다. 시카고 일대에 거주하는 노인 1200명을 대상으로 한 조사를 보면, 자신의 존재에 의미를 부여하고 목표를 가진 노인은 인생이 공허하다고 느끼는 연금생활자들보다 더 오래 사는 것으로 밝혀졌다.[173] 또 다른 연구에서는 의미를 경험하는 것이 마음의 평안을 누리도록 도와주고 기운과 기분을 북돋우며 알츠하이머의 진행도 늦추는 것으로 나타났다.[174]

의미는 경험되는 것이다

이처럼 확신이란 주제에 있어서 의미 경험은 매우 중요하다. 그렇다면 우리는 어떻게 해야 인생의 의미를 찾을 수 있을까? 자신의 행동과 생각, 존재가 어떤 식으로든 의미가 있다는 확신은 어떻게 얻게 되는 것일까? 우리를 둘러싼 수많은 상품과는 달리, 의미는 아무 데서나 돈을 주고 살 수 있는 것이 아니다. 심지어 다른 사람의 것을 빌릴 수도 없으며, 유사한 것을 만들어낼 수도 없다.

진정한 의미 경험은 머릿속 사고 구조에서 비롯되는 것이 아니라 직접 경험함으로써 얻어지는 것이기 때문이다. 의미는 기적으로 이해하는 게 아니다. 경험되는 것이다. 어떤 행동이 우리에게 의미 있게 느껴지거나 그렇지 않거나 둘 중 하나다. 이러한 감정은 가짜로 만들어낼 수 없다. 즉 의미 경험은 개별적이란 뜻이다. 자기계발서나 철학서가 제시하는 대답에서 영감을 얻을 수는 있다. 하지만 그 의미를 내게 유효한 것으로, 동기를 자극하는 것으로 받아들이느냐 하는 것은 결국 나의 개인적 경험에 달려 있다.

의미라고 하는 특별한 가치의 또 다른 특징은, 그것이 특정 목표를 달성하려고 하는 것이 아니라 그 목표를 달성하고자 하는 노력에 관한 것이란 점이다. 독일어로 의미를 뜻하는 진(Sinn)은 여행, 노력, 관찰을 뜻하는 고(古)독일어 지난(Sinnan)에서 유래한 것으로 움직임의 방향과 관련이 있지 도착과는 무관하다. 시계 방향을 뜻하는 독일어 우어차이거진(Uhrzeigersinn)에 진(Sinn)이 포함된 것이 좋은 예다. 시계 방향에서 시곗바늘이 도달해야 할 최종 목표는 존재하지 않는다. 시계 방향의 의미는 보이지 않는 시간의 진행을 가시적으로 표현하는 데 있다.[175]

그러므로 의미 경험은 '지금 하고 있다'는 사실이 중요하다. 길 위에서 원하는 이상을 향해 달려가고 있는 것만으로도 충분하다. 반드시 결승점에 도달할 필요는 없다. 역설적이게도 목적을 이루고 나면 그전까지 경험했던 의미가 고스란히 파괴되는 경우도 있다. 엄청난 부호나 재화가 충분히 풍부한 사람들이 물질적 풍요라는 목적을 하염없이 쫓아가다가 마침내 공허함을 느끼는 것도 그 때문이다. 아빌라의 테레사(Theresa of Avila) 성녀가 말한 "응답받지 못한 기도보다 응답받은 기도를 위해 더 많은 눈물을 흘려야 한다"는 의미의 이러한 측면을 잘 보여준다.

행복과 분명하게 구분된다는 것도 의미가 가진 특징이다. 많은 사람에게 이 둘은 동의어다. 가능한 많은 행복을 경험하고 재미있는 일을 하고 인생을 즐기는 것이 '의미'라고 생각하는 것이다.[176] 이러한 '행복감'은 주로 긍정적 감정의 경험과 연관되고 부정적 감정을 위한 자리는 없다. 애석하게도 그런 식의 행복에 겨운 상태는 누구나 알다시피 굉장히 짧다. 사랑에 빠진 행복, 새로운 직장을 얻은 기쁨, 놀이공원에서 느끼는 재미 등에는 유감스럽게도 단점이 하나 있는데, 그것은 바로 순식간에 지나가게 마련이라는 것이다.

반면 의미 경험은 지속적이고 경우에 따라선 평생을 함께하기도 한다. 황홀경을 선사하진 않지만 피상적 행복보다는 훨씬 근본적이다. 더욱이 의미는 긍정적 감정에만 연관되지 않는다. 부정적 감정까지 포함하며, 그것조차 의미 있는 경험으로 바꿀 수 있다.

가족을 이루는 것이 그 좋은 예다. 거의 모든 부모가 아이를 낳고 키우느라 애쓰는 것을 가장 의미 있는 일로 여길 것이다. 하지만 그 누구도 자녀 양육이 그저 긍정적 감정만 불러온다고 주장하지는 않을 것이다. 수면 부족에 시달리며 크고 작은 병마와 같이 싸워야 하고, 좀 지나면 교육 문제와 아이의 사춘기 반항에 맞닥뜨리게 된다. 이외에도 아이를 둘러싼 수천 가지 걱정들과 싸워야 한다. 물론 근본적 차원에서 가족이 주는 '행복'을 경험한다. 그렇지만 일상의 온갖 파질을 견뎌야 하고, 그러는 와중에 자신의 요망은 접이야 할 때도 있다.

하지만, 어쩌면 그렇기 때문에, 그러한 의미 경험은 행복을 짧게 경험하는 것보다 더 큰 만족감을 지속적으로 제공한다. '긍정 심리학'도 이러한 면을 깨달았다. 최근 들어 인간은 어떻게 행복해지는가를 수년간 연구해온 심리학자들 사이에서 변화의 바람이 일고 있다. 점점 더 많은 전문가가 고대 그리스어로 헤도니아(Hedonia)라고 부르는 행복과 기쁨, 쾌락만으로는 성공한 인생에 이를 수 없다고 강조하고 있다. 그보다 중요한 것은 그리스 철학자들이 에우다이모니아(Eudaimonia)라고 일컬은, 자신의 가치기준에 부합하는 의미 있는 행동이다. 그것은 피할 수 없는 위기와 고통, 슬픔을 처리하는 데 도움을 준다. 전문잡지 《뇌와 정신Gehirn&Geist》은 "연구 결과는 분명하다"며 다음과 같이 결론 내렸다. "단기적이고 피상적인 행복 대신 포괄적인 의미를 추구하는 것이 우리의 안녕과 건강을 위해 더 중요해 보인다."[177]

자아 지향에서 의미 지향으로

그렇다면 이러한 의미 경험을 위해 우리는 어느 쪽으로 가야 하는 걸까? 일단은 개인적 의미를 찾으려고 노력하는 것만으로도 의미를 경험하는 중이라고 할 수 있다. 중요한 것은 목표에 도달하는 것이 아니라 그곳으로 향하는 것이기 때문이다. 삶의 의미를 묻는 것 자체가, 비록 처음엔 힘들고 심지어 절망스러워 보일지라도, 한 발을 제대로 내디딘 셈이다.

그렇다고 해서 마치 보물 상자를 찾듯 어느 순간 의미를 착 발견할 수 있다는 뜻은 아니다. 저 바깥 어딘가에 내게 딱 맞는 인생의 의미가 기다리고 있어서 그저 그걸 따라가기만 하면 된다고 생각하면 오산이다. 의미에 대한 남다른 지각은 자기 자신을 위해 올바른 방향으로 걸어갈 때, 그리고 자신의 행동을 의미 있게 느낄 수 있는 조건을 만들어갈 때 서서히 계발된다.

게다가 대부분의 사람들에게 의미는 단 한 가지만 존재하는 것이 아니다. 나름의 인생을 의미 있게 구성해나가는 데에는 여러 가지 방법들이 있다. 타티야나 슈넬은 자신의 저서 《인생 의미의 심리학Psychologie des Lebenssinns》에서 '인생에 의미를 부여하는 요소' 26개를 다섯 개의 '의미 차원'으로 나누어 설명했다. 여기에는 이성과 도덕과 전통과 같은 '질서' 차원도 있고, 사랑과 공동체와 배려와 같은 '소속과 웰빙' 차원도 있으며, 종교와 영적 생활 및 자아 발견 혹은 자연과의 관계 같은 '자기 초월' 차원도 있었다.[178]

모든 연구와 차원에 걸쳐 가장 중요한 의미를 부여하는 것으로 밝혀진 핵심 개념이 있는데, 바로 에릭 에릭슨(Erik Erikson)의 '생산성(generativity)'이다. 이 생산성이란 자기뿐 아니라 '다음 세대 및 더 큰 전체'에 어떤 식으로든 기여하려는 노력을 의미한다. 아이를 기르고, 지식을 전달하고, 음악을 만들고, 자연을 보호하고, 정치에 침여하거나 무급으로 봉사 활동을 하는 등의 노력이 이에 해당한다. 따라서 생산성을 발휘하는 데 있어 가장 중요한 것은 자신이 어떤 큰 맥락에 연결되어 있다는 느낌이다. 그런 느낌으로 말미암아 자기 자신의 제한된 일생을 넘어서서 인간의 존재를 이해할 수 있고 죽음조차 초월할 수 있다.

예를 들어, 정글을 헤쳐 나온 율리아네 쾨프케에게는 '인류와 자연에 도움이 될 만한 일을 위해 일생을 바치겠다던 약속'이 그것이었다. 세바스치앙 살가두에게는 '처음에는 억압받는 자들의 고통을 드러내는 것이었고, 나중에는 창조의 근원을 기록하는 일'이었다. 넬슨 만델라는 감옥에서 하나가 되어 춤추고 노래하는 동안 '우리 모두를 묶고 있는 위대한 것의 힘'을 느꼈다고 했다. 즉 생산성이란 이런 것이다.

한 시대를 풍미한 국가대표 골키퍼 올리버 칸 또한 이런 '위대한 힘'을 경험했다. 현역 시절 '거인'이라 불리었던 칸은 재능이 뛰어난 만큼이나 자기중심적 인물이란 평가를 받았다. 그가 유명해진 건 단순히 뛰어난 그의 실력 때문만은 아니었다. 상대 팀 선수에게, 때로는 자기 팀원들에게도 포악스럽게 공격성을 드러내는 몇몇 사건들로 그의 이름은 내내 사람들 사이에 오르락내리락했다. 그런 그가 연대나 팀워크를 말하게 될 줄 누가 알았을까.

이 자기중심적 선수는 선수생활의 끝자락에 '자기 경력에서 가장 중요한 일'로 꼽는 경험을 하게 되었다. 2006년 독일 월드컵에서 대선수 칸은 엄청난 수모를 겪었다. 불과 4년 전에 열린 한일 월드컵에서 그는 홀로 독일 대표 팀을 결승전까지 견인했다는 찬사를 받으며 '최고의 선수'로 선정되었다.[179] 그랬던 그가 4년 뒤인 2006년 독일 월드컵에서는 옌스 레만에 가려 벤치를 지키는 후보 선수가 되었다. 독일은 이탈리아와 붙은 준결승전에서 패배했고, 결승전이 아닌 3, 4위전에서야 비로소 칸을 골대 앞에 내세웠다.

경기 직전 칸은 "3등이라. 미안하지만 해봤자 별 소용 없겠네"라고 생각했다고 한다. "난 항상 승리만을 원했다. 내 전 생애가 오직 승리에만 맞춰져 있었다"라며 그는 그 이유를 밝혔다. 그런 그가 월드컵 내내 벤치에만 앉아 있었던 건 '최악의 형벌'이었다. 그런데 막상 칸이 경기장에 들어서자 팬들은 환호성을 보내며 그를 맞았다. 펄럭이는 응원기와 (결국은 이긴) 경기를 향한 열광적인 함성은 고집스러웠던 사내가 '위대한 것의 힘'을 생각하도록 만들었다. 불현듯 이 경기는 나를 위한 것이 아니라 나라 전체를 위한 것이라는 깨달음이 찾아왔다. 그는 "빛나는 타이틀과 상관없는 성공도 있다"[180]는 것을 알아차렸다.

칸은 자신의 선수 시절을 돌이켜봤을 때, 후보 선수로 월드컵에 참여한 것을 최고의 결정으로 꼽았다. 그 이유를 듣고 있노라면 마치 생산성 전문가의 강연을 듣는 것 같다. "자신의 운명보다 더 큰 어떤 것에 순복하고, 하루 종일 소시지 껍질처럼 구겨진 얼굴로 돌아다니지 않게 된다면, 그건 자신의 발전에도 이롭다."[181]

빅터 프랭클이 이 말을 들었다면 매우 흡족해했을 것이다. 프랭클의 로고테라피 이론 또한 우리가 인생에 무엇을 기대하는지는 중요치 않다고 말하지 않는가. 중요한 것은 '인생이 우리에게 무엇을 기대하는가'이다. 그런 면에서 칸은 위대한 발견을 한 셈이다. 자신의 자아를 중심에 세워두고 기대가 배반당한 데에 화를 내는 대신, 원치 않는 인생의 전개를 그대로 받아들이고 그 과정에서 더 거대한 것과 자신을 연결시키는 데 성공했기 때문이다.

프랭클은 이러한 전환을 '자아 지향에서 의미 지향으로'라고 표현했다. 의미 지향적 전환이 일어나면, "왜 하필 내게 이런 일이 생긴 거야?", "이제 나는 어쩌지?", "어떻게 하면 내가 행복해질 수 있지?"와 같은 만사를 자기중심으로 해석하는 자아도취적 관점 대신 "어떻게 다른 사람을 도울 수 있을까?", "이 상황을 나아지게 하려면 나는 어떤 노력을 기울어야 할까?"라는 의미 지향적 질문을 하게 된다.

이러한 내적 태도의 전환은 다른 사람에게 도움이 되는 것은 물론이고 자기 자신에게도 유익함을 안겨준다. 자기효능감이나 연대감 같은 긍정적 감정이 자연스럽게 발생하기 때문이다. 다른 말로하면, 타인을 도우려고 준비하는 과정에서 우리는 더 큰 전체와 연결된 기분을 느낀다. 우리의 존재와 우리가 지향하는 인생이 우리가 속한 전체와 무관하지 않다는 느낌은 기꺼이 그 책임을 감당하도록 만든다.

문제는, 현대의 경쟁 사회에서는 연대감에 관한 경험을 규칙의 예외 조항처럼 여긴다는 점이다. 우리의 사회·경제적 시스템은 경쟁은 대단하게 여기는 반면, 연대는 사소하게 생각한다. 나를 위해 경기에 나가는 게 아니라는 걸 선수 말년에서야 깨달았다는 칸의 고백이 이를 증명한다. 스포츠야말로 항상 연대와 팀워크가 강조되는 세계 아니던가. 하지만 결국 누가 결정적 역할을 하느냐에 따라 실질적인 평가가 달라진다. 팀을 위해서 나를 헌신할 때 보상이 주어진다고 느끼는 경우는 매우 드물다.

스포츠계가 아닌 다른 사회 분야에서도 상황은 비슷하다. 사회 진단 프로그램이나 정치 토크쇼에 출연한 인사들은 하나같이 약자와의 연대나 사회적 결속을 주장하며 목에 핏대를 세운다. 하지만 방송의 조명이 꺼지고 난 다음 그들이 힘차게 발걸음을 내딛는 이유는 오로지 한 가지, 개인의 출세다.

그들이 아프가니스탄에 두고 온 것

극단적 상황에서 관찰되는 인간의 태도를 전문적으로 다루는 작가이자 다큐멘터리 영화감독인 세바스찬 융거(Sebastian Junger)는 이러한 오늘날의 상황에 주목한다. 그는 진정한 공동체 의식과 소속감을 경험하기 힘들어진 지금의 상황과 그런 경험을 향한 사람들의 동경을 주제로 작품 활동을 하고 있다. 그를 유명하게 만든 것은 매서운 폭풍우 속에서 침몰하는 참치잡이 배의 이야기를 그린, 영화로도 제작된 소설 《퍼펙트 스톰Perfect Storm》이다.[182]

그는 2009년 아프가니스탄 전쟁에 참전한 군인들의 정신 상태를 지근거리에서 기록한 다큐멘터리 영화 〈레스트레포Restrepo〉를 받표하기도 했다.[183] 2007년부터 2008년에 걸쳐 몇 개월간 그는 아프가니스탄 코렌갈 골짜기를 행군하는 미국 공수부대원들과 함께했다. 그곳은 당시 탈레반 소탕 작전을 벌이는 중에서도 가장 위험한 최전방 지대였다. 융거는 말 그대로 거기에 속한 군인들과 삶을 함께 나눴다. 그들과 어느 정도는 친구가 되었고, 그들이 사회로 돌아와 시민으로 사는 것에도 함께했다.[184]

그 과정에서 그는 이상한 점 두 가지를 발견했다. 하나는 집으로 돌아온 군인들 중 상당수가 아프가니스탄 시절을 자꾸 떠올리며 부대가 그립다는 말을 자주 한다는 것이었다. 막상 전장에 있을 때는 집으로 돌아가기만을 오매불망 바라던 그들이었다. 다른 하나는 퇴역 군인들 사이에 외상 후 스트레스 장애가 유행처럼 번졌다는 것이었다. 심지어 트라우마가 생길 만한 전장에 투입되지 않았던 사람들도 고통을 호소했다. 아프가니스탄에 파병된 군인들 중 실제 전투에 참여한 군인은 10퍼센트에 불과했다. 하지만 본국으로 돌아와 영구적 노동 불능을 인정해달라는 요청서를 제출한 퇴역 군인의 비율은 50퍼센트 가까이 되었다.

융거에 의하면, 퇴역 군인들이 그러한 혼란을 겪게 된 건 전투와 위험에 직면했던 경험 때문이 아니었다. 이런 사실을 바탕으로 그는 2015년 한 매체에 논문을 기고했다. 그가 관찰한 바로는 이들 퇴역 군인들에게 트라우마를 안긴 것은 전쟁이 아니라, 더는 자신을 필요치 않아 하고 소속감도 느껴지지 않는 사회로 돌아온 것이 그 원인이었다.[185]

융거는 "사회로 돌아온 사람들이 부족하다고 느낀 것은 위험이나 상실이 아니라, 위험한 상황에 동반되게 마련인 공동체와 그 안의 끈끈함이었다"라고 기록했다. 대략 30~50명으로 구성된 한 소대 안에서 군인들은 극한의 결속력을 경험한다. 마치 선사시대 수렵채집을 함께하던 공동체와 같은 수준이다. "그들은 하나의 집단 정체성을 공유하며 대부분 자신의 집단을 위해서는 목숨도 내놓을 수 있다고 생각한다. 집단의 생존 없이는 개인의 생존이 불가능하기 때문이다."

융거는 군인들이 전선에서 경험한 것은 일종의 전환이라고 말한다. 개인의 이해관계에서 공동체의 이해관계로, 자아 지향에서 의미 지향으로 근본적 변화를 경험한 것이다. 그것은 분명 매우 가치 있는 경험이었기에 전쟁의 온갖 위험과 끔찍한 일을 겪고도 민간인으로 돌아온 군인들은 그 시절에 대한 향수를 갖게 된 것이다. 퇴역 군인들은 융거에게 이렇게 말했다. "고향 사람들은 우리가 너무 나쁜 일을 많이 겪어서 퇴역 후 이렇게 술을 많이 마시는 거라고 생각한다. 하지만 그건 사실이 아니다. 우리는 그곳의 좋은 것들이 그리워서 술을 마시는 것이다."[186]

그렇다고 그들을 영웅 취급하지는 않는다. 융거가 묘사한 바에 따르면 코렌갈 골짜기는 일종의 지옥이었다. 여름엔 기온이 40도까지 올라가고, 겨울에는 눈보라가 몰아쳤다. 따뜻한 음식을 먹는 일은 드물었고, 겨우 일주일에 한 번 몸을 씻을 수 있었다. 견딜 수 없는 지루한 나날을 보내야 할 때도 있었고, 하루에 열두 번씩 총격전을 벌여야 하는 날도 있었다. 융거는 여러 사람이 죽어나가는 것을 보았고, 그중에는 얼굴에 총알 여러 개가 박힌 채 죽은 위생병 후안 레스트레포(Juan Restrepo)도 있었다(앞서 언급한 다큐멘터리 영화의 제목은 이 위생병의 이름에서 비롯되었다).

하지만 융거는 몇 달간 이들과 생활하면서 깨달았다. "그 모든 일에도 불구하고 군인들에게는 이 장소가 세상에서 가장 소중한 곳이 되었다. 그들은 이곳에서 일종의 운명과 소명을 발견했기 때문이다. 그건 그때까지 알지 못했던 것들이고 이후로도 다시 하지 못할 경험이었다." 물론 전선에서는 집을, 아내와 친구들과 농구 중계를 보면서 노닥거리던 저녁을, 시원한 맥주 한잔을 못내 그리워했다. "하지만 막상 집에 돌아와보니 모든 게 다르게 느껴졌다. 지옥을 빠져나와 집으로 돌아왔는데, 그 집이 빠져나온 지옥보다 행복하지 않다는 사실을 깨닫고 혼란에 빠졌다. 그리고 불현듯 친구들이나 가족과의 관계가 생각했던 것만큼 확고하거나 영원하지 않다는 사실마저 깨달았다."

현대 사회는 무엇에 실패했나

세바스찬 융거는 이러한 관찰 결과에 매료되었다. 그는 계속해서 조사하고, 인류학자 및 심리학자들과 이야기를 나누고, 부족 문화에 대해 연구하고, 전쟁과 재해 시기에 관한 역사 보고서를 읽었다. 그리고 마침내 그의 깨달음을 모두 담은 논쟁적 책 한 권을 펴냈다. 이 책은 엄청난 화제를 불러일으켰다.[187] 《부족Tribe》이란 책을 통해 그는 쓸모가 있다는 느낌, 결속되어 있다는 기분만큼 사람에게 중요한 것은 없다고 주장했다. 따라서 이러한 가치를 기준으로 할 때 현대 사회는 철저하게 실패했다고 말한다. 왜냐하면 현대 사회는 "사람들에게 쓸모없다는 기분을 느끼게 하는 기술을 완벽하게 연마했기" 때문이다. 그리고 그 결과는 비참했다.

융거는 이 주장을 뒷받침하기 위해 아프가니스탄 전쟁에서뿐 아니라 미국 역사에서도 다양한 사례를 찾아 제시했다. 그는 미국 이주기에 관찰되는 백인 이주자와 인디언의 조우에서 놀라운 불균형을 발견했다. 이주기 동안 엄청나게 많은 수의 백인이 인디언 공동체로 넘어갔다. 반면 인디언이 백인 공동체에 유입된 경우는 거의 없다시피 했다.

이주자들은 이 사실에 깊은 혼란을 느꼈다. 그래도 자신들의 생활양식이 그들보다 우월하다는 믿음은 변함없었다. 미 건국의 아버지라 불리는 벤자민 프랭클린은 1753년 한 인디언 아이가 현대 문명의 장점을 받아들이지 않았다는 사실을 놀라워하며 기록했다. 백인 사회에서 성장해 백인의 언어와 관습을 배운 아이임에도 인디언 친척을 만나게 되면 아무 거리낌 없이 그들 사이로 들어가 "다시 돌아오게 만들 수가 없었다." 인디언에게 포로로 잡혔던 백인들 또한 풀려난 이후에 고향에서처럼 지내는 것이 거의 불가능했다. 프랭클린은 "그들이 잉글랜드인으로 남아 있게 하려고 친구들이

몸값도 내주고, 주의를 기울여 극진히 대우했음에도 불구하고 얼마 지나지 않아 그들은 우리의 생활방식에 혐오를 느꼈다"고 기록했다. "그리고 기회를 엿봐 다시 숲으로 빠져나갔다."[188]

또 다른 인물도 비슷한 관찰 결과를 내놓았다. 1782년 프랑스 이주자인 헥토르 드 크레브쾨르(Hector de Crèvecœur)는 "인디언으로 변한 유럽인은 수천 명에 달하지만, 스스로 원해서 유럽인이 된 원주민의 예는 단 한 사람도 찾아볼 수가 없다"고 기록했다. 그러면서 "그들의 사회적 유대감에는 무언가 유별나게 사람을 사로잡는 것, 우리 백인들이 자랑하는 그 어떤 것보다 우월한 무엇인가가 확실히 있는 모양이다"라고 덧붙였다.

실제로 인디언 부족 안에는 평등주의자들이 많았다. 엄격한 위계질서와 제한적 도덕률에 사로잡힌 백인들의 식민지와 비교할 바 아니었다. 인디언의 사회적 지위는 상속되는 것이 아니라, 각자의 사냥 실력과 전쟁 성과에 따라 쟁취하는 것이었다. 빈부격차가 크게 날 일도 없었다. 사유물은 말을 타거나 걸어서 옮길 수 있을 만큼으로 제한되었기 때문이다. 인디언 부족의 여성들은 동시대 백인 여성들에 비해 억압도 덜 받았다. "이곳에서 나는 주인이 없다." 한 식민지 여성은 인디언 사회에서의 자기 삶에 대해 이렇게 전했다. "나는 부족의 다른 모든 여성과 동등한 권리를 가진다. 내가 원하는 것을 하고, 그 누구도 내게 이래라저래라 하지 않는다. 나는 오로지 나만을 위해서 일한다."

부족 안에서 요구되는 건 오로지 강한 충성심이다. 공동체는 함께할 때에만 살아남을 수 있기 때문이다. 따라서 인디언들에게는, 아프가니스탄의 군인들과 마찬가지로, 각 개인의 이해관계보다는 부족의 이해관계가 더 중요하다. 전쟁이나 혼란기에 약삭빠르게 행동하거나 다른 사람을 위해 희생하지 않는 자, 혹은 적과 소통하는 자는 사형에 처해진다. 이에 융거는 "이 단순한 민족정신이 충성심과 용기를 다른 모든 가치 위에 놓고 부족의 보존이 구성원 모두의 거룩한 사명이 되게끔 한다"고 기록했다.

외로움이란 현대병

융거의 저서는 부족 문화를 너무 이상화하고 잔인한 측면은 충분히 조명하지 않았다는 비판을 받았다. 사실 이들의 공동체 의식에는 어두운 이면이 존재한다. 이들의 내부 결속과 협동은 외부의 적에 대항하기 위함이었다. 실제로 모든 인디언 부족이 이웃 부족을 상대로 전쟁을 벌였고, 그 과정에서 잔인한 고문도 마다하지 않았다. 융거 역시 "토마호크(Tomahawk, 인디언이 쓰던 전투용 도끼_편집자)로 살해되지 않은 포로들이 염두에 둬야 할" 참혹한 결말에 대해서 묘사했다. "그들은 끄집어내어진 자기 창자로 나무에 묶이거나 산 채로 불 위에 올려져 서서히 구워지거나 잘게 조각이 나 개밥으로 던져진다." 인디언의 삶은 결코 서정적이지 않다.

그렇다면 어떤 점 때문에 그토록 많은 백인 이주자들이 기존의 삶의 방식을 포기하고 한 부족의 일원이 되기로 결심한 것일까? 다시 전쟁 지역으로 돌아가길 원한, 고향으로 돌아온 아프가니스탄 파병 군인들과 동일한 경우라고 생각하면 이해하기 쉬울 것이다. 그들은 부족 공동체 안에서 극한의 결속력을 경험했기 때문에 그 추억을 집에 돌아와서도 떠올리게 된 것이다.

이러한 공동체 의식은 인류가 진화하는 과정에서 필수적 요소였다. 인류학자들은 1970년대에도 수천 년 전 석기시대의 선조들과 비슷한 생활을 영위하던 아프리카 칼라하리 사막의 유목민족에게서 이러한 의식의 증거를 발견하고 연구해왔다. 50여 명의 작은 집단으로 생활하는 이들은 공동으로 사냥하고 채집해 저녁이면 거둔 것들을 각자 정해진 분량대로 나누었다. 거의 모든 일을 공동으로 했는데, 아이들도 당연히 그 모든 활동에 함께했다. 그 어떤 경우에도 혼자 남겨지는 사람은 없었다.

따라서 부족 구성원들은 자연스레 '생산성'을 경험할 수 있었다. 오늘날 심리학자들이 의미 있는 삶을 위해 가장 필요하다고 여기는 바로 그 개념을 말이다. 부족 공동체의 일원으로 존재하는 것은 여러 측면에서 번거롭고 위험한 일이다. 사고와 부상은 일상이며, 야생동물과 자연재해 혹은 전쟁의 위협에 끊임없이 시달려야 한다. 산업사회의 구성원들보다 빨리 늙고 훨씬 빨리 죽는다. 하지만 이들은 현대 사회의 결정적 결함으로부터 멀리 떨어져 있었다. 부족 사회는 허무함이나 '존재적 무관심'에 대해 알지 못했다. 외로움이나 자살은 주목할 만한 문제가 되지도 못했다. 간단히 말해서, 고대 부족 문화에서는 그런 걸 느낄 만한 시간이 없었다.

현대 문명의 발달이 이를 바꿔놓았다. 집약 농업과 분업, 기술화와 산업화 덕분에 우리의 재산뿐 아니라 개인의 자유도 늘어났다. 재산 축적으로 인해 사람들은 자신의 삶에 점점 더 많은 개별적 결정을 내릴 수 있게 되었다. 그리고 이러한 결정은 공동의 안녕을 위해 집단에 헌신하는 것을 기피하는 방향으로 흘러갔다. 융거는 "사회가 현대화될수록 사람들은 스스로를 자신이 속한 공동체로부터 벗어나 독립적으로 살아가는 존재로 파악한다"고 말했다.

오늘날의 사람들은 더 이상 도움이 필요할 때 이웃에게 달려가지 않는다. 대신 긴급 상황을 대비할 수 있는, 즉 병이나 사고, 화재나 실직 등에 대처할 수 있도록 증서를 지급하는 개인보험에 의지한다. 결혼하지도 않고, 아이도 없고, 그 어떤 식으로도 다른 사람과 연관되지 않은 사람은 다른 사람을 책임지지 않아도 되는 상황에 자유를 느낀다. 또한 모든 인간관계에서 해방되어, 그게 설령 착각일지라도, 자신이 다른 누구를 필요로 하지 않을뿐더러 다른 누구도 자신을 필요로 하지 않는다고 느낀다.

여기서 현대 사회의 딜레마가 발생한다. 개인의 자유가 어마어마하게 신장한 대신, 지난 수천 년간 인류에게 의미를 제공하는 가장 중요한 근원이었던 소속감은 사라져버린 것이다. 세바스찬 융거는 이 모순을 설명하기 위한 증거로 그 어느 때보다 물질적으로 안락하고 편리한 삶을 누리는 현재의 부유한 산업문명에서 우울증과 불안장해, 기다 각종 심리 불안이 혁언히 증기했다는 사실을 들었다.[189]

세계보건기구 자료에 따르면, 부유한 국가의 국민들이 가난한 국가의 국민들에 비해 우울증에 걸리는 비율이 여덟 배나 더 높은 것으로 나타났다. 우울증이 전문가들 사이에서 '현대병'으로 불리는 것은 이 때문이다.[190] 외로움에도 '현대병'이란 꼬리표가 붙었다. 너무 많은 사람이 외로움에 시달리자 영국에서는 세계 최초로 '외로움 담당 장관'을 임명했다.[191]

우울증과 외로움이 밀접하게 연관되어 있다는 것을 이해하기란 어렵지 않다. 외로움을 느끼는 사람이 우울함을 느끼는 경향 또한 강하다. 우울증에 걸린 사람은 사회적 관계를 형성하는 데 어려움을 겪는다. 그 어떤 의학적 발전도 이러한 현상에 변화를 가져오지는 못했다.

공동체 회복은 자본주의 폐해의 대안

그런데 신기하게도 위기 상황에서는 정반대의 현상이 관찰되었다. 외부 환경이 나쁠수록 사람들 간의 결속이 더 끈끈해졌으며 우울증을 겪는 비율도 낮아졌다. 사회학자 에밀 뒤르켐(Émile Durkheim)이 이 혼란스러운 상관관계를 밝혀냈다. 그는 전쟁 중 자살이 사람들의 예상대로 증가하는 것이 아니라 줄어든다는 사실을 발견했다. 영국의 정신과 의사들은 제2차 세계대전 중 정신병의 발병 횟수가 줄어들었다는 놀라운 사실을 발표했다. 런던의 한 의

사는 약간의 과장을 곁들어 "평상시엔 만성 노이로제 환자였던 사람들이 지금은 응급차를 운전한다"고 기록했다. 독일 비행기로부터 런던이 폭격 당했을 때는 물론이고, 영국 공군이 드레스덴을 공격했을 때도 기대했던 집단적 히스테리 반응은 일어나지 않았다. 대신 그 정반대의 결과가 나타났다. 런던 시민과 드레스덴 시민 모두 사기가 꺾이기는커녕 이전에 없던 결연함과 투쟁 정신을 보여준 것이다.

미국의 전력을 위해 폭격의 심리적 영향을 기록했던 미 장교 찰스 프리츠(Charles Fritz)는 이러한 발견에 고무된 나머지 제2차 세계대전 종전 후 현대적 회복력(resilience) 연구의 선구자로 변신했다. 그는 여러 연구를 통해 전쟁이나 자연재해 등의 심각한 상황이 닥쳤을 때 공동체가 어떻게 헤쳐 나가는지 그 방식을 탐구했다. 그 결과, 사람들은 재난 앞에서 혼란이나 무정부 상태에 빠지기보다는 똘똘 뭉친다는 사실을 거듭 확인했다. 사람들은 서로 도움을 주고받으며 공동체의 이익을 자신의 이해관계보다 먼저 생각했다.

1961년 프리츠는 자신의 발견을 종합한 긴 논문의 첫머리를 다음과 같은 예사롭지 않은 질문으로 시작했다. "어째서 대형 재난이 건전한 정신 상태를 가져오는가?" 그의 대답은 이랬다. 재앙을 겪을 때는 일종의 '고난 공동체'가 발생하는데, 평상시의 계급도 소득 격차도 사라진 이 공동체는 구성원에게 위로를 전하고 용기를 북돋우는 역할을 한다. 그 안에서 사람들은 굉장히 만족스러운 공동체 의식을 경험하고, 그 경험은 심리적 병증을 즉각적으로 치료하는

효과를 낳는다.[192]

전쟁이나 재난을 아름답게 포장할 마음은 없다. 정신이 제대로 박힌 사람이라면 사회적 연대를 위해 무력 충돌을 바라지는 않을 것이다. 다만 반대 방향에서 생각해볼 여지는 있다. 일상에선 이러한 연대감과 소속감을 맛볼 수 없다는 뼈아픈 사실을 깨닫게 하기 때문이다.

현재의 자본주의는 공동체 정신보다는 경쟁을 불러일으킨다. 학교에서부터 아이들은 최고의 성적, 가장 창의적인 결과물, 최상의 경기 결과를 두고 서로 견제하고 경쟁한다. 시간이 지날수록 경쟁은 더 치열해져서 가장 멋진 의상, 가장 많은 페이스북 친구, 가장 두툼한 월급 통장, 가장 날씬한 몸매를 두고도 우열을 다툰다. 우리의 모든 능력은 경쟁을 통해서만 설명된다는 경쟁의 법칙은 우리의 사고 구조 아주 깊은 곳까지 침투해, 심지어 휴식과 여유라는 주제 안에서도 그 영향력을 발휘한다. '세계 요가 선수권 대회'[193]가 바로 대표적이다.

휴식을 가지고도 무의식적으로 경쟁하는 상황이 얼마나 모순적인지를 상기시키기 위해 독일 가수 페터 리히트(Peter Licht)는 〈휴식 내기Wettentspannen〉란 노래를 만들었다. "더 빨리 쉬는 사람이 그만큼 빨리 쉬지 못하는 사람보다 더 낫지. 하지만 그 사람도 이미 죽어서 절대 쉬지 않는 사람보다는 항상 더 나은 법이야."

물론 경쟁하는 것에서 삶의 의미를 발견할 수도 있다. 마라톤이든 에어 기타 연주든 말뚝 위에 올라서기든, 어떤 분야에서 최고의

250

자리에 오르고자 하는 끊임없는 열망과 노력은 삶의 강한 원동력이 된다. 하지만 유감스럽게도 그렇게 생겨난 행복감은 결코 오래가지 않는다. 올리버 칸처럼 독보적인 선수조차도 어느 날 문득 다른 더 젊은 선수에게 추월당했다는 사실을 받아들여야만 했다.

일상에서 작은 의미를 경험하라

의미 경험을 위해서는 일상적 관점에 변화를 주는 것이 유익하다. 자신의 성공과 발전에만 주목하는 대신, 자신을 공동체의 일원으로 인식하고 자신이 근본적으로 어디에 소속되어 있다고 느끼는지, 그리고 다른 사람을 위해 무엇을 할 수 있는지 스스로에게 물어보는 것이다.

진화의 과정에서 소속감을 향한 욕망이 우리 마음 깊은 곳에 닻을 내리게 되었다. 웅장한 대성당과 같은 선조들이 품었던 공동체 정신의 증거들도 우리 곁에 남아 있다. 이 오래되고 거룩한 건물들 중 일부는 몇 세기에 걸친 협동의 결과물이다.

최초의 참여자들은 이 건축물이 과연 완성될 수 있을 것인지 가늠조차 할 수 없는 상황에서 건물을 올리기 시작했다. 예를 들어, 쾰른대성당은 1248년에 건축을 시작해 1880년에 완공되었다. 632년에 걸쳐 만들어진 것이다. 건축비평가 한노 라우터베르크(Hanno Rauterberg)[194]는 이 대담한 건축물은 사실상 "확신을 기반으로 세워졌다"고 평가했다. "물론 당시의 건축가들은 자신들이 짓고 있는 교회가 어떤 모습이 될지 대략적으로 알고는 있었다. 하지만 부푼 꿈을 안은 그들의 영감이 실패할 수도 있었고, 건축 자금이 끊길 수도 있었으며, 일꾼들이 도망갈 수도 있었지 않은가? 그들은 어느 것 하나 알 수 없었다." 그저 믿고 다음 세대가 건축을 이어가주기를 바라는 수밖에 없었다.

오늘날 과연 이런 식의 확신으로 공동 사업을 시작할 수 있는 사람이 있을까? 수십 년 혹은 수백 년이 걸리더라도 그 일이 실현되리라는 확고한 믿음을 가지고 흔들리지 않을 사람이 있을까? 중세 대성당을 볼 때마다 현대인들은 이전 세대의 믿음과 확신이 얼마나 컸는지, 오늘날 우리의 희망의 창이 얼마나 작아졌는지를 깨달아야 한다.

요즘 들어 기업들이 월급으로뿐 아니라 '우리'라는 유대감과 소속감으로도 직원들에게 동기부여하려는 시도들을 하고 있다. 대가족, 전통적 혹은 종교적 구성체가 사라지면서 잃어버린 유대관계를 '회사 가족'이 채우려는 것이다. 하지만 직장에서 이뤄지는 공동의 프로젝트는 목표한 바에 따라 구성원이 바뀌기도 하고, 대부분 기한을 두고 진행되는 터라 오히려 진짜 공동체의 의미를 착각하게 만든다. 무엇보다 기업은 연대가 아닌 이윤 추구를 위해 존재하는 조직이다. 따라서 이윤이 남지 않으면 그렇게 소중히 여기는 '가족 구성원'이라도 해고하는 데 아무 거리낌이 없다.

물론 예외도 있다. 세바스찬 융거가 자신의 책 마지막에 소개한 기업가 마틴 H. 바우만(Martin H. Baumann)이 그중 한 명이다. 그는 뉴욕에서 임원급 인력을 스카우트하는 리쿠르트 회사를 운영하며 '회사 가족'이란 개념을 진정으로 실천했다. 1990년대 회사가 경영 위기에 처하고 처음으로 적자를 보자, 바우만은 전 직원을 불러 모아 누구도 해고당하지 않도록 모두의 임금을 10퍼센트씩 삭감하자고 제안했다. 전 직원이 이 제안에 동의했다. 바우만은 회사 재정이 다시 탄탄해질 때까지 개인 임금을 받지 않기로 결정했다. 그는 이 사실을 비밀에 부쳤다. 직원들은 그의 회계사가 비밀유지서약을 어기고 발설하기 전까지는 아무도 그 사실을 몰랐다.[195]

독일의 헤센 주 프론하우젠에서 알루미늄 디자인 제품을 생산하는 자이델 사의 직원들도 놀라운 공동체 정신을 보여주었다. 동료의 아들이 백혈병에 걸려 무급 휴가를 쓸 수밖에 없다는 소식을 접한 그들은 자신들의 초과근무 시간을 그에게 선물하기로 결정했다. 이 특별한 모금운동으로 무려 3300시간이 모였고, 덕분에 동료는 재정 걱정 없이 집에서 아픈 아들을 돌볼 수 있었다.[196]

이러한 예들은 굳이 인디언 부족에 속하거나 전쟁 혹은 재해 같은 것을 겪지 않아도 여러 상황에서 다양하게 공동체에 기여할 수 있음을 보여준다. 그리고 때론 사려 깊은 한 사람이 계기를 마련하는 것만으로도 여러 사람이 참여하는 길을 열 수 있다.

자이델에서는 인사과장인 파이 마이어(Pai Meier)가 그 계기를 마련했다. 그녀는 동료의 안타까운 소식을 전해들은 뒤, 임원회의와 이사회에 그 소식을 전하고 직접 초과근무시간 기부운동을 주직했다. 왜 이 일에 동참했냐는 질문에 한 직원은 이렇게 대답했다. "아이가 있는 사람이라면 누구나 오래 고민하지 않았을 것이다. 동료를 도와야 한다는 것을 알고 있었기에 그렇게 한 것이다." 그것은 그들에게 '당연한 일'이었다.

이는 빅터 프랭클이 말한 의미의 개념과도 일치한다. 빈에 있는 빅터프랭클린재단의 이사장이자 심리학자인 알렉산더 버트야니 (Alexander Batthyány)는 우리 대부분이 이성적으로든 직관적으로든 "무엇이 가치 있고 의미 있는지, 무엇이 아닌지"를 정확히 알지 못한다고 말한다. 그것은 대부분 "구체적으로 그리고 현실적으로 어떻게 의미 지향적이고 참여 지향적으로 살 수 있는지"에 대한 지식이 부족하기 때문이다. 배타니는 자신의 저서 《무관심의 시대Die Überwindung der Gleichgueltigkeit》에서 인생의 의미를 묻는 질문을 너무 과대 해석한 나머지 세상을 구하는 일에 당장 뛰어들어야 한다는 생각을 떨쳐버리라고 호소한다. "바로 그런 생각 때문에 일상에서의 작은 의미를 경험할 가능성을 놓쳐버릴 위험이 있다"고 버트야니는 말했다.[197]

일상과는 동떨어진 의미에 대한 탁상공론으로 자신을 소모하는 대신, 우리 각자가 속한 곳에서 '자신의 세상을 조금 더 나은 곳으로 만들기 위해' 기여하려는 시도만으로도 시작은 충분하다. 대부분 큰 노력 없이도 가능한 일이다. '친절한 말 한마디, 감사의 말, 기대치 않았던 선물, 행복감을 표현하는 미소' 등. 이 모두가 의미를 경험할 수 있는 작은 기회들이고 보다 큰 공동체에 기여한다. 버트

야니는 이런 것들이 "세상을 풍요롭게 만들고 …… 우리는 개인의 기여로 더 나은 곳을 만드는 데 도움을 줄 수 있는 사람이 된다"고 확신한다.

확신의 전문가들, 이레네 디쉐와 나탈리 크납

IRENE DISCHE & NATALIE KNAPP

이들을 '확신 전문가'라고 부르는 것이 적당하지 않을 수도 있다. 자신들을 어떤 카테고리에 끼워 넣으려는 시도를 두 명 모두 싫어할 것이기 때문이다. 작가 이레네 디쉐는 물론 철학자 나탈리 크납역시 독립적인 성격의 소유자다. 둘 다 자기 주관이 뚜렷하다. 둘은 매우 다른 인생을 살아왔다. 다만 주류에 편승하지 않고 관습에서 벗어나 독특한 시선으로 사안을 고찰하는 데 탁월하다는 점에서 겹쳐지는 부분이 있다.

이레네 디쉐는《할머니가 고백하다Großmama packt aus》란 자전적 소설로 유명세를 얻었다. 유대인 가족의 비극적 역사를 특유의 분위기로 익살스럽게 묘사한 이 소설을 독자들은 웃어야 할지 울어야 할지 헷갈려하며 읽었다.[198] 2016년 트럼프의 당선 이후 모든 신문의 문화면이 당황스럽단 반응을 내고 있을 때, 독일계 미국인인그녀는《디 차이트》를 통해 '우리 미국인이 트럼프의 승리에 한탄

만 해서는 안 되는 이유'를 당당하게 이야기했다.[199]

디쉐보다 스무 살 정도 더 젊은 나탈리 크납도 겁먹는 일과는 거리가 먼 인물이다. 거의 대부분의 사람이 확실성을 사랑하고, 기존의 지식이 통하지 않을 때는 두려워하거나 심지어 공황 상태에 빠지기까지 하는데, 철학자인 크납은 정반대다. 그녀는 불확실성 그 자체에 가치가 있다고 생각한다. 그리고 이미 4장에서 언급한 것처럼 그녀는 불확실성과 "친구를 맺어야 한다"고 주장한다.[200]

이 비범한 두 여성과 베를린에서 대담을 나눌 기회가 생긴 것은 행복한 우연이었다. 크납은 베를린에 살고 있고, 디쉐는 베를린에 머무는 집이 있지만, 이전까지 만난 적은 없었기 때문이다. 대담이 어떻게 흘러갈지 처음엔 짐작도 할 수 없었다. 일종의 실험 같았다. 하지만 한번 시작된 대화는 끊이질 않았고, 어려운 상황 속에서도 올바른 태도를 지키는 기술에 대한 남다른 의견들이 풍성하게 오갔다. 확신뿐 아니라 어려운 환경에서 최후의 지주가 되는 유쾌함의 힘에 대해서도 많은 이야기를 나누었다.[201]

─ 트럼프가 당선이 되었는데요, 디쉐 씨, 이 일에서 어떤 좋은 점을 찾았나요?

이리네 디쉐 : 러시아식 유머가 갑자기 부활했다는 점이랄까요. 몇 년간 그런 식의 유머는 없었잖아요. 제가 마지막으로 들은 게 페레스트로이카(perestroika, 1985년 4월에 고르바초프가 선언한 소련의 사회主의 개혁 정책_편집자) 시절이었기든요. 이제 사람들이 다시 그 시절

우스갯소리를 하고 다녀요. 물론 유머의 소재는 트럼프죠. 그와 그가 불러 모은 옛날 신사들이 어딘가 모르게 소련 정치국을 연상시키나 봐요.

– 절망에서 나온 블랙유머 같은 건가요?

디쉐 : 저는 절망하지 않았는데요. 뉴욕의 몇몇 친구들과는 완전히 다르죠. 그들은 트럼프 당선 이후 더는 신문을 읽지 않기로 결심했대요. 그래도 그러면 안 되죠!

나탈리 크납 : 그 사람이 더는 그 어떤 뉴스에도 그 어떤 트위터 메시지에도 끌려가지 않고, 그것이 어떤 일을 일으키는지를 가만히 지켜보겠다고 결정한 거라면 저는 그 사람을 이해할 수 있어요. 세상이 돌아가는 걸 광각렌즈로 보는 방법도 있으니까요. 제게 그건 체념이 아니라 자신의 권리를 행사하는 방법으로 보이거든요.

– 크납 씨, 책과 강연을 통해 불확실성을 의미 있는 것으로 간주했지요. 그렇다면 당신이 보기에 불확실성의 시대의 좋은 점은 무엇인가요?

크납 : 좋은 점, 나쁜 점보다는 불확실성이 중요한 역할을 한다는 것을 깨닫는 게 중요하죠. 불확실성은 제가 소중하게 여기는 많은 것들의 필요조건이에요. 희망이 그중 하나고요. 미래를 알 수 없기 때문에 이성적으로 기대할 수 없는 것들도 희망할 수 있어요. 한나 아렌트(Hannah Arendt)도 이런 생각을 강조했어요. 미래가 정

해진 것이라면 희망의 요소도 사라질뿐더러 우리의 결정도 그 본연의 의미를 가지지 못해요. 불확실성은 우리에게 미래가 열려 있고, 우리가 그걸 어떻게 다루어나가느냐에 따라 달라질 수 있다는 기분을 느끼게 해주죠.

— 하지만 오늘날 세계는 불확실성과 불안정성이 매일같이 늘어나고 있어요. 미국의 정치뿐 아니라 유럽의 정세도 불안해요. 포퓰리스트가 득세하고 테러 위협도 급증하고 있어요. 그런데 두 분은 하나도 두렵지 않으신가 봐요?

디쉐 : 설마요! 그런 두려움이야 항상 있었죠! 생각이란 걸 할 수 있을 때부터 저는 미래에 대한 그런 식의 두려움에 관해 끊임없이 들어왔어요. 하나도 새롭지 않아요. 저는 그런 사람들은 복권 사는데 너무 많은 돈을 썼는데 당첨되지 않을까 봐 두려워하는 사람처럼 생각돼요. 베팅을 너무 크게 한 거죠. 이제 어떻게 되지? 갑자기 새로운 정치 운동이 일어나는 건가?

크납 : 저는 그걸 두려움이 아니라 불확실성이라고 불러요. 두려움은 지금 당장 어떤 끔찍한 일이 벌어져서 내 삶을 위협할 거라고 말하죠. 그러면 정서적 자기방어 프로그램이 가동돼요. 이성적 토론이 끼어들 여지가 사라지죠. 반면 불확실성은 일종의 각성적 긴장을 낳아요. 정말 새로운 어떤 일이 벌어질 때면 사람들은 그 일이 어떻게 될지 알 수가 없어요. 아니라면 그건 새롭지 않은 거겠죠. 이런 내면의 긴장을 불편하게 느낄 수도 있겠지만, 그건 창의력

의 기본 정서예요. 바로 그 순간 감각은 "조심해, 여기 뭔가 평소와는 다른 일이 벌어지고 있어!"라고 외쳐요. 정신을 바짝 차려야 하니까요. 느긋하게 원래 하던 대로 해선 안 되니까요.

— 디쉐 씨는 어떻게 보시나요? 당신의 부모님은 나치를 피해 망명했고, 당신 아버지는 유대인 가족 중 유일한 생존자입니다. 당신의 책 《할머니가 고백하다》에는 온갖 재앙이 망라돼 있는 기분이었어요. 그럼에도 매우 유쾌한 책이죠. 독자들은 그 책에서 빛나는 유머 감각을 느껴요. 그것은 흔들림이 없고 선(善)에 대한 믿음을 지키죠.

디쉐: 맞아요, 제 부모님은 온갖 끔찍한 일을 다 겪으셨죠. 하지만 단 한 번도 그에 대한 불평을 하신 적이 없어요. 그게 제겐 교훈이 되었어요. 진정으로 나쁜 일을 겪은 사람은 쉽게 그 일에 불평하지 않아요. 끔찍한 전쟁을 겪은 많은 시리아 인들도 그랬어요. 그들은 그 일에 대해 아무 말도 하지 않았어요. 한다 해도 오랫동안 알고 지낸 사이가 되어서야 입을 열었죠. 반면 입만 열면 불평을 쏟아내는 사람들 중 대부분은 끔찍한 문제가 그다지 없는 사람들이에요. 그런 사람들의 징징 짜는 소리는 정말 견디기 힘들어요. 들어봤자 아무 쓸모도 없고요.

— 책을 보면 어린 시절 당신의 보모 프리델이 당신을 매일같이 벽장에 가뒀다거나 다른 식으로 괴롭혔다고 쓰여 있어요. 오늘날 관점에서 그건 아동학대로 보이는데요. 그런 일을 당하고도 당신이

심각한 트라우마에 시달리지 않는 게 기적일 정도예요.

디쉐 : 사실 책에 쓴 것보다 더 끔찍한 일들이 많았어요. 우리 보모는 진짜 사디스트였으니까요. 하지만 우리는 그 와중에도 최고의 것을 만드는 법을 배웠어요. 예를 들면, 어느 해 여름에 우리는 보모와 함께 바닷가 별장에서 석 달을 보내야 했어요. 매일 오후 두 시간씩 우리는 침대에 억지로 누워 있어야 했지요. 책을 읽어서도, 딴짓을 해서도 안 됐어요. 그동안 보모는 조용히 휴식을 취했고, 우리는 골방에 죽은 듯 누워 있었어요. 하지만 창문에 블라인드가 내려져 있었고, 그 사이로 햇살이 비치더라고요. 저는 곧 그 블라인드를 스크린 삼아 영화 보는 법을 알게 됐어요.

― 영화요?

디쉐 : 네, 그냥 내가 영화를 상상하면 돼요. 그때부터 나는 매일 오후에 두 시간짜리 영화를 봤어요. 요새는 교회에서도 이런 일이 자주 일어나겠단 생각이 들어요. 강요된 지루함이 몇 시간짜리 예배를 드리는 사람들에게는 창의력을 계발하는 기회가 되는 거죠. 지루함이야말로 창의적 사건을 만드는 초석이니까요.

크납 : 혹은 체념할 수도 있죠. 그런 강요된 상황에 반응하는 방법은 두 가지라고 생각해요. 빠져나갈 길을 찾는 사람은 창의적으로 반응할 거예요. 하지만 스스로를 지킬 줄 모르는 사람은 체념이나 트라우마에 빠져요. 한번은 작은 산골 마을에서 나고 자란 스위스인 두 명과 이야기를 나눈 적이 있어요. 둘 다 매일 이킴 학교에

가기 전 딱딱한 성당 의자에 무릎을 꿇고 배고픔을 참아가며 미사를 드려야 했대요. 그중 유쾌하고 자기 주관이 뚜렷한 사람이 그러더라고요. 예수상과 지루함에 대한 고도의 철학적 대화를 나눴다고요. 그는 예수님도 그 성당에선 자기처럼 지루해할 거라고 생각했대요. 하지만 다른 한 사람에겐 그저 끔찍한 경험일 뿐이었죠. 그 일을 떠올리는 그의 얼굴을 본 사람이라면 누구나 그때의 우울함이 여전히 위력을 발휘하고 있다는 걸 알 수 있었어요.

─ 여기서 말하는 창의력은, 이를 테면 굴복하지 않는 것, 기대를 꺾지 않는 것, 외부의 압력을 쉽게 받아들이지 않는 건가요?

디쉐 : 저는 정치적 올바름에 대한 일반 상식을 깔아뭉개는 데서도 큰 재미를 느껴요. 하루는 여성잡지인 《엠마Emma》로부터 전화를 받았어요. 이런저런 여성 문제에 대해 질문하더라고요. 그래서 말했어요. "잠깐만요, 남편한테 얼른 물어보고 올게요." 전화 건 사람이 정말로 화를 내더라고요. 그게 재미있다는 걸 이해하지 못한 거였어요.

크납 : (웃으며) 상상이 가네요. 디쉐 씨는 그 순간 자유를 지킨 거예요. '아, 이 신문이 지금 내 말을 들으려고 하는구나'라고 생각하는 대신 창의적인 틈을 찾은 거죠. 그건 제 직업에서도 중요한 부분 중 하나예요. 기대를 채우지 않는 것. 그러지 않고 모든 일에 고개를 끄덕이다 보면 아무도 제대로 된 생각을 할 수가 없어요. 제가 강의에서 기대를 채우려고만 할 때, 강의는 지루하게 짜일 수밖에 없어요.

디쉐 : 저는 그저 정해진 카테고리에 끼워 넣어지는 것을 반대했을 뿐이에요. 미국에 대한 비판적 견해를 말해주길 바라는 게 분명한 토크쇼에 초대된 일이 한두 번 있어요. 그때마다 저는 기대한 사람들을 기꺼이 실망시켰죠.

크납 : 영어에 커닝(cunning)이란 단어가 있어요. 독일어로 바꾸면 노회함이나 닳고 닳은 술책 혹은 간계를 뜻하는 단어와 비슷한데, 하나같이 부정적 뉘앙스를 담고 있는 독일어와는 달리 영어의 커닝은 중립적인 면도 있어 흥미로웠어요. 고대 그리스 신화에서 커닝의 능력은 제우스의 첫 아내이자 아테나의 어머니인 여신 메티스가 갖고 있었어요. 가장 지혜로운 신이었죠. 때론 폭풍우를 만난 배들이 거친 바람 속에서도 돛을 잃지 않고 잘 빠져나가도록 도와주기도 하고요.

- 디쉐 씨, 당신은 거친 바람 속을 항해한 경험이 많죠? 예를 들어, 리비아에 혁명이 일어나 카다피가 권력을 장악한 1969년, 당신은 거기서 떠돌이 생활을 하고 있었어요. 총격전 한가운데에 있기도 했고, 그 외에 썩 유쾌하지 않은 다른 상황들을 많이 겪었습니다. 그런 상황에서 당신은 어떻게 확신을 지켰습니까?

디쉐 : 맙소사, 또다시 태도에 대한 질문으로 돌아온 거예요? 중요한 건 어떤 일에 정확한 태도를 갖는 거예요. 나쁜 점만 보지 말고 좋은 점도 같이 보는 거죠. 말씀하신 대로 저는 우연찮게도 살면서 역시 떡 상황과 부딪히는 일이 많았어요. 9 11 직후에는 뉴욕

에도 있었어요. 거기 사람들이 경이로울 만큼 침착하게 행동하는 걸 직접 봤죠. 미국의 다른 곳에선 극단적 비난과 애국적 외침이 울려 퍼졌지만, 뉴욕만큼은 거기에 신경 쓰지 않았어요. 사람들은 서로 돕고, 친절을 베풀고, 해야 할 일들을 했죠. 테러 후 2주간 뉴욕은 가히 거룩했다고도 말할 수 있어요.

– 당신은 상식적 견해를 뒤집는 데서 큰 기쁨을 느끼는 것 같네요. 일종의 반항인가요?

디쉐 : 아마 그럴지도요. 하지만 저는 진심으로 다른 사람들이 비관적으로만 보는 상황 속에서도 좋은 면을 봐요. 2년 전, 저는 제가 죽을 거라고 생각했어요. 췌장암에 걸렸거든요. 아이들이 걱정이 많아져서 의기소침하게 굴었어요. 하지만 저는 정말 해방감을 느꼈거든요. '다시는 열쇠를 어디 뒀는지 몰라 찾아다니지 않아도 되는구나, 연말정산을 다시 하지 않아도 되는구나.' 단 1초도 두렵지 않았어요.

– 농담이죠!

디쉐 : 아니에요. 진짜로 유쾌했어요. 그전까진 막상 죽음이 닥치면 어떻게 반응할지 나도 모르겠다는 생각을 늘 했었거든요. 하지만 닥치고 나니까 좋은 점을 보게 되더라고요. 물론 미지의 세계에 대한 두려움으로 긴장되는 면도 있었어요. 하지만 그것도 곧 끝나겠지 생각했어요.

크납 : 디쉐 씨 말에서 용기를 얻게 되네요. 많은 사람이 죽음에 대해 매우 큰 두려움을 갖고 있고, 그걸 몰아내기 위해 온갖 수단을 동원하지요. 하지만 저는 아니에요. 저는 죽음에 대해 생각하는 것을 전혀 겁내지 않아요. 물론 저 역시 종종 막상 그 일이 닥치면 어떻게 반응할지 나도 모르겠단 생각은 하지만요.

디쉐 : 당연하죠, 누구나 그럴 거예요. 저는 그저 그 과정에 순응했고, 그랬더니 어느 순간 그 일이 완전히 쉽게 느껴졌어요.

– 하지만 그런 식의 유쾌한 확신이 평범하지 않다는 걸 인정해야 할 것 같은데요!

디쉐 : 유쾌한 확신에 대해 알고 싶다면, 먼저 제 딸을 한번 만나 보세요! 딸아이가 지금 레바논 사람과 동거 중인데, 그전엔 시리아인과 결혼생활 비슷한 걸 했었어요. 독재자 아사드가 감옥에 보낸 사람이었어요. 딸은 베이루트에서 폭격도 당해봤대요. 정말 많은 고통을 현장에서 겪은 거죠. 하지만 동시에 엄청난 희극적 감각이 생겨났어요. 지금은 영화를 하나 만들고 있는데, 시리아 난민에 대한 평범한 독일 시민들의 반응을 소재로 한 코미디예요. 무척 웃길 것 같아요.

크납 : 저는 유쾌한 태도가 그 어느 때보다 요즘 특히 더 필요하다고 생각해요. 지금 같은 시절에 두려움에 사로잡히지 않고 창의력을 유지할 수 있게 해주는 유일한 것이 유쾌한 태도 아닐까요? 두려움 앞에 떨거나 미래를 이미 결정된 것으로 생각하는 대신, 현

상황에서도 무언가를 만들어낼 수 있는 창의적 틈을 찾아내기 위해선 유쾌함이 필요해요.

— 구체적으로 무얼 상상하면 될까요?

크납 : 관련된 짧은 이야기를 하나 들려드릴게요. 얼마 전에 즉흥극 공연을 보러 갔어요. 무대에 선 배우가 관객이 요구하는 걸 즉흥적으로 해내야 하는 거였죠. 한 관객이 배우에게 〈냉동고〉라는 제목의 하이네 시를 낭독하라더라고요. 저는 '저 배우 이제 어쩌지? 저걸 어떻게 해결할까?' 하며 조마조마하게 상황을 지켜봤어요. 하이네는 그런 시를 쓴 적이 없으니까요. 그런데 배우는 한 치의 흔들림도 없이 무대 앞으로 나가더니 이렇게 말하더라고요. "여러분, 이제 하랄드 하이네(Harald Heine, 고딕 메탈 밴드 크리머토리Crematory의 베이스 기타리스트_옮긴이)의 시를 한 번 들어보시겠어요?"

디쉐 : 대단하다! 하인리히(Heinrich)가 아니라 하랄드라니.

크납 : 맞아요. 그렇게 배우는 난관을 벗어나 자신의 의지대로 극을 이끌어갈 수 있었죠. 그 공연은 제게 분기점이 될 만한 경험을 남겼어요. 그곳에서 무엇을 할지는 관객이 정하는 것처럼 보였죠. 하지만 배우가 정하는 것이었고, 배우는 틈을 찾아냈어요. 그때부터 저는 항상 틈은 있다고 생각하기 시작했어요. 세상이 아무리 암울해 보여도 결코 모든 게 완전히 끝난 것은 아니랍니다.

디쉐 : 그럼요, 항상 틈은 있죠. 종종 오랫동안 찾아야 할 때도 있지만, 그래도 있긴 있답니다.

7장

확신은 어떻게 강화되는가

이제 결승점에 다다랐다. '확신은 어떻게 생겨나며 어떻게 강화되는가'라는 질문에 지금까지 다양한 측면에서 수많은 사례를 통해 대답했다. 이제는 습득한 교훈과 제안들을 실전에 어떻게 적용할 것이냐는 문제만 남았다.

거듭 묻는다. 세상에 대한 절망이 엄습하고 슬퍼할 이유밖에 보이지 않을 때 우리는 구체적으로 무엇을 할 수 있을까? 당연히 저마다 대답은 조금씩 다를 것이다. 다만 한 가지 짚고 넘어가야 할 것은 아는 것만으로는 변화를 일으킬 수 없다는 점이다. 학자들은 행동의 변화를 위해서는 먼저 아는 것이 중요하다고 생각한다. 하지만 진실은 거꾸로다. 학자들의 생각과는 정반대다. 행동의 변화가 있어야 새로운 견해가 생겨난다. 현실에서 행동 변화를 위한 길을 모색해 규칙적으로 실천하고 그것이 습관으로 자리 잡을 때 효과가 나타날 것이다.

우리 행동의 큰 부분은 외시저으로 조종되는 것이 아니라 자동화된 습관을 따라간다. 밥을 먹는 것, 대화하는 법, 신발 신는 등의 행위는 물론 생각하는 것도 그렇다. 우리가 세상을 바라보는 방식은 우리가 살면서 하는 모든 경험에 의해 형성되고, 우리의 환경에 의해 강화된다. 그리고 그러한 생각의 방식이 본격적으로 뇌에 새겨지면 그와 관련된 신경망은 활성화되고 다른 부분은 쇠퇴한다. 따라서 변화하고자 하는 사람은 뇌 구조부터 바꿔야 한다. 그러기 위해서는 시간을 들여 새로운 경험을 반복해야 한다.

오늘날 심리학자들은 우리의 일상적 행동의 30~50퍼센트 가량이 습관에 의해 좌우되는 것으로 보고 있다. 습관은 우리가 더 생각할 필요가 없도록 해 에너지와 시간을 절약할 수 있도록 도와준다. 항상 가던 길로 출근하고, 집에 와서도 항상 앉던 곳에 앉는 것처럼. 항상 같은 방향으로 세상을 보다 보면 우리의 생각은 안락해진다. 그리고 그만큼 우리의 생각도 굳어진다.

습관이 약하지만 중독처럼 작용할 때도 있다. 뇌과학자 볼프람 슐츠(Wolfram Schultz)는 "우리는 어떤 특정 행동에 보상이 따르는 걸 한번 경험하면 가능한 자주 그 행동을 반복한다"고 설명한다.[202] 우리의 뇌는 새로이 인지한 행동방식을 강화하기 위해 신호전달물질을 분비한다. 어떤 행동의 결과로 평소보다 더 큰 행복을 느낀 우리는 다시금 그 행동을 반복하게 된다. 슐츠는 "보상이 뇌신경에 자국을 남겨서 뇌를 변화시킨다"고 말한다. 이 말은 곧 한번 체득된 습관은 유지되려는 경향이 강하다는 뜻이다. 긍정적 습관이든 부정적 습관이든 이는 똑같이 적용된다. 변화가 힘들고 가장 마지막에 일어나는 것은 이 때문이다.

생각을 재구성하는 자기 탐문 ─────────

그렇다면 인간의 이러한 작동방식을 어떻게 바꿀 수 있을까?
생각의 습관을 바꾸는 그 첫 단계는 생각을 의식하는 것이다. 먼
저 자신을 주의 깊게 관찰하고 생각을 어떻게 하는지 하루 종일
파악해본다. 에픽테토스가 말한 '생각과 의견', 즉 어떤 상황에 대한
우리의 무의식적 평가는 머릿속에서 매우 빠르고 자동적으로 일어
나서 보통은 그 과정을 알아채기가 매우 어렵다. 우리의 관점을 형
성하는 선입견과 고정관념의 틀은 우리가 깨닫지 못하는 사이에
만들어진다.

따라서 생각이 자동으로 유형화되는 과정부터 손을 대야 한다.
그 이유 중 하나는 별 이유도 없이 밀어닥치는 강렬한 감정 때문이
다. 우리는 일단 심각한 패배감이나 두려움에 휩싸이면 그것이 어
디서부터 시작되었는지를 보지 못한다. 감정에 휘둘리기 전에 생각
하고 있던 것을 재구성해보라. 대부분의 경우 그런 감정이 의식적
으로는 거의 드러나지 않은 억압이거나 두려움에 사로잡힌 생각의
반영이라는 것을 깨닫게 될 것이다. 이러한 구체적 자기 탐문은 자
동으로 일어나던 사고의 진행을 통제할 수 있도록 해준다.

우리 내면에서 계속 반복되는 독백은 자기민족적 상황이 짙다.

우리는 누구나 자신이 세상의 중심이고, 무언가 나의 구상대로 돌아가지 않으면 그 책임을 다른 사람이 져야 한다고 생각한다. 우리는 '기본적인 자기중심성'을 가지고 태어났기 때문이다. 미국의 작가 데이비드 포스터 월리스(David Foster Wallace)는 "나만이 온 우주의 중심이자 가장 온전하며 가장 실제적이고 가장 중요한 사람이라는 뿌리 깊은 믿음"이라는 말로 우리 모두가 갖고 있는 무언의 생각을 꼬집었다.[203]

우리 내면의 목소리는 결국 우리 자신에게 가장 좋은 빛이 드리워야 하고, 안락한 삶을 가능한 늘려야 한다고 말한다. 그러다 보니 어려움에 처할 때 우리는 그 일에 대한 책임이 자신에게 얼마나 있는지, 어떻게 이 상황을 바꿀 수 있는지를 묻는 대신 불공평한 세상을 원망하고 피해자 역할을 자청하는 경향을 보일 때가 많다.

반사적으로 일어나는 자기합리화의 사고 과정을 중단시키는 데는 그런 생각이 일어나는 패턴을 주위 깊게 인식하는 것이 도움이 된다. 체크리스트를 만들어두어 정권에 대해, 날씨나 교통체증에 대해, 이웃이나 신 혹은 세상 전체에 대해 습관처럼 투덜거릴 때 표시를 하거나 간단히 계수기 버튼을 누르는 것이다. 이러한 방법으로 몇몇 사람은 하루에 불평을 느끼는 순간이 60회나 된다는 것을 확인했다. 이 말인즉슨, 하루에 60번 거부당한 기분을 느끼고 60번 피해자가 된다는 뜻이다.[204] 하지만 내면의 독백을 인식하는 것만으로도 상황에 대한 불만은 그 위력을 상실해버린다.

"오늘부터 달라질 거야!"라고 단숨에 결심하는 것보다는 이러한 방법이 훨씬 효과적이다. 한번에 변화를 일으키려 한다면 당신은 지금까지 가져왔던 사고의 습관과 전쟁을 벌여 자신의 신경 활동 패턴에 맞서 싸워야 한다. 당신을 극도로 지치게 만들면서도 이길 확률은 희박한 싸움이다. 그러니 먼저 사고의 유형부터 살펴보는 것이 더 합리적이다. 그것만으로도 자동화된 사고의 과정이 멈추고 무의식적으로 흘러가던 생각이 의식의 차원으로 끌어올려진다. 그러니 소득 없는 자신과의 싸움에 에너지를 허비하지 말라. 대신 유머와 친절함으로 당신의 약점과 마주하라. 그러면 기존의 사고 습관은 차츰 그 위력을 잃고 어느새 새로운 습관을 위한 길이 생겨날 것이다.

기분을 전환하는 신체적 활동

같은 목표를 가지고 거기까지 이르는 길을 함께해줄 동행자 또한 매우 중요하다. 주변 사람의 태도와 기분만큼 우리에게 강력한 영향을 미치는 것도 없다. 하물며 정서는 전염성마저 있다는 것이 증명되었다.* 따라서 확신을 계발하려면 자신을 확신에 가득 찬 사람들 가운데 두는 것도 좋다. 그러면 자연스럽게 물들게 된다. 매우 쉬운 전략이다.

---

* 이러한 현상은 나의 다른 저작 《웃음의 가격은 얼마인가Was kostet ein Lächlen?》에 자세히 나와 있나.

우울함과 절망감을 극복하는 데 있어서도 친구나 가족, 동료 혹은 필요한 경우 심리 치료사 등 호의적인 주변 사람들은 이루 말할 수 없는 가치를 발휘한다. 우울한 감정의 동굴에 들어앉은 사람은 스스로 거기서 빠져나오기 힘든 법이다. 빅터 프랭클의 심리 치료법을 리더십 훈련에 적용한 경영전략 코치 베르너 베르슈나이더(Werner Berschneider)는 "심리적 중력은 자동적으로 아래로 작동한다"고 말한다. 기분이 나쁜 사람에게는 거의 즐거운 생각이 떠오르지 않는다. 베르슈나이더는 "그 대신 우리는 집 소파에 앉아 우리 자신을 고통스럽게 한다"고 설명한다. 우리는 이럴 때 그런 기분에서 끌어올려줄 상대가 필요하다.

이러한 조력자를 기대할 수 없는 상황이라면 신체적 활동으로 기분 전환을 시도하라. 3장에서 설명한 대로 정신과 신체는 분리할 수 없다. 우리의 기분 또한 단순한 신체적 행동 방식에 영향을 받는다. 그래서 오늘날의 의사들이 관절통, 허리 통증, 당뇨, 심장병, 만성피로 등 다양한 현대 질환 치료뿐 아니라 우울증 치료를 위해서도 규칙적인 스포츠 활동을 권하는 것이다.[205] 결국 인간은 본성적으로 움직여야 하는 존재다. 오랫동안 앉아 있거나 몇 시간씩 모니터를 쳐다보는 것은 원래 인간 본성에 걸맞지 않는 일이다. 종종 침울한 기분이 들 때 적당한 신체 활동만으로도 밝아지는 게 느껴진다. 굳이 기량을 측정하는 스포츠일 필요는 없다. 자전거 타기나 조깅, 요가, 수영 등 적당한 활동만으로도 충분하다. 간단한 산책도 지속적으로 하면 건강을 증진시키고 기분을 북돋우는 효과를 낸다. 반려견을 키우는 사람이 더 오래 산다고 증명된 것도 규칙적으로 강아지 산책을 시키기 때문이다.[206]

우리의 기분은 몸의 자세나 표정에서도 영향을 받는다. 미소에 관한 뷔르츠부르크 대학의 심리학자 프리츠 슈트라크(Fritz Strack)의 연구가 눈에 띈다. 슈트라크는 피실험자들을 두 그룹으로 나누어 한 그룹은 이로 연필을 물게 해 웃는 표정을 하게 만들고, 다른 그룹은 입술로 물어서 웃을 수 없게 만들었다. 그 상태로 같은 만화를 보여주며 평가하게 했다. 그 결과, 연필을 이로 물어서 억지로 웃는 표정을 짓고 본 그룹이 그렇지 않은 그룹보다 저절로 좋은 기분을 느꼈고, 만화도 더 재미있다고 평가했다.[207]

스마트폰이 기분을 우울하게 만드는 이유

이는 이른바 체현(embodiment)에 관한 수많은 연구 결과 중 하나다. 체현은 우리의 정신적 활동이 구체적 행동으로 드러나는 것을 말한다. 즉 감정과 생각이 진공 상태에 머물지 않고 몸으로 표현되어 그에 상응하는 생물학적 반응을 일으킨다는 뜻이다. 두려움과 걱정은 위를 자극하고, 흥분은 혈압을 상승시키며, 사랑은 뱃속에서 나비의 날갯짓을 느끼게 한다. 역으로 표정과 몸의 자세 또한 우리의 기분뿐 아니라 사고와 기억에도 영향을 미친다. 자세가 바른 사람은 긍정적으로 생각하고, 구부정한 자세의 사람은 비관적 견해를 갖는 경향이 있다.

이는 오클랜드의 심리학자들이 진행한 연구로도 증명되었다. 연구진은 피실험자들을 두 그룹으로 나누어 여러 가지 문제를 풀도록 했다. 한쪽은 똑바른 자세를 유지할 것을 강조했고, 다른 한쪽은 구부정한 자세를 취하도록 내버려두었다. 그 결과, 똑바른 자세로 문제를 푼 그룹이 좀 더 자신감 있었고, 긴장과 기복이 덜하였으며, 전반적으로 기분이 더 좋은 것으로 나타났다. 표면적으로도 차이는 드러났다. 구부정한 자세의 사람들은 대답을 늦게 하고, 부정적 감정이 드러나는 개념을 더 빈번하게 사용했다. 따라서 오클랜드의 연구진은 '스트레스에 대항하는 간단한 행동 전략'으로 똑바른 자세를 권했다.[208]

비텐-헤르데케 대학의 심리학자 요하네스 미샬라크(Johannes Michalak)의 연구 또한 행동 방식이 기분에 미치는 영향을 보여준다. 미샬라크는 학생들을 한 줄로 서게 한 다음 우울한 사람과 행복한 사람의 걸음걸이를 보여주며 그중 하나를 선택해 흉내를 내도록 했다. 누구는 풀이 죽어 발을 질질 끌며 걸었고, 누구는 몸을 즐겁게 흔들며 걸었다. 그런 다음 부정적이거나 긍정적 개념이 담긴 여러 단어를 소리 내어 읽게 했다. '아름다운, 유쾌한, 즐거운' 또는 '짜증나는, 착잡한, 멍청한' 등. 그리고 그중 어떤 단어가 자신에게 어울리는지를 생각하게 했다.

8분 후, 피실험자들에게 어떤 개념이 기억나는지를 물었다. 행복한 사람의 걸음걸이를 흉내 냈던 학생들은 긍정적 개념을 좀 더 많이 기억하는 것으로, 우울한 사람의 걸음걸이를 흉내 냈던 학생들은 부정적 단어를 더 많이 기억하는 것으로 나타났다. 이 연구를 통해 신체적 태도만으로도 정보를 처리하는 성향, 즉 긍정적으로 다룰지 부정적으로 다룰지에 영향을 줄 수 있다는 것이 밝혀졌다.[209]

이 연구 결과가 흥미로운 것은 언제 어디서나 스마트폰을 사용하는 우리의 습관과 연결되기 때문이다. 스마트폰은 우리 몸과 자세에 어떤 영향을 미칠까? 장기적으로 우리의 기분에 어떤 작용을 할까? 대답은 우리 손 안에 있다. 계속 고개를 앞으로 숙이고 액정을 들여다보는 사람은 등이 굽고 목이 거북이처럼 늘어지게 마련이다. 기분이 우울한 사람들의 전형적인 자세다.

심리학자인 에이미 커디(Amy Cuddy)는 《뉴욕타임스》에서 "아이폰이 당신의 자세와 기분을 망친다"고 경고했다. 생산력을 높이기 위해 하루에 몇 시간씩 스마트폰을 들여다보는 사람은 이러한 자세의 상호작용이 "역설적으로 정반대의 효과를 낳아서 우리의 생산력을 갉아먹고 추진력을 약화시킨다"는 점을 유념해야 한다.[210]

이름도 괴상한 '거북목 증후군'을 예방하려면 정신과 자세의 연관성을 의식하는 것만으로도 충분하다. '내면의 바탕화면'에 둘의 연결고리를 띄어놓은 사람은 스마트폰을 볼 때 몸을 앞으로 숙이지 않으려 신경 쓸 것이기 때문이다. 자세의 습관을 바꾸고자 하는 사람은 이른바 '기억의 닻'을 설정해두는 것도 도움이 된다. 알람을 수시로 설정해놓고 소리가 울릴 때마다 바른 자세인지를 점검하는 것이다(이러한 기억의 닻은 다른 모든 부정적 행동을 교정하는 도구로 추천

할 만하다).

그리고 아주 당연하게도 규칙적으로 스마트폰 휴식 시간을 갖는 것이 필요하다. 화면에서 한 번씩 시선을 돌려 먼 곳을 바라보는 것이다. 이렇게 하는 것은 눈과 자세에도 유익할 뿐 아니라 넓은 시야를 갖는 것에도 도움이 된다. 실제로도 그렇고 비유적으로도 그렇다. 끊임없이 소셜미디어를 통해 쏟아지는 새로운 소식과 시시콜콜한 이야기에 골몰하는 대신 휴식 시간을 갖는다면, 뇌에 자신만의 새로운 생각을 할 시간을 제공하는 셈이기 때문이다.*

유머는 확신을 지키는 강력한 무기

모든 수단과 전략이 실패했을 때에도 언제나 마지막 보루는 있는 법이다. 엄청난 위기 속에서도 자기성찰과 확신을 지킬 수 있는 강력한 무기가 있다. 바로 유머다. 이레네 디쉐와 나탈리 크납의 대담에서 봤듯이, 유머는 다른 모든 출구가 무너져 봉쇄되었을 때조차 마지막까지 구원의 빛을 비추는 작은 틈새다. 두려움의 극복과 자기효능감, 삶의 의미 등 심각한 주제를 다룬 이 책의 말미를 유쾌함을 논하는 데 할애한 이유가 이 때문이다. 확신이란 주제에서 유쾌함이 차지하는 비중은 절대 무시할 수가 없다.

---

* 이와 관련한 뇌생물학적 효과에 관심 있는 독자는 나의 다른 저작 《아무것도 하지 않는 시간의 힘Muße. Vom Glück des Nichtstuns》을 읽어보길 바란다.

나는 수년 전에 이 사실을 처음 깨달았다. 배낭을 메고 유럽 여기저기를 돌아다니던 시절, 우연히 아테네의 한 항구에서 전 세계를 유랑 중인 한 여행자를 만났다. 뉴질랜드 출신인 그는 3년 전부터 지구를 한 바퀴 돌면서 이곳저곳에서 일해보고, 사막과 산악 지역을 돌아다니고, 전쟁 지역과 대도시의 정글을 탐험 중이라고 했다. 우리는 그리스를 출발해 이스라엘로 가는 배에 함께 탑승했다. 그는 밤이면 갑판에 앉아 지중해의 별빛을 바라보며 자신이 겪은 일을 들려주었다. 파키스탄의 부패한 국경 경찰과 쿠르디스탄 산맥의 추위, '세상에서 가장 얇은 침낭' 속에서 보내야 했던 밤들과 뉴욕 브롱크스의 폭주족과의 유쾌하지 못한 추억에 대해 이야기했다.

그의 이야기를 듣다가 나는 어느 시점에서 혹시 위기 상황에서 스스로를 지켜낼 무기가 있느냐고 그에게 물었다. 그는 유쾌하게 대답했다. "총보다는 한 번의 미소가 너를 더 많이 구해줄걸." 그것은 그가 3년간 여행하면서 얻은 깨달음의 진수였다. 그는 기회가 있을 때마다 그러한 자신의 원칙을 실제로 테스트해보곤 했다.

그 이후로 나는 세계를 여행하면 할수록 그가 옳았다는 걸 더욱 강하게 확신할 수 있었다. 전 세계에는 약 7천 가지나 되는 서로 다른 언어가 있는 것으로 추정된다. 많은 나라에서 이방인들은 문자나 입으로 전해지는 말을 이해하지 못한다. 그럼에도 이해되는 소통 방식이 한 가지 있다. 바로 미소다. 미소는 알래스카에서도 파푸아뉴기니에서도 같은 뜻으로 이해된다. 독일과 푸에고 섬에서의 미소의 의미가 다르지 않다.

미소는 어디서나 우호적 감정과 공격할 의사가 없음을 표현한다. 여러 가지 표면적 차이에도 불구하고 인간은 정서적 차원에서 놀라우리만치 비슷하다. 그렇기에 미소는 문화권을 막론하고 두려움과 공격성에 맞서는 최선의 수단이다. 반대로 위기 상황에서 어느 한쪽이 무기를 집어 드는 것은 상대방의 반사적 방어기제에 스위치를 켜는 것과 같다. 상황은 금세 격앙되어 애초에 피하고자 했던 폭력으로 귀결되기 십상이다.

애석하게도 유쾌한 무장해제라는 고난도 기술에 능숙한 사람을 만나기란 쉽지 않다. 보통은 시대가 암울할수록 사람들의 초조함도 더해진다. 그 긴장된 반응 때문에 사람들이 그토록 두려워하던 대결 구도가 현실이 된다. 그렇기에 역설적으로 들릴지 몰라도 전쟁 혹은 위기 상황에서의 유머는 결정적 무기가 될 수 있다.

2017년 7월 함부르크에서 G20 정상회담을 반대하는 시위가 열렸을 때, 코미디언 안드레 크라머(Andre Kramer)가 보여준 행동이 좋은 사례라고 할 수 있다. 함부르크는 며칠 동안 비정상적인 상태였다. 중무장한 경찰과 격앙된 시위대가 공격적으로 대치하고 있었다. 어떤 곳에선 사람들이 집 밖으로 나올 엄두를 내지 못할 정도로 두려움과 증오가 뒤섞인 분위기가 도시 전체로 확산되고 있었다. 그때 크라머는 역설적 방식으로 분위기 반전을 시도했다. 그는 혼자서 만든 팻말을 들고 거리로 나왔다. 거기엔 큰 글씨로 이렇게 쓰여 있었다.

"이웃 주민입니다. 잠깐 마트에 가는 길입니다. 감사합니다."

잠시지만 그가 지나가는 동안 격양됐던 기류가 흔들렸다. 굳어 있던 행인들은 그를 손가락으로 가리키며 웃었고, 입을 꾹 다물고 있던 시위대나 무기를 들고 서 있던 경찰들도 함께 웃었다. 그렇게 크라머는 주거지에서 시민전쟁과 유사한 상황이 벌어진 것이 얼마나 어처구니없는 일인지를 꼬집었다. 만약 충분한 수의 함부르크 시민들이 그처럼 행동했더라면 상황은 어떻게 달라졌을까. 팽팽해져가던 긴장감이 유쾌하게 풀어졌을지도 모른다.

하지만 유쾌함이나 유머 감각은 제대로 된 대접을 못 받는 편이다. 시대가 어려웠을 때는 상황 파악도 못하는 자들의 눈치 없는 습관이란 오명을 뒤집어쓰기도 했다. 하지만 실상은 반대다. 상황이 심각할수록 여유로운 유쾌함의 진가가 드러난다.

빅터 프랭클만큼 이를 확실하게 증명해낸 사람도 없을 것이다. 수용소 생활을 기록한 글에서 그는 유머를 "자기 보존을 위한 투쟁에 필요한 영혼의 무기"라고 일컬었다. 최악의 시간을 보낼 때도 특유의 '수용소 유머'는 거듭 그를 불행에서 구해주었다. 효력이 고작 몇 초 혹은 몇 분밖에 지속되지 않아도 상관없었다. 프랭클은 유머를 "필수적 요소"라고까지 말했는데, "그 어떤 상황에서도 거리를 두고 극복할 수 있는 초연함과 능력을 가져다주기" 때문이었다.

전쟁이 끝난 후에도 프랭클의 유쾌한 태도는 유명했다. 프랭클과 함께 일했던 심리학자 하던 클링베르그(Haddon Klingberg)는 "우리가 나눴던 많은 농담을 결코 잊지 못할 것"이라고 회상했다. "그는 흔히 '깜짝, 그 말을 들으니 농담 하나가 떠오르는데'라고 말을 끊거나 우스운 몸짓을 해보였다. 가끔씩 프랭클은 바닥에 누워 온몸을 떨어가며 웃었는데, 그럴 때면 나는 그가 말 그대로 '웃다 죽을까 봐' 걱정되곤 했다."[211]

유머 연구의 관점에서 본다면 프랭클은 본능적으로 올바른 행동을 한 것이다. 즐거움은 두려움의 가장 강력한 적수이기 때문이다. 40년간 유머의 효과를 연구해온 심리학자 빌리발트 루흐(Willibald Ruch)는 "그리고 유머는 우리의 감정을 처리하는 데 있어 가장 효과적인 기술"이라고 말한다. 취리히 대학교에서 성격심리학을 가르치는 그는 어려울 때일수록 유머가 필요하다며 "긍정적 감정은 시야를 넓혀주고 두려움과 분노는 그 반대"라고 말한다. "사람들이 유머를 활용할 때 어려운 상황을 더 잘 처리할 수 있다는 사실이 수많은 연구에서 입증되었다."[212]

현대인의 불안을 중점적으로 연구해온 심리학자 하인츠 부데의 견해도 마찬가지다. 부데는 불안을 해소할 때 가장 중요한 것은 그로부터 거리를 두는 것이라고 말한다. "하지만 의지로만, 정신력으로만 되는 게 아니다." 그 점에 있어 유머는 효과가 입증된 대응 수단이다. "웃는 사람은 두려움을 이겨낼 수 있다. 두려움도 웃음도 사람이 의도한 대로 되는 것이 아니기 때문이다. 두 가지 상황 모두우리의 통제 밖에 있으며 우리의 몸과 정신을 제압한다. 웃는 사람은 그 순간 통제력을 상실한다. 하지만 이러한 통제력 상실은 긍정적 정서를 깨우는데, 그건 우릴 약하게 하는 것이 아니라 강하게 한다. 한 사회가 여전히 많이 웃을 수 있다면, 그 사회는 두려움에 무너지지 않을 것이다."[213]

뇌과학이 증명한 유머의 효능

그래서 카니발 문화에선 두려움이 되는 대상에서 패러디나 코미디를 이끌어내는 경우가 잦다. 코미디언들은 두려움을 일으키는 주체를 조롱하고 무서운 것을 괴기한 것으로 변모시킨다. 독일에서는 바로크 시대의 작가 그림멜스하우젠(Grimmelshausen)이 30년전쟁을 배경으로 천진한 시골 소년이 등장하는 풍자소설《모험가 짐플리치무스Simplicius Simplicissimus》를 집필했으며, 1차 세계대전을 배경으로 유쾌한 주인공이 등장하는 TV 시리즈 〈용감한 병사 슈베이크의 모험Die Abenteuer des braven Soldaten Schwejk〉이 제작되기도 했다. 스탈린 치하의 소련연방 작가들도 훌륭한 풍자소설을 많이 써냈는데, 소련의 경직된 관료체제를 겨냥한 미하일 불가코프(Michail Bulgakow)의《거장과 마르가리타Der Meister und Margharita》가 대표적이다. "운명은 인간을 갖고 놀고 인간은 트럼펫을 갖고 논다"는 문장으로 유명한 일야 일프(Ilja Ilf)와 유브게니 페트로브(Jewgeni Petrow)의 블랙코미디 소설《금송아지Das goldene Kalb》도 이 무렵에 발표되었다.

《디 차이트》의 정치부장 게로 폰 란도우(Gero von Randow)는 세계정세가 펭펭하게 긴장된 비로 지금 유미 김각이 필요하다고 말한다. "인생에서 웃을 수 있는 대목은 결코 악이 사라진 지점이 아니다. 오히려 그 반대다. 악이야말로 우스꽝스럽기 그지없으니 쓴웃음을 터뜨릴 가치가 있다."[214]

움베르트 에코의 작품 또한 웃음이 얼마나 강력한 무기인지를 드러낸다. 중세를 배경으로 한 그의 스릴러 《장미의 이름》에는 분실된 것으로 알려진 아리스토텔레스의 시학 제2권이 등장하는데, 수도사들은 희극을 논하는 이 책을 드러내지 않으려고 그 어떤 희생도 감수한다. "웃음은 두려움을 없애며, 두려움 없이는 신에 대한 믿음이 없어진다"는 걸 알았기 때문이다. 독재 정권이 풍자 작가를 제일 먼저 희생양으로 삼는 것도 같은 맥락이다. 독재자에게 웃음거리가 되는 것만큼 두려운 일은 없다. 권력의 정당성과 우월감을 약화시키기 때문이다. 따라서 권력자를 웃음거리로 만드는 것이 때로는 다른 어떤 공격보다 효과적이다.

유머가 비단 권력의 폐해에 대항하는 무기로만 쓰이는 것은 아니다. 유머의 더 큰 가치는 유머가 있는 사람을 보호한다는 점에 있다. 특히 어려운 환경 속에서 유머는, 내면에서 여유를 누릴 공간을 마련해주고 좌절하게 만드는 무력감에 대항하는 역할을 한다. 뇌과학자이자 정신분석가 바바라 빌트(Babara Wild)가 이를 입증했다. 슈투트가르트 프리드너 클리닉에 정신질환자들을 위한 '유머훈련 과정'을 개설한 그녀는 환자들에게 약물과 일반적 심리 치료와 더불어 유머를 가르친다. 그녀는 "유머를 갖는다고 해서 부정적 경험을 피할 수 있는 것은 아니지만 그것을 극복하는 데는 도움이 된다"라고 말한다.

유머훈련과정 참가자들은 종종 즉석에서 작은 장면 하나를 연기하란 요청을 받고 즉흥극에 참여하게 된다. 예를 들어 오랜만에 우연히 두 친구가 만났는데, 이 둘이 친구가 아니라 적이라면, 적이 아니라 왕과 신하라면 등의 설정에 맞춰 상상력과 창의력을 펼쳐나가는 것이다. 그러다 보면 어느새 진지한 어른들 속에 숨어 있던 우스꽝스럽고 바보 같은 기질이 꿈틀대며 일어난다. 때론 참가자들끼리 '그날의 가장 사소한 성과'가 무엇인지를 두고 배틀을 벌이기도 한다. 누군가 아침에 잠자리에 일어난 것이라고 말하면, 다음 사람은 눈을 뜬 것이라고 말하고, 그다음 사람은 코로 숨을 들이쉰 것이라고 말하는 식이다.

이러한 훈련은 '현대의 성과주의 원칙이 머릿속 깊이 박혀 있어 원칙에서 벗어난 그 어떤 실수와 일탈도 두려워하는' 사람들에게 도움이 된다. 자신이 속한 그룹 안에서 그러한 사소한 성과를 말하고, 다른 사람의 공감을 받아보는 경험은 많은 사람에게 '진정한 해방감'을 맛보게 한다. 빌트는 장 폴(Jean-Paul)의 시를 인용해 이렇게 말한다. "자유는 농담을 주고, 농담은 자유를 준다."

실제로 유쾌한 기분은 회복력을 높이는 데 기여한다. 빌트는 연구를 통해 유머가 트라우마에 대한 정신적 저항력을 키우는 데 도움이 된다는 사실을 밝혀냈다.[215] 특히 신경과학적으로 '인식 전환', 즉 주의를 돌리는 데 도움이 되었다. 부정적 경험은 꼬리에 꼬리를 물고 계속 머릿속에 맴도는 경향이 있다. 왜 그 일이 나한테 일어났지? 왜 하필 지금이지? 한참 전에 일어난 사건인데도 이러한 질문들은 오랫동안 남는다. 이러한 계속되는 생각을 끊어내는 데 유머러스한 자극이 특히 효과가 있다는 사실이 입증되었다.

옥스퍼드 대학교의 로빈 던바 연구팀은 웃음이 통증을 덜 느끼도록 만든다는 사실을 밝혀냈다. 특히 다른 사람과 함께 웃는 행위가 피실험자들의 고통을 감내하는 한계를 늘렸다. 연구팀은 그 이유를 웃으면 엔도르핀이 분비되기 때문이라고 설명했다. 엔도르핀은 편안한 감정을 느끼게 할 뿐 아니라 고통을 경감하는 데 중요한 역할을 하는 호르몬이다.[216]

물론 유머의 치료 효과가 모든 사람에게 똑같이 나타나는 것은 아니다. 유머의 종류가 많을뿐더러 받아들이는 사람의 취향에 따라 그에 대한 반응 또한 매우 다르기 때문이다.

불쾌함과 유쾌함의 균형

빌리발트 루흐는 "유머라고 다 같은 유머가 아니다"라며 '웃음은 건강하다'는 일반적 믿음이 잘못된 고정관념이라고 주장했다. "사람은 기뻐서 웃기도 하지만, 음흉한 속내나 악의를 갖고도 웃을 수 있으며 농담하는 척하면서 다른 사람을 깎아내리기도 한다." 따라서 취리히에서 오랫동안 유머 연구를 해온 루흐는 자신이 코칭하는 리더들에게 무작정 유머 감각을 키우라고 권하지는 않는다. 그는 "유머 감각이 독특한 사람에겐 차라리 소심해지는 편을 권한다" 고 말한다.

그러면 어떤 종류의 유머를 좋아하느냐고 그에게 물었을 때, 그는 한참을 생각하다가 유머를 기본 덕목의 하나로 여겼던 17~18세기 인본주의에 관해 말했다. "당시의 유머는 농담을 하고 웃으며 스트레스를 이겨내기 위한 것이 아니었다. 그보다는 인간의 연약함을 바라봄으로써 지혜와 연대감을 키우는 목적이 더 컸다." 루흐가 말하는 것은 사람들의 주의를 분산시키고 일상의 도피처를 제공하는 TV의 지속적이고 무신경한 즐거움과는 상관이 없다. 그에게 유머란 '세상의 결핍에 유쾌한 여유로 대응하는 인간의 재능'을 뜻했다.

루흐는 기원전 5세기로 거슬러 올라가 찾아낸 어떤 전통에 대한 설명으로 말을 맺었다. 당시 그리스 철학자 데모크리토스는 〈유쾌함에 관하여〉란 논문에서 '평온한 분위기의 정서'를 뜻하는 '에우티미아(euthymia)'의 가치를 높게 평가했다. 정확한 자기인식과 사물의 본질에 대한 이해가 있을 때 걱정과 기대를 모두 벗어버리고 유쾌하고 여유로운 기분을 낼 수 있다. 현대의 긍정적 사고와 달리 고대의 유쾌함은 인생의 불쾌한 면을 모른 체하지 않았다. 오히려 제일 먼저 그 부분부터 이해하려고 노력했다.

데모크리토스는 당시에 만연했던 '악의'에 대한 믿음과 '불안정한 정서(kakothymía)'에 관한 대응책을 제시했다. 일은 결코 순조롭게 진행되는 법이 없으며, 특히 인간의 본성은 어떤 식으로든 그 결함과 결핍을 드러내게 마련이니, 이런 현실에 분노하는 대신 그런 성격과 특성을 주어진 것으로 받아들이는 연습을 해야 한다는 것이다. 그렇게 하면 불안한 상황에서도 평온한 정서에 이를 수 있다고 말이다. 아울러 정말 즐거운 일엔 진심으로 기뻐하고, 신중하게 불쾌함과 유쾌함의 균형을 맞추라고 조언했다.[217]

그로부터 500년 남짓 지나 정치가이자 철학자인 세네카는 〈마음의 평정에 관하여〉라는 글에서 데모크리토스의 사상을 소환했다. 그는 자기인식, 겸손함과 더불어 물질적으로 큰 재산을 소유하지 말 것을 권했다. 재산을 잃어버릴까 봐 노심초사하는 대신 자신을 돌보는 것이 유익하다는 이유에서다. 그에게 재물보다 가치 있는 것은 좋은 친구였다. "진실되고 가까운 친구만큼 영혼에 생기를 불어넣어주는 것은 없기 때문"이었다.[218]

불완전한 세상에서 웃을 수 있는 능력

하지만 어려운 시기에 놓였을 때 유쾌함을 유지하기란 여간 힘든 일이 아니다. 이럴 땐 시간의 축복만이 위로가 될 뿐이다. 영국 사람들은 '희극=비극+시간'이라고까지 하지 않았는가. 수많은 짜증나는 일에 이러한 공식이 적용된다. 당장 오늘 내 심기를 거슬리게 한 많은 일들, 예를 들어 연착한 지하철이나 외나무다리에서 만난 원수, 엉망진창이 된 휴가 등이 내일이면 재미있는 이야깃거리가 될 것이다. 그러니 우리는 좀 참을 필요가 있다.

그보다 한 발 더 나가고 싶은 사람이 있다면, 관점을 달리해 보는 것을 추천한다. 유명한 희극배우 칼 발렌틴(Karl Valentin)은 이렇게 말했다. "만사에 세 가지 면이 있다. 긍정적인 면, 부정적인 면, 웃기는 면." 데스몬드 투투나 달라이 라마와 같은 종교 지도자들도 이러한 방법을 즐겨 썼다. 우렁찬 웃음소리로도 유명한 이 두 유명 인사는 혼란한 시기에 유쾌함을 유지하는 기술에 관한 대화를 나눈 적이 있다.[219] 그 자리에서 투투는 아파르트헤이트(apartheid, 남아프리카공화국의 인종차별 정책_편집자)로 격화되는 긴장을 설교로 완화시켰던 경험을 말해주었다. "과거사를 가지고 사람들을 웃게 만들었는데, 특히 그들 자신에 대해 웃게 만들었다." 달라이 라마는 여러 문제가 있음에도 유머 감각을 유지할 수 있었던 비결에 대해 한 가지 사안을 여러 관점에서 보려고 애쓴다고 답했다. 무엇보다 한 개인으로서 "지나치게 진지하지 않게" 행동하려 노력한다고 말했다.

'스스로를 그다지 중요하지 않게 받아들이는 것' 또한 유쾌하고 여유로운 태도를 갖기 위한 필수요소다. 자신의 선호와 바람, 관심사에 전적으로 몰두하는 것은 자기합리화 성향을 강화시킬 뿐 아니라, 자신의 걱정과 필요에 확대경을 갖다 대서 비정상적으로 크고 급박해 보이도록 만든다. 따라서 위기 상황일수록 자신만의 우물에서 벗어나는 게 좋다. 자신의 약점은 물론 불완전한 세상을 두고 웃을 수 있는 능력을 키운다면 그보다 좋은 것이 없다.

이리힌 기술을 언미힌 시림은 일증의 내직 지유를 얻는디. 이 지유는 다른 모든 안전망이 허물어져도 굳건히 제자리를 지킨다. 그리고 나 자신을 둘러싼 두려움에서 벗어나면 확신이 생긴다. 외적 상황과 무관하게, 좋을 때나 힘들 때나 인생을 쉽게 만들어주는 기술이다.

어떤 사람이 오랫동안 성공하지 못한다 하더라도(아마 달라이 라마가 그 대표 격일 테다) 그것마저 세상의 불완전성에 해당하는 일이기에 유머로 받아들일 수 있을 것이다. 또한 불행하게만 보이는 일에도 다른 면이 있다는 걸 기억한다면 언제나 빠져나갈 틈이 보이게 마련이다.

잠시 〈더 피너츠The Peanuts〉의 한 장면을 보자. 알다시피 곧잘 우울해지는 찰리 브라운과 반대로 똑똑한 강아지 스누피는 늘 유쾌하다. 방파제에 나란히 앉아 고요한 바다를 지켜보던 찰리 브라운은 슬픈 생각이 밀려드는 것을 뿌리칠 수 없었다. "스누피, 어느 날 우리 모두 죽을 거야." 멜랑콜리한 그의 말에 스누피는 발랄하게 대답한다. "맞아. 하지만 다른 모든 날엔 살아 있잖아."

프롤로그 삶의 놀라운 용기는 어디에서 오는가

1) Friedrich Nietzsche, *Gotzen-Dammerung*, Sprüche und Pfeile, 12

2) Stephen Hawking: *Meine kurze Geschichte*. Hamburg 2013

3) Susanne Mayer: Zuversicht. In: *ZEITWissen*-Magazin Nr. 6/2016

4) Grimm'sche의 사전에서 인용, http://woerterbuchnetz.de

5) Francis Fukuyama: *Das Ende der Geschichte*. München 1992

6) Ralf Dahrendorf: An der Schwelle zum autoritären Jahrhundert. In: *DIE ZEIT* Nr. 47/1997

7) Stephen Hawking: This is the most dangerous time for our planet. *The Guardian*, 1. 12. 2016

8) S. Hawking: Gefährlichster Zeitpunkt der Menschheitsgeschichte. In: *Internationale Politik und Gesellschaft*, 6. 1. 2017

9) Zygmunt Bauman: *Retrotopia*. Berlin 2017

10) Fredmund Malik: Interview in *WertePraxis* Nr. II/2013, S. 13-16

11) U. Schnabel: Das Orakel von Cambridge. *DIE ZEIT* Nr. 37/2011

1장 확신이라는 삶의 에너지

12) Cool Germany. *The Economist*, 14. 4. 2018

13) Jen Jessen: Armes deutsches Würstchen. *DIE ZEIT* Nr. 37/2017

14) Florian Gathmann: Deutschland, Angstland, *SpiegelOnline*, 7. 9. 2016

15) Zukunftsinstitut: Next Politics. Ein Thesenpapier, 2017

16) 하인츠 부데와의 인터뷰, 〈Die Sehnsucht nach Sicherheit〉. *GEO Wissen*, Nr. 57, S. 24, 2016

17) Global Terrrorism Index 2017, Institute for Economics & Peace, Sydney

18) 더 자세한 설명은 내 책 *Was kostet ein Lacheln?* (München, 2015)을 참고

19) 하인츠 부데와의 인터뷰, 〈Entspannte Fatalisten〉. *DIE ZEIT*, Nr. 3, 2017

20) Daniel Kahneman: *Schnelles Denken, langsames Denken*, München, 2012. S. 349

21) 슈테판과 가브리엘 크반트와의 인터뷰, 〈Man fühlt sich grauenvoll und schämt sich〉. *Die ZEIT*, Nr 39/2011

22) P. Brickman, D. Coates: 'Lottery winners and accident victims: is happiness relative? In: *Journal of Personality and Social Psychology* (1978) Aug; 36(8): 917-27.

23) 〈Reiche leben bis zu zehn Jahre länger〉. Bericht auf Tagesschau.de vom 2. 3. 2017 zum Armutsbericht des Paritätischen Wohlfahrtsverbandes

24) P. K. Piff, J. P. Moskowitz: Wealth, Poverty, and Happiness: Social Class Is Differentially Associated With Positive Emotions. *Emotion*, 18. Dec. 2017. Advance online publication

25) Tali Sharot: *Das optimistische Gehirn: Warum wir nicht anders können, als positiv zu denken*. Berlin, Heidelberg 2014; S. 106 ff.

26) Ebenda, S. 111

27) Bernd Ulrich: Wie radikal ist realistisch? *DIE ZEIT* Nr. 25/2018

28) Stefan Schmitt: Und wie geht's der Erde? *DIE ZEIT*, Nr. 38/2017

29) Wolfgang Müller: Und sonntags wird die Terrasse repariert. FAZ, 22. Mai 2017

30) Christian Stöcker: Die Ratte in uns. *Spiegel Online*, 20. 11. 2016

31) Gesine Schwan: Pegida ist überall. *DIE ZEIT* Nr. 1/2015

32) Leon Festinger: A Theory of Social Comparison Processes. In: *Human Relations* (1954), Nr. 7, S. 117-140.

33) Robert Gernhardt: *Reim und Zeit, Gedichte*, Stuttgart 2009, S. 93 ff

34) Kolja Rudzio: Unverdiente Milliarden. *DIE ZEIT*, Nr. 5/2018

35) K. Cramer: How rural resentment helps explain the surprising victory of Donald Trump, In: *Washington Post*, 13. 11. 2016

36) Jens Jessen: Tag der Deutschen Bahn. *DIE ZEIT*, 2. 2. 2017

37) George Monbiot: I have Prostate cancer. But I am happy. *The Guardian*, 13. 3. 2018

38) George Monbiot: *Out of Wreckage. A New Politics for an Age of Crisis*. London 2017

39) 오르트빈 렌과의 인터뷰, 〈Das Fürchten lernen〉. *DIE ZEIT* Nr. 16/2014

40) Ortwin Renn: *Das Risikoparadox. Warum wir uns vor dem Falschen furchten*, Frankfurt 2014

41) Hans Rosling: *Factfulness*. Berlin, 2018

42) 올라 로슬링과의 인터뷰, 〈Schlechter als Affen〉. *Der Spiegel*, 30.3.2018

43) Rollo May: *Love and Will*, W. W. Norton, 1969, S. 243

44) A. Widmann: Ein Held, der das Leben liebte. Zum Tode von Vaclav Havel. *Frankfurter Rundschau*, 18. 12. 2011

확신주의자 ❶ 사막에 숲을 일군 남자, 야쿠바 사와도고

45) Siehe z. B. Jean Giono: *Der Mann, der Baume pflanzte. Mit Illustrationen von Quint Buchholz*. München 2016

46) Walter Tappolet이 번역한 장 지오노의 *Der Mann, der Baume pflanzte* (Zürich, 1999)의 후기에서 발췌 인용

47) http://www.perso.ch/~arboretum/pla.htm

48) Andrea Jeska: Der Mann, der die Wüste aufhielt. In: *DIE ZEIT*, Nr. 49, 2012. 이 텍스트는 '테오도르 볼프상Theodor Wolff Preis' 후보에 올랐다.

2장 누구도 빼앗을 수 없는 자유

49) Epiktet: *Handbuchlein der Moral*, Kap I/5, zit. nach: Projekt Gutenberg- DE

50) A. Keller et. al.: Does the perception that stress affect health matter? In: *Health Psychology*, 33 (5), S. 677-684, (2012) siehe auch: Urs Willmann: *Stress. Ein Lebensmittel*. München 2016

51) Ellen Langer: *Counterclockwise*. Penguin, Randomhouse, 2009 (deutsche Ausgabe: Ellen Langer: *Die Uhr zuruckdrehen*. Paderborn 2011)

52) Crum & Langer: Mind-set matters: Exercise and the placebo effect. *Psychological Science* Vol. 18, No. 2, S. 165-171, (2007)

53) Ilka Piepgras: Du bist, was Du denkst. *ZEIT Magazin* Nr. 22/2016

54) Jens Corssen: *Das Corssen-Prinzip. Die vier Werkzeuge fur ein freudvolles Leben*, München, 2016

55) J. Corssen/U. Schnabel: *Persönlichkeit*. Video-Seminar und Begleitbuch. *ZEIT-Akademie*, 2017

56) J.R.R Tolkien: *Der kleine Hobbit*. Aus dem Englischen Von Walter Scherf München 2004, S. 34

57) Ursula Schafft-von Loesch: *Mit vorher nie gekanntem Mut*. Reinbek, 1997

58) Christina Bernd: *Resilienz. Das Geheimnis der psychischen Widerstandskraft*. München, 2013

59) Ulrich Schnabel: Die Kraft aus der Krise. *DIE ZEIT* Nr. 45/2015 그리고 Raffael Kalisch: *Der resiliente Mensch*. Berlin 2017

60) M. D. Seery, E. A. Holman, R. C. Silver: Whatever does not kill us: Cumulative lifetime adversity, vulnerability, and resilience. *Journal of Personality and Social Psychology, 99*(6), S. 1025-1041. 2010

61) Bonanno G. A., Galea S, Bucciarelli A, Vlahov D: Psychological resilience after disaster: New York City in the aftermath of the September 11th terrorist attack. *Psychological Science*. Vol. 17, S. 181-86, 2006

62) 조지 보낸노와의 인터뷰, 〈Der Mensch ist ein zähes Tier〉. Brand Eins, Nr. 11/2014

확신주의자 ❷ 하늘에서 떨어진 소녀, 율리아네 쾨프케

63) Juliane Koepcke: *Als ich vom Himmel fiel. Wie mir der Dschungel mein Leben zurückgab*. München 2011

64) Harro Albrecht: *Schmerz. Eine Befreiungsgeschichte*. München, 2015

65) 독일어판, Julianes Sturz in den Dschungel. 1999. https://www.youtube.com/watch?v=rlJVIcCPIl8

66) https://panguana.de/

67) Pers. Kommunikation mit Juliane Diller, 22. Juni 2018

68) https://panguana.de/panguana-stiftung/mithelfen/

3장 희망의 적정량 측정하기

69) W. Rief et. al.: Preoperative optimization of patient expectations improves

long-term outcome in heart surgery patients, *BMC Medicine* Vol. 15 (4), 2017

70) J. Maier: Das schaffe ich! In: *DIE ZEIT*, Nr. 03/2017

71) H. Lumme: *Positives Denken. Einfach glucklich sein.* Kindle Edition, 2017

72) 관련 연구는 〈Placebo-Netzwerk〉: www.placebocompetence.eu/de/ 에서 일별 가능

73) J. B. Moseley et. al.: A Controlled Trial of Arthroscopic Surgery for Osteoarthritis of the Knee. In: *New England Journal of Medicine*, Vol 346, S. 81-88, 2002

74) 더 구체적인 설명은 내 책 *Die Vermessung des Glaubens* (München 2008)의 2장 참고

75) S. Kam-Hansen, T. J. Kaptchuk, R. Burstein et. al.: Altered Placebo and Drug Labeling Changes the Outcome of Episodic Migraine Attacks. *Science Translational Medicine*, Vol. 6 (218), pp. 218ra5, (2014)

76) Placebo in der Medizin. Stellungnahme des Wissenschaftlichen Beirats der Bundesärztekammer. In: *Deutsches Ärzteblatt* 107, Heft 28-29 (19. 7. 2010), S. A 1417-21

77) Placeboeffekt: Mehr als nur Einbildung. In: *Deutsche Apothekerzeitung*, Nr. 10., S. 1, 7. 3. 2011

78) C. Peterson, LM Bossio: Optimism and physical Well-Being. In: EC Chang (Hrsg.): *Optimism and Pessimism. Implications for Theory, Research and Practice*, American Psychological Association, Washington DC, 2000

79) 다음을 인용: Michael Kraske: Die Kunst der Zuversicht. In: *Psychologie heute*, Nr. 04/2018

80) M. Puri, D. T. Robinson: Optimism and economic choice. In: *Journal of Financial Economics*, Elsevier, Vol. 86(1), S. 71-99, October 2007.

81) Josep Karg: Die schönsten Fehlprognosen in Technik-Geschichte. In: *Augsburger Allgemeine*, 10. 5. 2010

82) Joachim Radkau: *Geschichte der Zukunft. Prognosen, Visionen, Irrungen in Deutschland von 1945 bis heute*. München 2017

83) Ulrich Schnabel: Das Überraschende erwarten. *DIE ZEIT*, Nr. 16/2011

84) 수디르 카카르와의 인터뷰, 〈Die Igel der Wel〉. *DIE ZEIT*, Nr. 15, 2005

85) Tali Sharot: *Das optimistische Gehirn*. Berlin, Heidelberg 2014

86) O. Swenson: Are we all less risky and more skilful than our fellow drivers? *Acta Psychologica*, Vol. 47 (2) 145f (1981)

87) M. D. Alicke, O Govorun: The Better-Than-Average Effect. In: Alicke et. al.: The Self in Social Judgement, New York, S. 85-108, (2005)

88) Robert Trivers: *Betrug und Selbstbetrug*. Berlin 2013

89) H. Shefrin: How Psychological Pitfalls Generated the Global Financial Crisis. In: L. Siegel: *Voices of Wisdom: Understanding the Global Financial Crisis*. Charlottesville, VA: CFA Institute, 2009

90) 가브리엘 외팅겐과의 인터뷰, 〈Träum das Problem!〉. *DIE ZEIT* Nr. 50/2014

91) Gabriele Oettingen: *Die Psychologie des Gelingens*. München 2015

92) Giovanni Maio (Hrsg.): *Die Kunst des Hoffens. Kranksein zwischen Erschütterung und Neuorientierung*. Freiburg, 2015

93) Christian Heinrich: Wie mächtig ist die Hoffnung? In: *DIE ZEIT*, Nr. 37/2017 에서 인용

94) Anke Sparmann: Krebs. Warum wir ihn nicht besiegen sollten. In: *GEO* Nr. 11, 2016

95) Robert Koch Institut: Krebs in Deutschland, Berlin 2017

96) Jarle Breivik: We Won't Cure Cancer. In: *New York Times*, May 27, 2016

97) Rolf Verres und Dagmar Munck im SWR 〈Treffpunkt Klassik Extra〉, 20. 7. 2013 그리고 Ulrich Schnabel: *Was kostet ein Lächeln? Von der Macht der Emotionen in unserer Gesellschaft*. München 2015

확신주의자 ❸ 꿈꾸는 소년들의 홍보대사, 알리 마흐로드히

98) N. Roettger: Wie dieser Gründer das Wikipedia der Lebensläufe bauen will. Gründerszene. 24. 1. 2014

99) Ali Mahlodji: *Und was machst du so? Vom Flüchtling und Schulabbrecher zum internationalen Unternehmer*, Berlin 2017.

100) https://www.whatchado.com/de/stories/ali-mahlodji

4장 창의력은 불확실성 속에서 발휘된다

101） C. O'Connor: Billion-Dollar Bumble, *Forbes*, 12. Dez. 2017

102） W. Wolfe, Ich habe einen Traum, *ZEITmagazin* Nr. 6/2018

103） Werner Heisenberg: *Der Teil und das Ganze. Gespräche im Umkreis der Atomphysik.* München 1969, S. 101

104） D. Shechtman: Meine Stärke rührt aus der Kindheit. In: *DIE ZEIT*, Nr. 50/2011

105） 로널드 웨인과의 인터뷰, *Financial Times Deutschland*, 7. 10. 2011

106） https://www.whatchado.com/de/stories/ali-mahlodji

107） Matthew Shipton: *The Politics of Youth in Greek Tragedy. Gangs of Athens.* Bloomsbury Academic, 2018

108） C. Peters: Warum Menschen auf die Jugend schimpfen. *SpiegelOnline*, 29. 6. 2018에서 인용

109） David Finkelhor: The Internet, Youth Safety and the Problem of 〈Juvenoia〉. 2011 *www.unh.edu/ccrc/pdf/Juvenoia%20paper.pdf*

110） Natalie Knapp: *Der unendliche Augenblick. Warum Zeiten der Unsicherheit so wertvoll sind.* Hamburg, 2015

111） 헬가 노보트니의 기자회견, 〈Die Ungewissheit umarmen〉. *DIE ZEIT* Nr. 32, 2018

112） Ali Mahlodji: *Und was machst du so?* Berlin 2017 S. 33

113） Hilde Domin: *Nur eine Rose als Stutze. Gedichte.* Frankfurt, 1994

114） Michael Braun: Nur eine Rose. Zum Tod der Dichterin Hilde Domin. *Der Tagespiegel*, 24. 2. 2006

115） www.theguardian.com/us-news/video/2018/mar/24/emma-gonzalezs-powerful-march-for-our-lives-speech-in-full-video

116） Kestin Kohlenberg: Wie lange hält die Bewegung? *DIE ZEIT* Nr. 14/2018

117） David Hein: Axel Springer führt Youth Council ein. *Horizont*, 13. April 2018

118） https://futurzwei.org/

119） www.euforia.org

120） http://freeinterrail.eu/

121） Herr & Speer: *#TunWirWas Wie unsere Generation die Politik erobert*, Droemer,

주 297

2018

122) Uwe Jean Heuser: Bitte mehr Wumms! *DIE ZEIT*, Nr. 37/2017

123) Architekten suchen Ideen gegen Platzmangel. Van Bo Le-Mentzel im Gespräch mit Dieter Kassel. *Deutschlandfunk Kultur*, 10. 3. 2017

124) Van Bo Le-Mentzel: *Der kleine Professor. 34 Dinge, die mich mein Sohn über das Leben, die Liebe und die Welt gelehrt haben*. Salzburg, 2016, S. 121

확신주의자 ❹ 창세기의 커플, 렐리아와 세바스치앙 살가두

125) Sebastião Salgado: *Genesis*. Köln 2013

126) *Africa*. Köln 2007

127) *Sahel. The End of the Road*. Berkeley, 2004

128) *Kuwait. Wuste in Flammen*. Köln 2017

129) Lélia Salgado: 〈Senza la mia macchina fotografica Sebastiao sarebbe stato un bancario〉. *IO Donna/Corriere della Serra*, 28. 3. 2016

130) S. Salgado: Das stille Drama der Fotografie, TED Talk, 2013

131) 다음의 사진집 참고: *Anderes Amerika*. München, 2015 혹은 *Workers-Arbeiter. Zur Archaologie des Industriezeitalters*. Frankfurt 1993

132) Wim Wenders: *Das Salz der Erde*. Dokumentarfilm, 2014

133) Conversation with Sebastião and Lélia Wanick Salgado, Museum of Photographic Art, 19. 7. 2017

134) Sebastião Salgado: *Exodus*. Köln, 2016

135) Instituto Terra, www.institutoterra.org

136) 〈Wir sind auch nur Tiere〉. Gespräch mit S. Salgado. *DIE ZEIT* Nr. 14/2013

5장 절망에서 벗어나는 확신의 도구

137) Bericht von Deniz Yücel in *DIE WELT*, 10. 2. 2018

138) Deniz Yücel: *Wir sind ja nicht zum Spaß hier*. Hamburg 2018

139) Roland Barthes: *Tagebuch der Trauer*. München 2010 다음 기사도 함께 참조: G. Kalberer: Maman war seine große Liebe. *Tagesanzeiger*, 10. 4. 2010

140) Herta Müller. Literatur hat keine Grenzen. *Deutsche Welle*, 4. 12. 2014

141) 히틀러의 자서전과 제목이 같다는 이유로 독일에선《나의 투쟁》대신, 연작마다《죽음》,《사랑》,《인생》,《투쟁》등으로 번역 출간되었다.

142) 미리보기: http://www.andreas-altmann.com/leseproben/das-scheisslebenmeines-vaters

143) 알트만과의 인터뷰. Das war meine Rettung, *ZEITmagazi*n Nr. 28/2017

144) J. W. Pennebaker, S. K. Beall: Confronting a traumatic event. *Journal of Abnormal Psychology*, Vol. 95, S. 274-281, 1986

145) J. Frattaroli: Experimental Disclosure and its moderators: A meta-analysis. *Psychological Bulletin*, Vol. 132(6), S. 823-65, 2006 참조

146) Claudia Wüstenhagen: Schreib Dich frei! *DIE ZEIT* Nr. 14/2016

147) 재런 러니어와의 인터뷰, 〈Gereizt, zynisch und paranoid〉. *DIE ZEIT* Nr. 23/2018

148) Jaron Lanier: *Zehn Grunde, warum du deine Social Media Accounts sofort loschen musst*. Hamburg 2018

149) Alard von Kittlitz: Die Rettung des Schneeleoparden. *DIE ZEIT*, Nr. 41/2017

150) G. Pennycook, T. Cannon, D. Rand: Prior exposure increases perceived accuracy of fake news. *Journal of Experimental Psychology: General*, June 2018, 그리고 U. Schnabel: Wie stoppt man Fake News? *DIE ZEIT*, Nr. 40/2017

151) David Grossmann: Gegen die Masse. *DIE ZEIT*, Nr. 11/2017

152) V. Hagedorn: Es gibt etwas Höheres, *DIE ZEIT*, Nr. 4/2017

153) 하르무트 로사와의 인터뷰, Ulrich Schnabel, *Was kostet ein Lacheln?*; München 2015, S. 251 ff.

154) Wolfgang Prinz. *Selbst im Spiegel. Die soziale Konstruktion von Subjektivität*. Frankfur/Main, 2013 참조. 나의 전작 *Was kostet ein Lacheln?* S. 145ff에서도 자세히 기술하였음.

155) Hartmut Rosa: *Resonanz. Eine Soziologie der Weltbeziehung*. Frankfurt/M 2016

156) E. Pearce, J. Launay, R. Dunbar: The ice-breaker effect: Singing mediates fast social bonding. *Royal Society Open Science*, Vol. 2: 150221. (2015)

157) Harro Albrecht: *Schmerz. Eine Befreiungsgeschichte*. München 2015, S. 550 ff.

158) D. T. Kenny, G. Faunce: The impact of group singing on mood, coping and perceived pain in chronic pain patients attending a multidisciplinary pain

clinic. *Journal of Music Therapy* 2004; XLI(3): 241-58.

159) Nelson Mandela: *Der lange Weg zur Freiheit.* Spiegel Edition, 2006/2007, 258 쪽 인용

160) 위의 책 421쪽

161) 위의 책 494쪽

162) R. Zemeckis: Ich habe einen Traum. *ZEIT Magazin*, Nr. 43/2015

163) Katrin Zeug: Ich schaffe das! *ZEIT Wissen-Magazin*, Nr. 5/2017 참조

확신주의자 ❺ 지옥에서 살아남은 영혼의 의사, 빅터 프랭클

164) F. Malik: Identifikation – womit und wofür? *Manager-Magazin*, 8. 2. 2005

165) Viktor E. Frankl: ··· *trotzdem Ja zum Leben sagen. Ein Psychologe erlebt das Konzentrationslager.* München 1982, S. 108

166) Viktor E. Frankl: *Dem Leben Antwort geben.* Weinheim, 2017, S. 14

167) V. Frankl: ··· *trotzdem Ja zum Leben sagen.* S. 67

168) H. Weigel im Vorwort zu ··· *trotzdem Ja zum Leben sagen*, S. 9

6장 삶의 의미를 찾아서

169) Tatjana Schnell: *Psychologie des Lebenssinns*, Berlin, Heidelberg 2016

170) 타티야나 슈넬과의 인터뷰, 〈Beim Sinn geht es nicht um Glück···〉. *Psychologie Heute*, Februar 2014

171) Miao, M., Zheng, L., & Gan, Y. (2016). Meaning in Life Promotes Proactive Coping via Positive Affect: A Daily Diary Study. *Journal of Happiness Studies.* doi:10.1007/s10902-016-9791-4

172) Viktor E. Frankl: *Wer ein Warum zu leben hat. Lebenssinn und Resilienz.* Weinheim 2017

173) U. Eberle: Die gefährliche Frage nach dem Sinn. In: *GEOWissen*, Nr. 53, 2014

174) P. A. Boyle, A. S. Buchman, R. S. Wilson: Effect of Purpose in Life on the Relation Between Alzheimer Disease Pathologic Changes on Cognitive Function in Advanced Age. *Arch Gen Psychiatry*, Vol. 69, Nr 5, May 2012

175) Natalie Knapp: Über den Sinn. Vortrag im Rahmen der SyNA-Tagung, Hochschule Hannover, April 2018

176) Allensbacher Berichte: Spaß haben, das Leben genießen. Nr. 5, 2001. 혹은 https://www.sinndeslebens24.de/umfragen-zum-sinndes-lebens-die-deutschen-zwischen-hedonismus-und-altruismus 참조

177) Joachim Retzbach: Sinn schlägt Glück. *Gehirn & Geist*, Nr. 08/2017

178) http://www.sinnforschung.org/mein-lebenssinn/26-lebensbedeutungen

179) Stefan Willeke: Kahn im Finale. *DIE ZEIT*, Nr. 27/2002

180) Was war da los, Herr Kahn? *DER SPIEGEL*, 22. 12. 2006

181) 올리버 칸과의 인터뷰, 〈Es gibt in diesem Moment keinen Trost〉. *DER SPIEGEL* 23/2018

182) Sebastian Junger: *The Perfect Storm*, New York 1997

183) S. Junger: *War. Ein Jahr im Krieg*. München 2010. Ders.: *Restrepo*, Dokumentarfilm, 2010

184) 그의 다큐멘터리 영화 〈Korengal〉 (2014)에서

185) S. Junger: How PTSD Became a Problem Far Beyond the Battlefield. *Vanity Fair*. 7. 5. 2015

186) 세바스찬 융거와의 인터뷰, 〈Unter Kriegern〉. *Stern*. Nr. 45, 2010

187) Sebastian Junger: *Tribe. Das verlorene Wissen um Gemeinschaft und Menschlichkeit*. München, 2017

188) S. Junger: *Tribe*, München 2017, S. 24를 인용

189) World Health Organization: Depression and Other Common Mental Disorders: Global Health Estimates. Geneva: 2017. Licence: CC BYNC-SA 3.0 IGO.

190) B. Hidaka: Depression as a Diesease of Modernity. *Journal of Affective Disorders*. Vol. 140, 2012

191) 영국인 900만 명이 외로움에 시달린다는 통계가 발표되자 체육 및 시민사회 장관인 트레이시 크라우치(Tracey Crouch)가 외로움 담당 장관을 겸직하는 것으로 임명되었다. 관련기사 *SpiegelOnline*, 17. 1. 2018 참조.

192) Charles Fritz: Disasters and Mental Health: Therapeutic Principles Drawn From Disaster Studies, Disaster Research Center, University of Delaware, 1996

193） http://www.iysf.org/

194） Hanno Rauterberg: Das kleine, leichte Gefühl. In: *ZEITWissen Magazin*, Nr. 6/2016

195） 마틴 H. 바우만의 부고기사, *The New York Times*, 18. 12. 2015

196） A. Spiess: Mitarbeiter spenden 3300 Überstunden an Kollegen. HR Info, 5.2.2018

197） Alexander Batthyány: *Die Überwindung der Gleichgultigkeit. Sinnfindung in einer Welt des Wandels*, München, 2017

확신주의자 ❻ 확신의 전문가들, 이레네 디쉐와 나탈리 크납

198） Irene Dische: *Großmama packt aus*. Roman, Hamburg, 2005

199） Irene Dische: Trump l'œuil. *DIE ZEIT* Nr. 48/2016

200） Natalie Knapp: *Der unendliche Augenblick. Warum Zeiten der Unsicherheit so wertvoll sind*. Hamburg 2015

201） 이 대담의 요약본은 《디 차이트》 2017년 31호에 실렸다.

7장 확신은 어떻게 강화되는가

202） K. Zeug: Mach es anders. *ZEITWissen* Nr. 2/2013에서 인용

203） David Foster Wallace: *Das hier ist Wasser*, Köln, 2012

204） J. Corssen/U. Schnabel: Persönlichkeit. Video-Seminar, *ZEITAkademie*, 2017 참조

205） 관련한 다양한 연구 중 하나로 다음을 참조: Jörg Blech: *Die Heilkraft der Bewegung*. Frankfurt am Main, 2014

206） M. Mubanga, T. Fall et. al: Dog ownership and the risk of cardiovascular disease and death – a nationwide cohort study. *Scientific Reports*, Vol. 7(15821), 2017

207） F. Strack et. al: Inhibiting and Facilitating Conditions of the Human Smile, *Journal of Personality and Social Psychology*, Vol. 54(5), S. 768-777, 1988

208） S. Nair, E. Broadbent et. al.: Do slumped and upright postures affect stress responses? *Health Psychology*, Vol. 34(6), S. 632-641, 2015

209) J. Michalak, K. Rohde, N. F. Troje: How we walk affects what we remember: Gait modifications through biofeedback change negative affective memory bias. *Journal of Behavior Therapy and Experimental Psychiatry*, Vol. 46, S. 121-125, March 2015

210) A. Cuddy: Your iPhone is ruining your posture. *New York Times*, 12. 12. 2015

211) Haddon Klingberg in: *Viktor E. Frankl und der Humor*, Festschrift des Viktor Frankl Zentrums Wien, 2015

212) Ulrich Schnabel: Wer lacht, hat keine Angst. *DIE ZEIT*, Nr. 31/2017

213) 하인츠 부데와의 인터뷰, *GEO Wissen*, Nr. 57, S. 24, 2016

214) Gero von Randow: Bombenstimmung. *DIE ZEIT*, Nr. 44/2017

215) Barbara Wild (Hrsg): *Humor in Psychiatrie und Psychotherapie*. Stuttgart 2012

216) R. Dunbar et. al.: Social laughter is correlated with an elevated pain threshold. *Proc. Roy. Soc B, Biological Sciences*, (2012), Vol. 279(1731) S. 1161-7

217) Wilhelm Schmid: Heiterkeit. Rehabilitierung eines philosophischen Begriffs. *DIE ZEIT* Nr. 41/1999

218) Seneca: *Vom glückseligen Leben*. Stuttgart, 1978, S. 53ff에서 인용

219) Dalai Lama, Desmond Tutu: *Das Buch der Freude*, München, 2016

옮긴이 **이지윤**

《프레시안》에서 정치부 기자로 일했고, 독일 풀다대학교에서 〈다문화 의사소통〉으로 석사학위를
받았다. 현재 베네트랜스 소속 전문번역가로 활동 중이다. 옮긴 책으로는 《두 개의 독일》《세금전
쟁》《지적인 낙관주의자》《만만한 철학》《나탈리의 편지》등이 있다.

확신은 어떻게 삶을 움직이는가

불확실한 오늘을 사는 우리가 놓치고 있는 확신의 놀라운 힘

초판 1쇄 발행 2020년 1월 15일

지은이 │ 울리히 슈나벨
옮긴이 │ 이지윤

발행인 │ 문태진
본부장 │ 서금선
책임편집 │ 김혜연   편집1팀 │ 김혜연 전은정
디자인 │ 김현철

기획편집팀 │ 이정아 박은영 김예원 오민정 정다이   저작권팀 │ 박지영
마케팅팀 │ 이주형 김혜민 정지연   디자인팀 │ 김현철
경영지원팀 │ 노강희 윤현성 박누리 이보람
강연팀 │ 장진항 조은빛 강유정 신유리
오디오북 기획팀 │ 이화진 이희산 이석원

펴낸곳 │ ㈜인플루엔셜
출판신고 │ 2012년 5월 18일 제300-2012-1043호
주소 │ (06040) 서울특별시 강남구 도산대로 156 제이콘텐트리빌딩 7층
전화 │ 02)720-1034(기획편집) 02)720-1024(마케팅) 02)720-1042(강연섭외)
팩스 │ 02)720-1043 전자우편 │ books@influential.co.kr
홈페이지 │ www.influential.co.kr

한국어판 출판권 ⓒ ㈜인플루엔셜, 2020

ISBN   979-11-89995-47-8 (03100)